대학생을 위한 연세한국어

YONSEI KOREAN

for college students

202

KOREAN LANGUAGE INSTITUTE

YONSEI UNIVERSITY PRESS

머리말

연세대학교 한국어학당은 1959년 설립된 한국 최초의 대학 부설 한국어 교육 기관으로서 역사와 명성에 걸맞게 다양한 한국어 교재 편찬 및 관련 연구를 해 옴으로써 한국어 교육을 선도하였습니다. 1960년 『한국어교본 I 』 출간 이후 『한국어』, 『한국어 독본』, 『한국어 읽기』, 『한달완성 한국어』, 『100시간 한국어』, 『연세 시사한국어』, 『3주 완성 연세한국어』, 『연세한국어』, 『활용연습』, 『연세 토픽』, 『대학한국어 어휘 · 문법』, 『대학생활을 위한 한국어』, 『대학 강의 수강을 위한 한국어』, 『새 연세한국어』 시리즈 등 260여 권에 달하는 양질의 한국어 주요 교재를 출간해 왔습니다.

연세대학교 한국어학당은 교육 현장의 변화와 한국어 학습자의 다양한 수요에 부응하고자 과정별 맞춤형 교재를 개발하는 데 노력을 기울여 왔으며 이 교재 또한 특수 목적 학습자를 대상으로 하는 맞춤형 교재로 개발되었습니다. 미주 지역 학습자의 요구를 이해하고 최적의 한국어 교수법을 적용하기 위하여 북미권 대학에서 가르친 경험이 있는 한국어 교육 전문가와 본 기관 안팎의 한국어 교육 전문가 십여 명이 본 교재 개발에 참여하였습니다.

이 교재 시리즈는 연세대학교 한국어학당의 표준 한국어 등급뿐만 아니라 유럽공통참조기준 CEFR과 ACTFL 등급 체계를 참고하여 개발되었으므로 해외 대학과 한국어 교육기관의 다양한 교육과정에 적절하게 사용될 수 있습니다. 이 교재 시리즈는 초급과 중급의 단기 과정용 교재로서 총 6단계로 되어 있으며, 각 권은 100시간 미만으로 과정에 따라 유연하게 적용 가능하도록 구성되었습니다. 한국의 실생활에서 자주 사용되는 문형 표현과 주제 어휘가 다양한 문제 해결 상황과 함께 체계적으로 제시되어 있으며, 단원별로 주제와 관련된 한국 문화 및 지역 사회와 함께 할 수 있는 과제 활동이 제안되어 있어서 한국어 실력은 물론 한국 문화에 대한 이해와 참여의 기회를 동시에 높일 수 있습니다. 한국어 학습자를 위하여 자습용 연습 문제와 단원별 새 어휘, 문법, 대화, 읽기, 듣기, 문화 텍스트에 대한 영문 번역을 실어서 학습자의 자기주도적 학습이 가능하도록 기획했습니다. 특히 어휘와 문법뿐만 아니라 말하기, 듣기, 읽기, 쓰기 네 영역을 정확하고 유창하게 학습할 수 있도록 하는 과제를 고르게 배치하여서 단기간에 이해 능력과 표현 기능을 향상시킬 수 있도록 구성하였습니다.

이 교재 시리즈가 연세대학교 한국어학당에서 공부하는 학습자뿐만 아니라 국내와 국외에서 단기간에 한국어와 한국 문화를 배우고자 하는 모든 학습자에게 크게 도움이 되기를 바랍니다. 연세대학교 한국어학당은 앞으로도 전 세계 한국어 학습자의 요구와 기대에 부응하는 교재 개발을 위해 최선을 다할 것입니다.

연세대학교 언어연구교육원
한국어학당 교재편찬위원회

Preface

Established in 1959 as Korea's first university-affiliated Korean language institution, the Yonsei University Korean Language Institute has been leading Korean language education by compiling various Korean language textbooks and conducting related research, befitting its history and reputation. Since the publication of "An Intensive Course in Korean I" in 1960, the institute has published over 260 major high-quality Korean language textbooks, including "Korean," "Readings in Korean," "Korean Reading," "Mastering Korean within a Month," "Korean in 100 Hours," "Yonsei Current Issues and Affairs," "Yonsei Korean in 3 Weeks," "Yonsei Korean," "Yonsei Korean Workbook," "Yonsei TOPIK," "Academic Korean Vocabulary & Grammar," "Korean for University Life," "Academic Korean," and the "New Yonsei Korean" series.

The Yonsei Korean Language Institute has made efforts to develop customized textbooks for each course to meet changes in the educational field and the diverse needs of Korean language learners. This textbook has also been developed as customized teaching material for special-purpose learners. In order to understand the needs of learners in the Americas and apply the optimal Korean language teaching method, more than a dozen Korean language education experts, including those with experience teaching at North American universities and those inside and outside the institute, participated in the development of this textbook.

This textbook series has been developed in reference to the Yonsei University Korean Language Institute's standard Korean language proficiency levels, as well as the Common European Reference Framework for Languages (CEFR) and ACTFL Proficiency Guidelines, to be suitable for various curricula of overseas universities and Korean language institutions. This textbook series is for beginner and intermediate short-term courses, comprised of a total of 6 levels, with each book designed to be applied flexibly in courses of less than 100 hours. Commonly used sentence expressions in everyday life and practical problem-solving scenarios with various topic vocabulary are presented systematically. Each unit is designed to incorporate Korean culture related to the topic and proposes collaborative community engagement activities to enable learners to improve their Korean language proficiency and, at the same time, have more opportunities to understand and participate in Korean culture. For Korean language learners, self-study exercises and English translations of new vocabulary, grammar, dialogues, readings, listening materials, and cultural texts for each unit are included to encourage autonomous learning. Tasks to strengthen not only vocabulary and grammar but also the four areas of speaking, listening, reading, and writing, are strategically placed to allow students to learn accurately and fluently, to ensure the enhancement of comprehension and expression within a short period.

We hope that this textbook series will greatly benefit not only learners studying at the Yonsei University Korean Language Institute, but also all learners, both in Korea and abroad, who wish to learn Korean language and culture in a short period of time. The Yonsei University Korean Language Institute will continue to do its best to develop textbooks that meet the demands and expectations of Korean language learners worldwide.

Yonsei University Language Research and Education Center
Korean Language Institute Textbook Compilation Committee

일러두기

<한국어 201, 202>는 CEFR B1, ACTFL Intermediate Low, Mid 수준이어서 북미권 대학의 학기별 교육과정과 바로 연계가 가능합니다. 각각 총 10개 과(20개 항)에 실생활에서 자주 사용되는 문형 표현과 주제 어휘가 다양한 문제 해결 상황과 함께 체계적으로 제시되었습니다. 단원별로 주제와 관련된 한국 문화 및 실제적 표현 과제 활동도 있어서 한국어 실력은 물론 한국 문화에 대한 이해와 한국어 담화 공동체 참여의 기회를 동시에 높일 수 있습니다. 해외 한국어 학습자와 유학생들이 이 책으로 재미있게 공부할 수 있도록 교재 뒤에 자습용 연습 문제를 따로 실었고 단원별 새 어휘, 문법, 대화, 읽기, 듣기, 문화 텍스트에 대한 영문 번역도 실었습니다. 이 책의 구성은 다음과 같습니다.

교재 구성

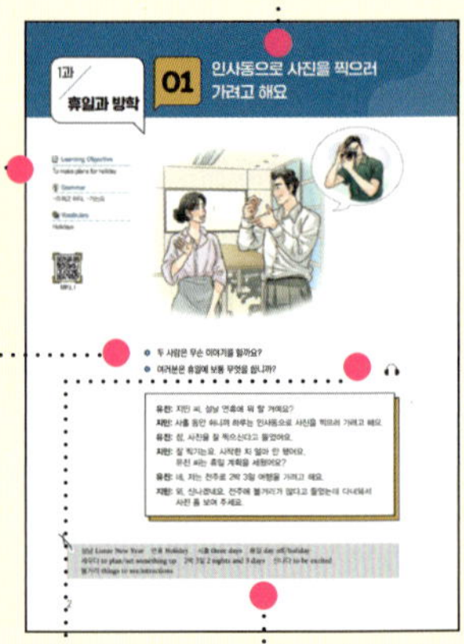

(1) 단원 제목

공부할 주제와 문형 표현이 담겨 있으므로 수업 내용을 미리 추측해 볼 수 있다.

(2) 학습 목표

수업 목표가 영어로 제시되어서 수업 중 무엇에 집중해야 하는지 학생도 알 수 있다.

(3) 도입 질문

그림의 상황에 대한 이해와 관련 의견을 묻는 질문에 대답하며 배경지식을 환기할 수 있다.

(4) 대화

대화를 듣고 따라 하면서 특정 주제 및 상황에 필요한 어휘와 표현을 익힐 수 있다.

(5) 새 어휘

대화에 사용된 새 어휘의 뜻을 교재 하단에서 바로 확인하면서 대화 내용을 유추할 수 있다.

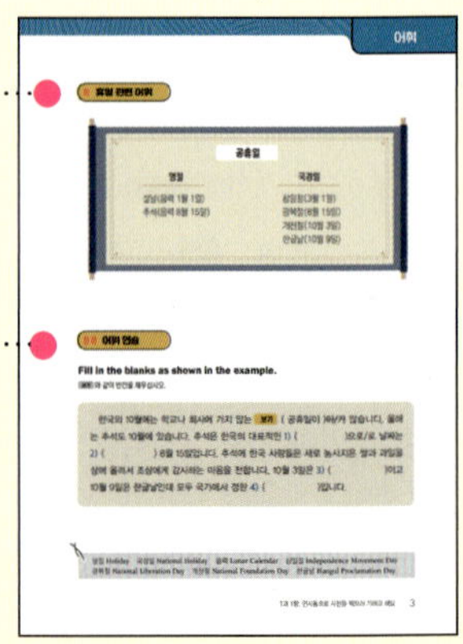

(6) 주제 어휘

학습 목표를 수행할 때 필요한 어휘들을 관련 이미지나 정리된 목록으로 확인할 수 있다.

(7) 어휘 연습

어휘 연습 문제를 풀면서 주제와 관련된 어휘장을 확장하고 문맥에 맞는 형태로 고쳐 쓰는 연습을 할 수 있다.

(8) 문법 연습

그림이나 문장 등의 힌트를 보고 목표 문법을 사용하여 문장을 완성한다. 교재 뒤에 실린 <연습 문제> 부분에서 문장이나 대화 완성하기 활동을 하면서 추가로 더 연습할 수 있다. 문법 옆에 적힌 부록의 페이지를 찾아가면 각 문법에 대한 설명을 읽을 수 있다.

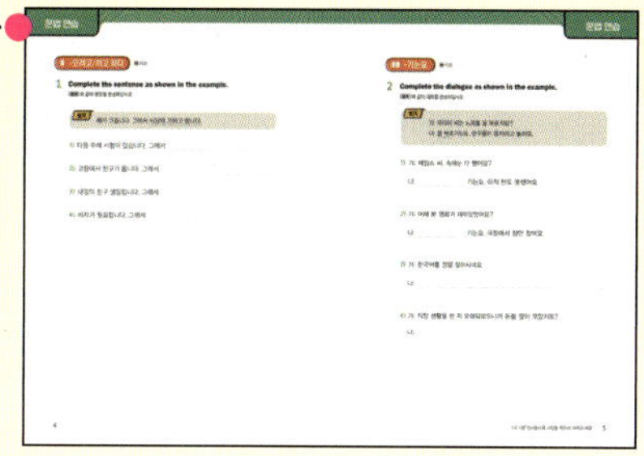

(9) 읽어 봅시다

주제와 관련된 긴 글을 읽고 네 개 질문에 대답한다. 내용 이해도를 묻는 질문 유형은 단답형, 서술형, 4지선다형, OX 문제 등으로 다양하다. 마지막 문제는 읽은 내용과 관련된 주제를 학습자 본인에게 적용시켜 이야기해 보도록 의도되었다.

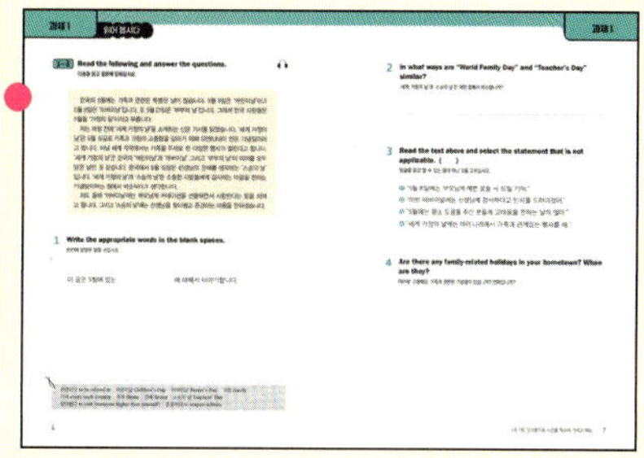

(10) 들어 봅시다

주제와 관련된 대화나 이야기를 듣고 네 개 질문에 대답한다. 들은 내용의 이해도를 묻는 질문은 독해 능력을 묻는 <읽어 봅시다>의 질문 유형과 마찬가지로 다양하고 마지막 문제는 들은 내용과 관련된 주제로 학습자 본인의 이야기를 하도록 의도되었다.

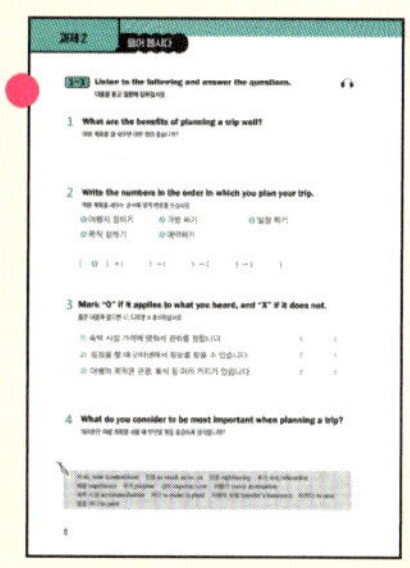

(11) 해 봅시다

교실에서 배운 주제 어휘와 문형 표현을 가지고 교실 안팎의 실제 의사소통 생활에 적용할 수 있는 실천적 과제를 제시하였다.

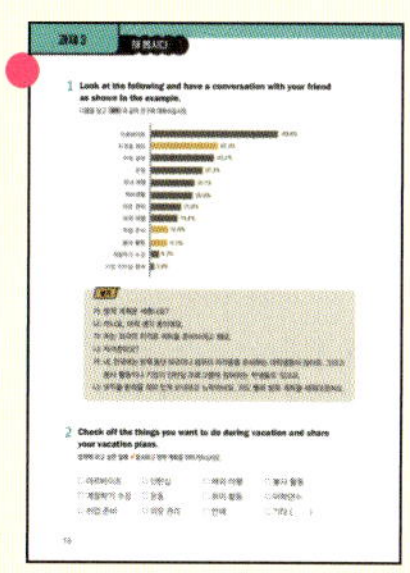

(12) 문화

10개 단원별로 주제와 관련된 한국 문화를 소개하여 학습자의 흥미를 돋우고 학습 의욕을 고취하였다.

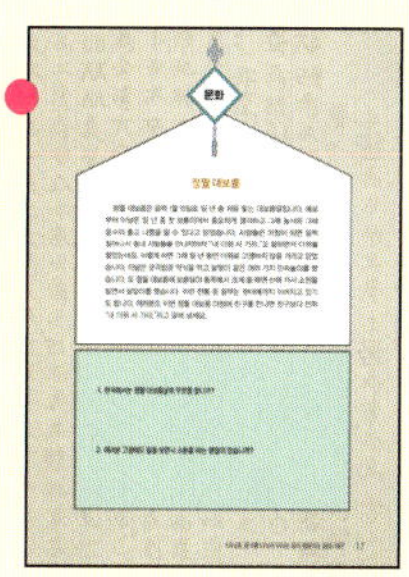

(13) 연습 문제

각 단원의 새 어휘와 문법을 사용해 문장과 대화를 완성하는 연습 활동을 제시하여 학습자가 수업에서 배운 것을 복습할 수 있도록 하였다. 1-5과, 6-10과의 복습문제도 따로 실어서 학생 혼자서 각 단원에서 공부한 주제에 대해 말하기, 쓰기, 듣기, 읽기 영역의 중간시험과 기말시험 준비를 할 수 있다.

(14) 별책

모범답안(문법 연습), 어휘·문법 색인, 문법 설명, 본문 대화, 읽기 및 듣기 지문, 문화 텍스트에 대한 번역을 실었다. 특히 문법 설명 영역에는 단원마다 두 개 문법에 대한 영문 설명과 문장 및 대화문으로 제시된 예문을 제시함으로써 학습자의 자기주도학습에 도움을 주고자 하였다.

일러두기

<Korean 201, 202> are at CEFR B1, ACTFL Intermediate Low, Mid levels, so they can be directly connected to the semester-based curriculum of universities in North America. There are a total of 10 chapters (20 sub-sections) for each unit, which systematically present frequently used grammatical expressions and real-life problem solving situations that involve various subject-related vocabulary. In addition, each unit includes tasks related to Korean culture and the use of practical expressions. This will not only enhance Korean language skills and understanding of Korean culture, but also provide greater opportunities to participate in Korean language discourse communities. To ensure enjoyable learning for overseas Korean learners and international students, the book includes separate self-study exercises at the end, as well as English translations for unit-specific conversations, new vocabulary, grammar, reading, listening, and cultural texts. The structure of this book is as follows:

Textbook Composition

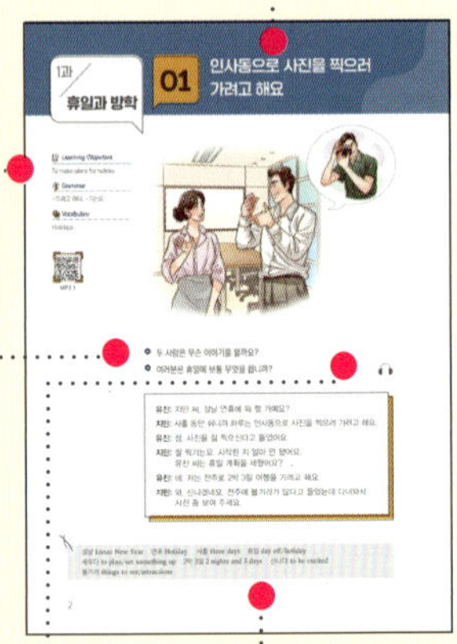

(1) Unit Title
The title contains the topics of study and grammatical expressions, allowing students to anticipate the contents of the class in advance.

(2) Learning Objectives
The objectives of the class are presented in English, enabling students to know what to focus on during class.

(3) Introduction Questions
By answering questions and expressing opinions about the situations depicted in the pictures, students can refresh and strengthen the required background knowledge.

(4) Conversation
By listening to following, and practicing conversations, students can become familiar with the vocabulary and expressions necessary for specific conversations and situations.

(5) New Vocabulary
Students can infer the contents of the conversation by referring to the definitions of newly presented vocabulary directly at the bottom of the textbook.

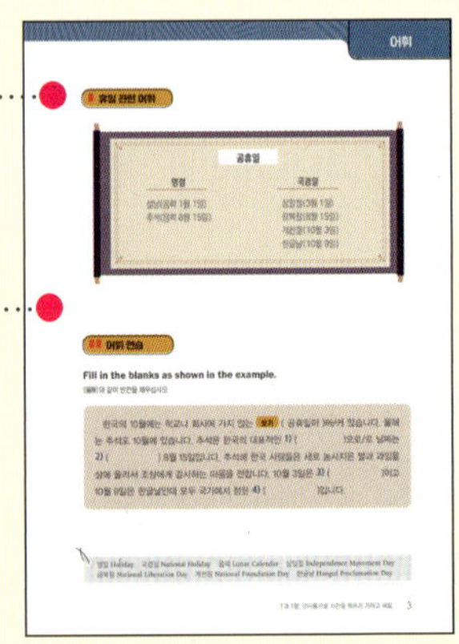

(6) Subject Vocabulary
Students can check the vocabulary necessary to achieve the learning objectives through related images and organized lists.

(7) Vocabulary Practice
By solving vocabulary practice questions, students can expand their vocabulary related to the subject, and practice using them in various contexts.

(8) Grammar Practice

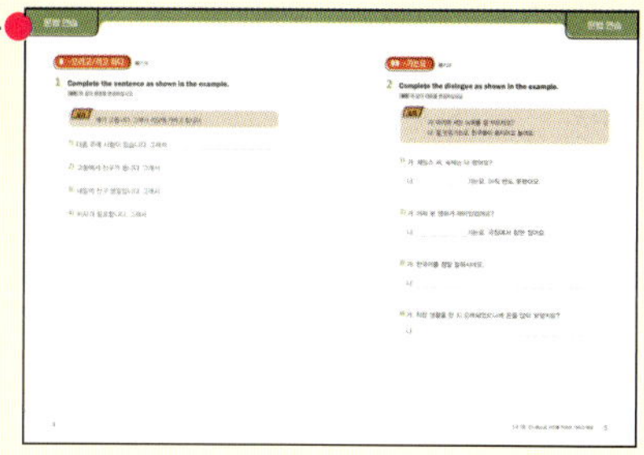

Using hints from pictures or sentences, students will complete sentences using target grammatical expressions. Students have the option to practice more by completing sentences or conversations included in the <Practice Exercises> section at the end of the textbook. In the supplementary book, students can find detailled explanations on each grammar point introduced. The specific page is listed right next to the header for each point.

(9) Let's Read

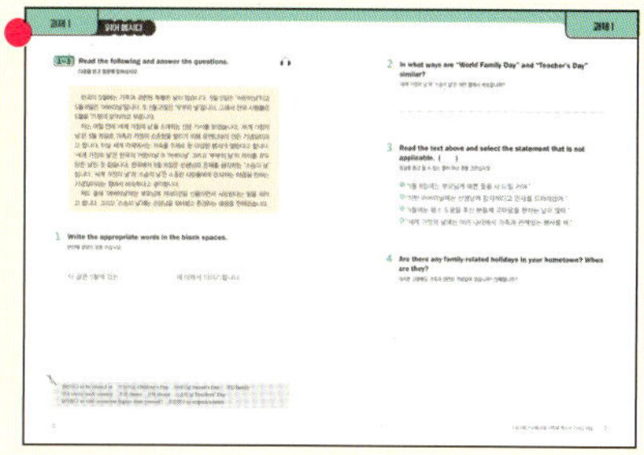

Students read long texts related to the subject, and answer four questions. The type of questions, which test the student's reading comprehension, vary. These include short-answer, descriptive, multiple choice (with four possible answers), and true/false questions. The final question is intends to encourage students to apply the subject of the reading to their own experiences and share their thoughts.

(10) Let's Listen

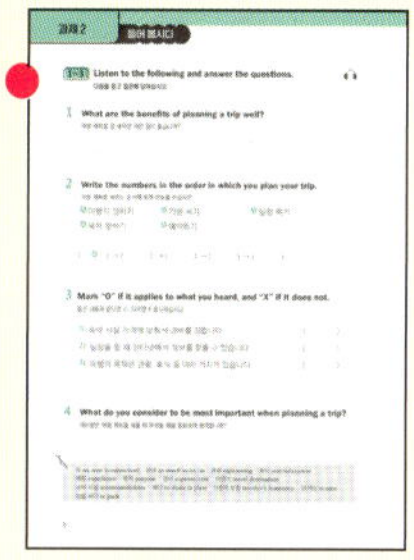

Students listen to conversations or stories related to the topic and answer four questions. The types of questions used to assess comprehension also vary, similar to the reading comprehension questions, and the final question intends to let students share their own stories related to the content and subject of what they heard.

(11) Let's Try

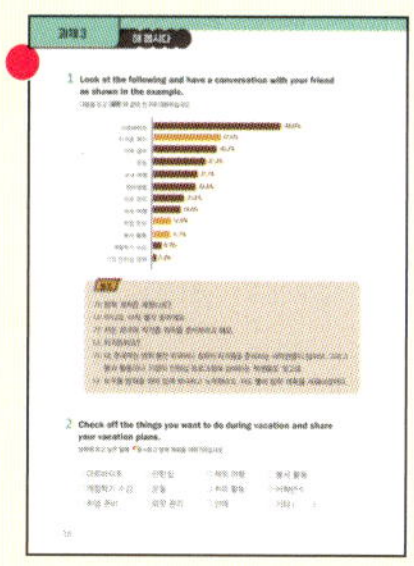

Practical tasks, applying the subject vocabulary and grammatical expressions learned from each unit to real-life communication inside and outside the classroom, are provided.

(12) Culture

For each of the 10 units, related topics on Korean culture are introduced to stimulate the students' interests and inspire their motivation for learning.

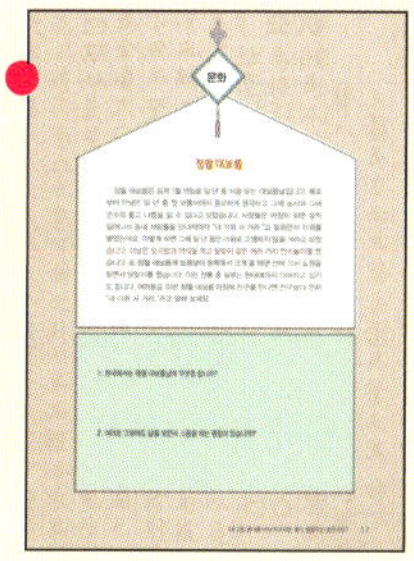

(13) Practice Exercises

Practice activities are provided to allow students to review what they have learned in class by completing sentences and conversations using new vocabulary and grammar from each unit. In preparation for their mid-terms and finals, students can practice speaking, writing, listening, and reading on their own, as theme-matching review questions for units 1-5 and 6-10 are included.

(14) Supplementary Book

Answer keys (grammar practice), vocabulary and grammar index, grammar explanation, text dialogue, reading and listening passages, and translations of cultural texts are also included. Especially notable are the grammar explanation sections, which provide full explanations on the grammar points of each section together with example sentences and dialogues. These are intended to help students who are learning on their own.

단원구성표

과	항	제목	학습 목표	어휘	문법1	문법2	문화
1과 휴일과 방학	1항	인사동으로 사진을 찍으러 가려고 해요	휴일 계획을 세울 수 있다.	휴일 관련 어휘	-으려고 하다	-기는요	정월 대보름
	2항	음식을 나누어 드리는 일이 힘들지는 않았나요?	방학 활동에 대해서 이야기할 수 있다.	방학 활동 관련 어휘	-었다가	-나요?	
2과 의생활	1항	백화점은 물건이 좋기는 하지만 비싸잖아	옷을 구매할 수 있다.	쇼핑 관련 어휘	-기는 하다	-을까 봐	한복
	2항	토요일까지 해 드릴 테니까 그때 오세요	세탁소를 이용할 수 있다.	세탁 관련 어휘	-을 테니까	-었으면 하다	
3과 학교 시설	1항	필요한 자료가 다 있을지 모르겠어요	도서관을 이용할 수 있다.	도서관 관련 어휘	하다/되다	-을지 모르겠다	서울 도서관
	2항	생각보다 비싸지 않군요	우체국을 이용할 수 있다.	우체국 관련 어휘	-거나	-는군요	
4과 병원과 약국	1항	아파 죽겠다고 해서 왔어요	약국을 이용할 수 있다.	증상과 약 관련 어휘	-으려다가	-어 죽겠다	편의점에서 살 수 있는 약
	2항	김 박사님 환자가 많은가 봐요	병원을 이용할 수 있다.	병원 관련 어휘	-기도 하다	-나 보다	
5과 여행	1항	작년 여름에 갔던 동해 바다가 기억에 남아	여행 계획과 경험을 이야기할 수 있다.	여행 관련 어휘	-었던	이라면	서울로 떠나는 여행
	2항	나는 겨울에 갔는데 한국보다 따뜻하더라고	여행지를 소개할 수 있다.	지역 관련 어휘	-어서 그런지	-더라고요	

과	항	제목	학습 목표	어휘	문법1	문법2	문화
6과 이사	1항	지하철역에서 가까울수록 출근하기 편할 것 같아요	집을 구할 수 있다.	집 관련 어휘	-을수록	이든지	집들이 선물
	2항	중요한 물건은 미리 싸 놓는 게 나아	이사를 계획할 수 있다.	이사 관련 어휘	-는 줄 알다	-어 놓다	
7과 여가 생활	1항	등산을 제일 많이 한대	여가 생활을 조사할 수 있다.	여가 생활 관련 어휘	-자마자	-는대요	옛날 사람들의 여가 생활
	2항	하마터면 신청 기간을 놓칠 뻔했어	동아리 활동을 소개할 수 있다.	동아리 관련 어휘	-었더니	-을 뻔하다	
8과 건강	1항	내일 아침에도 전화해서 깨워 주실 수 있죠?	건강을 위한 운동을 소개할 수 있다.	운동 관련 어휘	-는데도	사동	건강에 좋은 한방차
	2항	좋은 생활 습관을 가지고 있으면 건강은 저절로 따라오는 것입니다	건강을 위한 생활 습관을 조사할 수 있다.	생활 습관 관련 어휘	-는 데다가	-는 것이다	
9과 문화 차이	1항	하숙집을 옮겼다면서요?	한국인의 특성에 대해서 이야기할 수 있다.	성격 관련 어휘	-는다면서요?	-을 걸 그랬다	한국의 선물 문화
	2항	동아리 회의 장소가 어디라고 했지?	한국의 생활 예절에 대해서 이야기할 수 있다.	예절, 예의 관련 어휘	-지?	접속사	
10과 친구 관계	1항	말 못 할 고민이 있을지도 모르잖아요	고민을 이야기할 수 있다.	고민, 걱정 관련 어휘	-어 버리다	-을지도 모르다	부탁 예절
	2항	밤새 통화하느라고 아무것도 못 했어	부탁과 거절을 할 수 있다.	부탁과 거절 관련 어휘	-느라고	-게 하다	

Contents Map

Unit	Section	Title	Learning Objective	Vocabulary	Grammar 1	Grammar 2	Culture
Unit 1 Holidays and Vacations	Section 1	I'm going to Insadong to take pictures.	To make plans for holiday	Holidays	-으려고 하다	-기는요	Jung-wol Daebo-reum (first Full Moon of the lunar year)
	Section 2	Wasn't it difficult to distribute and hand out the food?	To talk about vacation activities	Vacation Activities	-었다가	-나요?	
Unit 2 Clothing Habits	Section 1	Department stores have good products but they're too expensive.	To buy clothes	Shopping	-기는 하지만	-을까 봐	Hanbok
	Section 2	I will get it done by Saturday, so come back then.	To use the cleaner's	Laundry/ The Cleaner's	-을 테니까	-었으면 하다	
Unit 3 School Facilities	Section 1	I'm not sure if all the data I need is here.	To use the library	Library	하다/되다	-을지 모르겠다	Seoul Library
	Section 2	It's not as expensive as I expected it to be.	To use the post office	Post Office	-거나	-는군요	
Unit 4 Hospital and Medicine	Section 1	I came because he said he was dying from the pain.	To use the pharmacy	Symptoms and Medicine	-으려다가	-어 죽겠다	Medicine You Can Buy at the Convenience Store
	Section 2	It seems like Dr.Kim has a lot of patients.	To use the hospital	Hospitals	-기도 하다	-나 보다	
Unit 5 Travel	Section 1	The East Sea I went to last summer was the most memorable.	To share travelling plans and experiences	Travelling	-었던	이라면	A Trip to Seoul
	Section 2	I went during the winter, but it was much warmer than Korea.	To introduce travel destinations	Areas/Districts	-어서 그런지	-더라고요	

<table>
<tr><th>Unit</th><th>Section</th><th>Title</th><th>Learning Objective</th><th>Vocabulary</th><th>Grammar 1</th><th>Grammar 2</th><th>Culture</th></tr>
<tr><td rowspan="2">Unit 6
Moving Houses</td><td>Section 1</td><td>It's more convenient to get to work the closer the subway station is.</td><td>To get a house</td><td>Houses</td><td>-을수록</td><td>이든지</td><td rowspan="2">Housewarming Gifts</td></tr>
<tr><td>Section 2</td><td>It's better to pack everything important in advance.</td><td>To plan a move</td><td>Moving</td><td>-는 줄 알다</td><td>-어 놓다</td></tr>
<tr><td rowspan="2">Unit 7
Leisure</td><td>Section 1</td><td>They go hiking the most.</td><td>To research recreational activities</td><td>Leisure</td><td>-자마자</td><td>-는대요</td><td rowspan="2">Recreation for People in the Past</td></tr>
<tr><td>Section 2</td><td>You almost missed the application deadline.</td><td>To introduce club activities</td><td>School Clubs</td><td>-었더니</td><td>-을 뻔하다</td></tr>
<tr><td rowspan="2">Unit 8
Health</td><td>Section 1</td><td>Can you call tomorrow morning and wake me up again?</td><td>To introduce healthy exercises</td><td>Exercising</td><td>-는데도</td><td>사동</td><td rowspan="2">Healthy Medicinal Herbal Tea</td></tr>
<tr><td>Section 2</td><td>If you have a good lifestyle, your health will naturally improve.</td><td>To introduce healthy lifestyles</td><td>Lifestyles</td><td>-는 데다가</td><td>-는 것이다</td></tr>
<tr><td rowspan="2">Unit 9
Cultural Differences</td><td>Section 1</td><td>I heard you moved to a different boarding house.</td><td>To talk about the characteristics of Koreans</td><td>Personalities</td><td>-는다면서요?</td><td>-을 걸 그랬다</td><td rowspan="2">The Culture of Gift-giving in Korea</td></tr>
<tr><td>Section 2</td><td>Where did say the club meeting location was?</td><td>To talk about Korean etiquette in daily lives</td><td>Manners and Etiquette</td><td>-지?</td><td>접속사</td></tr>
<tr><td rowspan="2">Unit 10
Relationship with Friends</td><td>Section 1</td><td>She might be worried about something she can't even tell her closest friend.</td><td>To share worries/ concerns</td><td>Worries and Anxieties</td><td>-어 버리다</td><td>-을지도 모르다</td><td rowspan="2">Etiquette When Asking for Favors.</td></tr>
<tr><td>Section 2</td><td>I couldn't get anything done because we ended up talking on the phone all night.</td><td>To know how to ask for favors and also how to reject them</td><td>Requests and Rejections</td><td>-느라고</td><td>-게 하다</td></tr>
</table>

차 례

등장인물

파커 제임스
신문방송학 전공 3학년

미나미 리사
경제학 전공 2학년

뒤부아 엠마
한국학 전공 1학년

왕 다니엘
생물학 전공 3학년

김선희
법학 전공 대학원생

정서준
기계공학 전공 2학년

이수영
컴퓨터과학 전공 1학년

오수지
건축학 전공 3학년

박지민
경영학 전공 3학년

1과 휴일과 방학

01 인사동으로 사진을 찍으러 가려고 해요

Learning Objective

To make plans for holiday

Grammar

-으려고 하다, -기는요

Vocabulary

Holidays

MP3_1

- 두 사람은 무슨 이야기를 할까요?
- 여러분은 휴일에 보통 무엇을 합니까?

유진: 지민 씨, 설날 연휴에 뭐 할 거예요?

지민: 사흘 동안 쉬니까 하루는 인사동으로 사진을 찍으러 가려고 해요.

유진: 참, 사진을 잘 찍으신다고 들었어요.

지민: 잘 찍기는요. 시작한 지 얼마 안 됐어요.
유진 씨는 휴일 계획을 세웠어요?

유진: 네, 저는 전주로 2박 3일 여행을 가려고 해요.

지민: 와, 신나겠네요. 전주에 볼거리가 많다고 들었는데 다녀와서 사진 좀 보여 주세요.

설날 Lunar New Year　연휴 Holiday　사흘 three days　휴일 day off/holiday
세우다 to plan/set something up　2박 3일 2 nights and 3 days　신나다 to be excited
볼거리 things to see/attractions

휴일 관련 어휘

공휴일

명절

설날(음력 1월 1일)
추석(음력 8월 15일)

국경일

삼일절(3월 1일)
광복절(8월 15일)
개천절(10월 3일)
한글날(10월 9일)

어휘 연습

Fill in the blanks as shown in the example.

보기 와 같이 빈칸을 채우십시오.

한국의 10월에는 학교나 회사에 가지 않는 **보기** (공휴일이)~~이/가~~ 많습니다. 올해는 추석도 10월에 있습니다. 추석은 한국의 대표적인 **1)** (   )으로/로 날짜는 **2)** (   ) 8월 15일입니다. 추석에 한국 사람들은 새로 농사지은 쌀과 과일을 상에 올려서 조상에게 감사하는 마음을 전합니다. 10월 3일은 **3)** (   )이고 10월 9일은 한글날인데 모두 국가에서 정한 **4)** (   )입니다.

명절 Holiday 국경일 National Holiday 음력 Lunar Calendar 삼일절 Independence Movement Day
광복절 National Liberation Day 개천절 National Foundation Day 한글날 Hangul Proclamation Day

1 -으려고/려고 하다

P28

1 Complete the sentence as shown in the example.

보기 와 같이 문장을 완성하십시오.

> **보기** 배가 고픕니다. 그래서 식당에 가려고 합니다.

1) 다음 주에 시험이 있습니다. 그래서 ______________________

2) 고향에서 친구가 옵니다. 그래서 ______________________

3) 내일이 친구 생일입니다. 그래서 ______________________

4) 비자가 필요합니다. 그래서 ______________________

02 -기는요

P28

2 Complete the dialogue as shown in the example.

보기 와 같이 대화를 완성하십시오.

> **보기**
> 가: 마리아 씨는 노래를 잘 부르지요?
> 나: <u>잘 부르</u>기는요. 친구들이 음치라고 놀려요.

1) 가: 제임스 씨, 숙제는 다 했어요?

   나: ____________________기는요. 아직 반도 못했어요.

2) 가: 어제 본 영화가 재미있었어요?

   나: ____________________기는요. 극장에서 잠만 잤어요.

3) 가: 한국어를 정말 잘하시네요.

   나: ____

4) 가: 직장 생활을 한 지 오래되었으니까 돈을 많이 모았지요?

   나: ____

1~3 **Read the following and answer the questions.**
다음을 읽고 질문에 답하십시오.

한국의 5월에는 가족과 관련된 특별한 날이 많습니다. 5월 5일은 '어린이날'이고 5월 8일은 '어버이날'입니다. 또 5월 21일은 '부부의 날'입니다. 그래서 한국 사람들은 5월을 '가정의 달'이라고 부릅니다.

저는 며칠 전에 '세계 가정의 날'을 소개하는 신문 기사를 읽었습니다. '세계 가정의 날'은 5월 15일로 가족과 가정의 소중함을 알리기 위해 유엔(UN)이 만든 기념일이라고 합니다. 이날 세계 각국에서는 가족을 주제로 한 다양한 행사가 열린다고 합니다. '세계 가정의 날'은 한국의 '어린이날'과 '어버이날' 그리고 '부부의 날'의 의미를 모두 담은 날인 것 같습니다. 한국에서 5월 15일은 선생님의 은혜를 생각하는 '스승의 날' 입니다. '세계 가정의 날'과 '스승의 날'은 소중한 사람들에게 감사하는 마음을 전하는 기념일이라는 점에서 비슷하다고 생각합니다.

저도 올해 '어버이날'에는 부모님께 카네이션을 선물하면서 사랑한다는 말을 하려고 합니다. 그리고 '스승의 날'에는 선생님을 찾아뵙고 존경하는 마음을 전하겠습니다.

1 Write the appropriate words in the blank spaces.

빈칸에 알맞은 말을 쓰십시오.

이 글은 5월에 있는 ______________ 에 대해서 이야기합니다.

관련되다 to be related to　어린이날 Children's Day　어버이날 Parent's Day　가정 family
각국 every/each country　주제 theme　은혜 favour　스승의 날 Teachers' Day
찾아뵙다 to visit (someone higher than yourself)　존경하다 to respect/admire

2 In what ways are "World Family Day" and "Teacher's Day" similar?

'세계 가정의 날'과 '스승의 날'은 어떤 점에서 비슷합니까?

---

3 Read the text above and select the statement that is not applicable. (   )

윗글을 읽고 할 수 있는 말이 아닌 것을 고르십시오.

① "5월 8일에는 부모님께 예쁜 꽃을 사 드릴 거야."

② "이번 어버이날에는 선생님께 감사하다고 인사를 드려야겠어."

③ "5월에는 평소 도움을 주신 분들께 고마움을 전하는 날이 많아."

④ "세계 가정의 날에는 여러 나라에서 가족과 관계있는 행사를 해."

4 Are there any family-related holidays in your hometown? When are they?

여러분 고향에도 가족과 관련된 기념일이 있습니까? 언제입니까?

1~3 **Listen to the following and answer the questions.**
다음을 듣고 질문에 답하십시오.

1 What are the benefits of planning a trip well?
여행 계획을 잘 세우면 어떤 점이 좋습니다까?

____

2 Write the numbers in the order in which you plan your trip.
여행 계획을 세우는 순서에 맞게 번호를 쓰십시오.

❶ 여행지 정하기 ❷ 가방 싸기 ❸ 일정 짜기
❹ 목적 정하기 ❺ 예약하기

(❹) → ( ) → ( ) → ( ) → ( )

3 Mark "O" if it applies to what you heard, and "X" if it does not.
들은 내용과 같으면 O, 다르면 X 표시하십시오.

1) 숙박 시설 가격에 맞춰서 경비를 정합니다. ( )
2) 일정을 짤 때 인터넷에서 정보를 찾을 수 있습니다. ( )
3) 여행의 목적은 관광, 휴식 등 여러 가지가 있습니다. ( )

4 What do you consider to be most important when planning a trip?
여러분은 여행 계획을 세울 때 무엇을 제일 중요하게 생각합니까?

자 so, now (conjunction) 만큼 as much as/as...as 관광 sightseeing 휴식 rest/relaxation
체험 experience 목적 purpose 경비 expense/cost 여행지 travel destination
숙박 시설 accommodations 짜다 to make (a plan) 여행자 보험 traveler's insurance 아끼다 to save
짐을 싸다 to pack

1 You are planning to go on a trip during the holidays. Make a travel itinerary.

휴일에 여행을 가려고 합니다. 여행 계획표를 만드십시오.

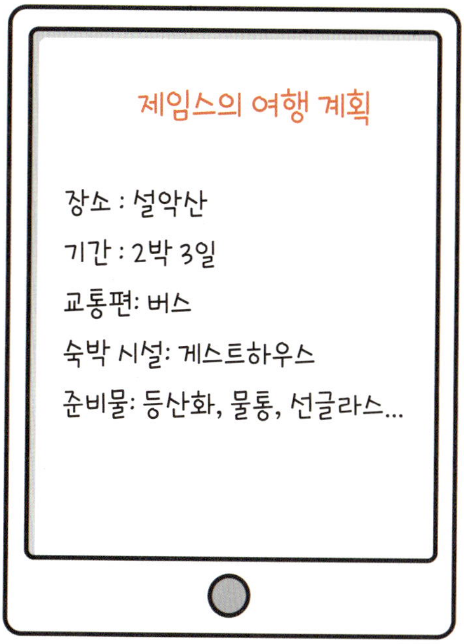

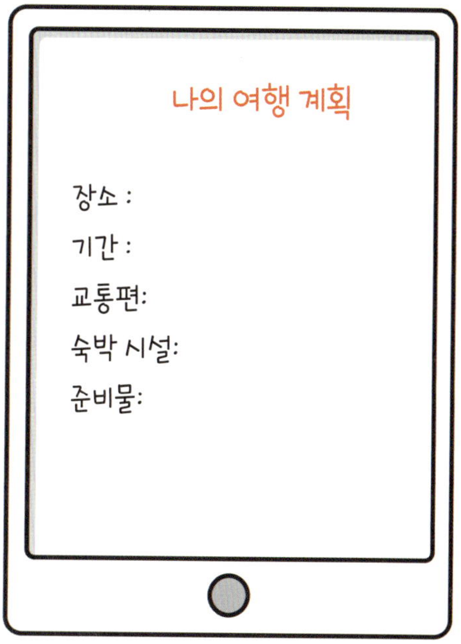

2 Talk about your holiday plans.

휴일 계획에 대해서 이야기하십시오.

02 음식을 나누어 드리는 일이 힘들지는 않았나요?

Learning Objective

To talk about vacation activities

Grammar

-었다가, -나요?

Vocabulary

Vacation Activities

MP3_2

- 두 사람은 무슨 이야기를 할까요?
- 여러분은 방학 때 무슨 활동을 하고 싶습니까?

선생님: 지난 방학 때 뭘 했어요?

다니엘: 탑골 공원 근처에서 하는 무료 급식 봉사에 참여했어요.

선생님: 무료 급식 봉사요? 방학을 정말 의미 있게 보냈네요.

다니엘: 급식 봉사를 하는 제임스한테서 일손이 부족하다는 말을 듣고 여행 계획을 세웠다가 취소했어요.

선생님: 음식을 나누어 드리는 일이 힘들지는 않았나요?

다니엘: 나흘 내내 봉사를 하면서 몸은 힘들었지만 많은 것을 배우고 느꼈어요. 그래서 다음에 기회가 되면 또 하려고 해요.

급식 (supplied) meal　봉사 service/volunteering　의미 meaning　일손 working hand/worker
부족하다 to be insufficient　나흘 four days　내내 throughout/(all) through

방학 활동 관련 어휘

어학연수를 가다 계절 학기를 수강하다	아르바이트를 하다 자격증을 취득하다 자원봉사 활동을 하다 인턴십 프로그램에 참여하다

어휘 연습

Fill in the blanks as shown in the example.

보기 와 같이 빈칸을 채우십시오.

유명 아르바이트 사이트에서 대학생 800명을 대상으로 '여름 방학 계획'에 대해 조사했습니다. 대학생들은 여름 방학 때 무엇을 하고 싶다고 대답했을까요? 1위는 보기 (아르바이트였습니다)~~이었습니다/였습니다~~. 많은 학생들이 "방학 동안 돈을 벌고 싶다"고 대답했습니다. 2위는 "취업에 도움이 되는 컴퓨터나 외국어 **1)** (   )고 싶다"라는 대답이었습니다. 그 다음으로는 **2)** (   )고 싶다는 대답이 많았는데 이는 학기 중에 공부하기 어려운 과목을 미리 공부하려고 하는 학생이 많기 때문이었습니다. 또 많은 학생들이 "회사에서 하는 **3)** (   )고 싶다", "어려운 사람들을 돕는 **4)** (   )고 싶다"라고 대답했습니다.

계절 학기 winter/summer school/semester　수강하다 to take classes　어학연수 language study abroad
자원봉사 volunteer work　인턴십 internship　자격증 certificate/license　취득하다 to acquire
참여하다 to participate

-었다가/았다가/였다가

P30

1 Look at the picture and complete the sentence as shown in the example.

그림을 보고 보기 와 같이 문장을 만드십시오.

보기

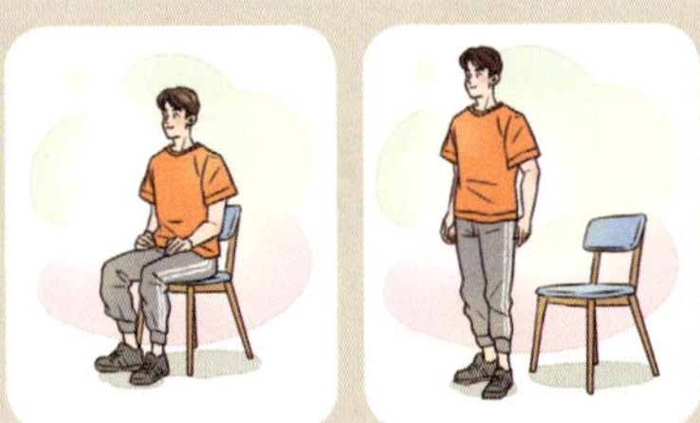

민수 씨가 앉았다가 일어났습니다.

1) 

에릭 씨가 ______________________

2) 

어머니께서 ______________________

3) 

제가 ______________________

4) 

제가 ______________________

02 -나요/은가요/ㄴ가요? P30

2 Complete the dialogue as shown in the example.

보기 와 같이 대화를 완성하십시오.

> **보기**
> 가: 어제 무선 이어폰을 하나 샀어요.
> 나: 그래요? 어디에서 샀나요?
> 가: 인터넷 쇼핑몰이요.

1) 가: 제 생일 파티에 오세요.

나: 좋아요. ______________________?

가: 다음 주 토요일에 해요.

2) 가: 학교에서 가까운 지하철역에서 만나요.

나: ______________________?

가: 신촌 역이 가까워요.

3) 가: 어제 한국 친구와 저녁을 먹었어요.

나: ______________________?

가: 삼계탕을 먹었어요. 아주 맛있었어요.

4) 가: 반 친구들과 같이 여행을 가기로 했어요.

나: ______________________?

가: 네 명이 같이 가기로 했어요.

1~3 **Read the following and answer the questions.**
다음을 읽고 질문에 답하십시오.

"방학 동안 사회 경험을 쌓고 싶은가요?
서울 시 행정을 체험할 수 있는 아르바이트에 지원하세요!"

서울 시, 여름 방학 대학생 아르바이트 250명 모집
신청기간: 6월 5일(월) ~ 6월 9일(금) '서울특별시' 홈페이지에서 신청
근무기간: 7월 9일(월) ~ 8월 17일(금)(6주) 1일 5시간 근무(월~금, 1일 53,100원 지급)

1 **When and how can you apply for this part-time job?**
이 아르바이트를 하려면 언제, 어떻게 신청해야 합니까?

---

2 **Mark "O" if it applies to the reading, and "X" if it does not.**
읽은 내용과 같으면 O, 다르면 X 표시하십시오.

1) 6월 5일부터 아르바이트를 시작합니다. ( )
2) 이 아르바이트를 하면 하루에 다섯 시간 일합니다. ( )
3) 6일 동안 아르바이트를 하고 53,100원을 받습니다. ( )

3 **Fill in the blanks.** 빈칸을 채우십시오.

서울 시에서 대학생 아르바이트생을 모집하고 있다. 이번 아르바이트를 통해서 대학생들은 1) (   )도 쌓고 서울 시의 행정도 직접 2) (   )을/ㄹ 수 있을 것이다.

4 **Have you ever worked part-time during vacation? What part-time jobs did you have?**
여러분은 방학에 아르바이트를 한 적이 있습니까? 어떤 아르바이트를 했습니까?

경험 experience 쌓다 to accumulate/pile up 행정 administration 지원하다 to apply
모집 recruitment 신청 application 근무 work 지급 payment

1~3 **Listen to the following and answer the questions.**
다음을 듣고 질문에 답하십시오.

1 **What are they talking about?**
무엇에 대해 이야기합니까?

---

2 **According to Jessica, what are the benefits of volunteering?**
제시카는 자원봉사를 하면 어떤 점이 좋을 것 같다고 말했습니까?

---

3 **Mark "O" if it applies to what you heard, and "X" if it does not.**
들은 내용과 같으면 O, 다르면 X 표시하십시오.

1) 제시카는 한국말을 못해서 답답함을 느낀다. ( )
2) 제시카는 지금 여러 가지 자원봉사를 하고 있다. ( )
3) 제시카의 친구는 도서관에서 자원봉사를 하고 있다. ( )

4 **What kind of volunteer work would you like to do? Why?**
여러분은 어떤 자원봉사를 하고 싶습니까? 이유는 무엇입니까?

같이 as 답답하다 to be suffocating/to feel frustrated 어르신 elder(s)
보람 (the quality of something being) worthwhile/rewarding
덕분 thanks to/owing to/because of (someone)

1 Look at the following and have a conversation with your friend as shown in the example.

다음을 보고 보기 와 같이 친구와 대화하십시오.

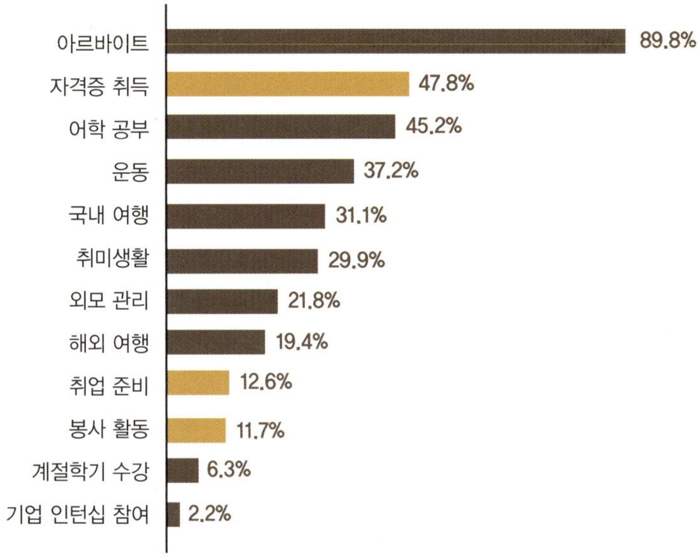

보기

가: 방학 계획은 세웠나요?
나: 아니요, 아직 생각 중이에요.
가: 저는 외국어 자격증 취득을 준비하려고 해요.
나: 자격증이요?
가: 네, 한국에는 방학 동안 외국어나 컴퓨터 자격증을 준비하는 대학생들이 많아요. 그리고 봉사 활동이나 기업의 인턴십 프로그램에 참여하는 학생들도 있고요.
나: 모두들 방학을 의미 있게 보내려고 노력하네요. 저도 빨리 방학 계획을 세워야겠어요.

2 Check off the things you want to do during vacation and share your vacation plans.

방학에 하고 싶은 일에 ✓ 표시하고 방학 계획을 이야기하십시오.

□ 아르바이트	□ 인턴십	□ 해외 여행	□ 봉사 활동
□ 계절학기 수강	□ 운동	□ 취미 활동	□ 어학연수
□ 취업 준비	□ 외모 관리	□ 연애	□ 기타 (　　　)

문화

정월 대보름

정월 대보름은 음력 1월 15일로 일 년 중 처음 맞는 대보름날입니다. 예로부터 이날은 일 년 중 첫 보름이어서 중요하게 생각하고 그해 농사와 그해 운수의 좋고 나쁨을 알 수 있다고 믿었습니다. 사람들은 아침이 되면 일찍 일어나서 동네 사람들을 만나자마자 "내 더위 사 가라."고 말하면서 더위를 팔았는데요. 이렇게 하면 그해 일 년 동안 더위로 고생하지 않을 거라고 믿었습니다. 이날은 오곡밥과 약식을 먹고 달맞이 같은 여러 가지 민속놀이를 했습니다. 또 정월 대보름에 보름달이 동쪽에서 크게 뜰 때면 산에 가서 소원을 빌면서 달맞이를 했습니다. 이런 전통 중 일부는 현대에까지 이어지고 있기도 합니다. 여러분도 이번 정월 대보름 아침에 친구를 만나면 친구보다 먼저 "내 더위 사 가라."라고 말해 보세요.

1. 한국에서는 정월 대보름날에 무엇을 합니까?

2. 여러분 고향에도 달을 보면서 소원을 비는 명절이 있습니까?

2과 의생활

01 백화점은 물건이 좋기는 하지만 비싸잖아

Learning Objective
To buy clothes

Grammar
-기는 하지만, -을까 봐

Vocabulary
Shopping

MP3_3

- 두 사람은 무슨 이야기를 하고 있습니까?
- 어디에서 쇼핑을 자주 합니까? 그 이유는 무엇입니까?

엠마: 다음 주에 학교 행사가 있는데 입을 정장이 없어요. 그래서 백화점에 가려고 해요.

선희: 백화점은 물건이 좋기는 하지만 비싸잖아. 인터넷으로 사는 건 어때?

엠마: 시간도 얼마 없는데 사이즈가 안 맞는 옷이 올까 봐 걱정이 돼서요.

선희: 그건 그래. 사실 나도 인터넷에서 물건을 주문했을 때 화면으로 본 것과 실제로 받은 물건이 차이가 나서 당황한 경험이 몇 번 있어.

엠마: 게다가 요즘 백화점 바겐세일 기간이어서 정가보다 싸게 살 수 있는 옷들이 많을 것 같아요.

선희: 그럼 나도 따라가서 옷 구경을 할까?

정장 suit/formal dress　맞다 to fit　사실 actually/in fact　화면 screen　실제로 really/in reality
차이 difference　당황하다 to be embarrassed/shocked　게다가 besides/further
정가 fixed/regular price　따라가다 to follow

인터넷 쇼핑 관련 어휘

어휘 연습

Fill in the blanks as shown in the example.

보기 와 같이 빈칸에 알맞은 말을 쓰십시오.

보기 50% 할인 판매를 합니다. (반값 세일)

1) 마음에 드는 물건에 있으면 여기에 담아요. (　　　　)

2) 쇼핑한 물건이 마음에 들지 않아서 바꾸고 싶어요. (　　　　)

3) 배송비를 받지 않고 배송해 주는 인터넷 쇼핑몰도 있어요. (　　　　)

4) 물건을 사기 전에 먼저 구매한 사람들이 쓴 글을 읽어 봐요. (　　　　)

반값 half price　무료 free　배송 shipping/delivery　장바구니 shopping basket　구매 purchase
후기 review　반품 return

1 -기는 하다

P32

1 Complete the dialogue as shown in the example.

보기 와 같이 대화를 완성하십시오.

> **보기**
> 가: 여행을 좋아하세요?
> 나: 네, 좋아하기는 하지만 자주 못 가요.

1) 가: 테니스를 칠 수 있어요?

   나: 네, ______________기는 하지만 ______________

2) 가: 한국어 공부가 재미있어요?

   나: 네, ______________기는 한데 ______________

3) 가: 시계를 사고 싶다고 했지요? 저 시계는 어때요?

   나: ______________

4) 가: 한국 드라마를 좋아하세요?

   나: ______________

02 -을까/ㄹ까 봐

P32

2 Look at the following and complete the sentence as shown in the example.

다음을 보고 보기 와 같이 문장을 완성하십시오.

걱정되는 일	걱정이 되어서 내가 한 일
보기 추울 것 같다.	두꺼운 옷을 입었다.
1) 음식이 상할 것 같다.	냉장고에 넣었다.
2) 시험을 못 볼 것 같다.	
3) 아침에 늦게 일어날 것 같다.	
4) 중요한 약속을 잊어버릴 것 같다.	

보기 추울까 봐 두꺼운 옷을 입었어요.

1) ____________________

2) ____________________

3) ____________________

4) ____________________

1~3 Read the following and answer the questions.

다음을 읽고 질문에 답하십시오.

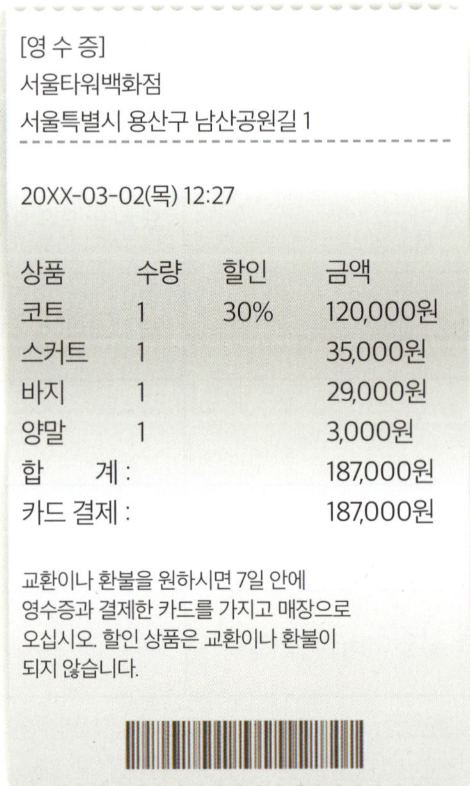

[영 수 증]
서울타워백화점
서울특별시 용산구 남산공원길 1

20XX-03-02(목) 12:27

상품	수량	할인	금액
코트	1	30%	120,000원
스커트	1		35,000원
바지	1		29,000원
양말	1		3,000원
합 계 :			187,000원
카드 결제 :			187,000원

교환이나 환불을 원하시면 7일 안에 영수증과 결제한 카드를 가지고 매장으로 오십시오. 할인 상품은 교환이나 환불이 되지 않습니다.

1 **What is this?**

이것은 무엇입니까?

영수증 receipt 수량 quantity 합계 total 결제 payment 환불 refund

2 Which of the products above cannot be exchanged? (　　)

위 상품 중 교환이 되지 않는 상품은 무엇입니까?

① 코트　　② 치마

③ 바지　　④ 양말

3 Mark "O" if it applies to the reading, and "X" if it does not.

읽은 내용과 같으면 O, 다르면 X 표시하십시오.

1) 서울타워백화점은 용산구에 있다. (　　)
2) 이 사람은 현금을 내고 물건을 샀다. (　　)
3) 환불을 받고 싶으면 일주일 안에 백화점으로 가야 한다. (　　)

4 What do you do in your hometown if you want a refund for something you bought?

여러분 고향에서는 산 물건을 환불받고 싶을 때 어떻게 합니까?

1~3 Listen to the following and answer the questions.

다음을 듣고 질문에 답하십시오.

1 Write the appropriate words in the blank spaces.

빈칸에 알맞은 말을 쓰십시오.

어제 친구와 광장 시장에 가서 친구가 1) ( ) 때 입을

2) ( )을/를 샀다.

2 Choose the answer that applies to what you've heard. ( )

들은 내용과 같은 것을 고르십시오.

① 친구는 분홍색 한복을 좋아했다.

② 친구는 전에도 한복을 입어 본 적이 있다.

③ 우리는 시장에서 빈대떡을 먹고 한복을 샀다.

④ 시장에는 한복을 사려고 온 한국 사람이 많았다.

3 Choose a statement that is inappropriate for this person to say. ( )

이 사람이 할 수 있는 말로 적당하지 않은 것을 고르십시오.

① "나도 한복을 한 벌 사 가지고 고향에 가야겠다."

② "어제 간 시장은 너무 복잡해서 다시는 안 갈래."

③ "한복이 비쌀까 봐 걱정했는데 비싸지 않아서 다행이야."

④ "한복 가게 사장님이 한복을 입는 방법을 알려 주셔서 고마웠어."

4 Introduce a famous market in your hometown. What products are sold there?

여러분 고향에 있는 유명한 시장을 소개하십시오. 그 시장에서는 무슨 물건을 팝니까?

한참 for a (long) while　마음먹다 to decide　빈대떡 bindaetteok (mung bean pancake)

1 Look at the following and, as shown in the example, create a conversation about exchanging clothes.

다음을 보고 보기 와 같이 옷을 교환하는 상황의 대화를 만드십시오.

		S	M	L	XL	XXL
옷	상의	90(55)	95(66)	100(77)	105	110
	하의	25, 26, 27, 28, 29, 30, 31, 32, 33, 34, 35, 36, 37, 38				
신발(mm)		225, 230, 240, 245, 250, 255, 260, 265, 270, 275, 280, 285				
색깔		까만색, 하얀색, 파란색, 빨간색, 노란색, 회색, 갈색, 분홍색				
무늬		줄무늬, 체크무늬, 꽃무늬				

보기

점원: 어서 오세요. 뭘 찾으세요?
손님: 저, 지난 주말에 이 바지를 샀는데 좀 작아요.
점원: 그러세요? 잠깐만 기다리세요. 한 치수 큰 것으로 바꿔 드릴게요.
손님: 한 치수 큰 게 있어요?
점원: 제가 찾아보겠습니다. 그 바지 치수가 28 사이즈인가요?
손님: 네, 맞아요.
점원: 손님, 그 바지는 29 사이즈가 없는데요.
같은 디자인인데 다른 색깔로 29 사이즈가 있는데 입어 보시겠어요?
손님: 무슨 색인데요?
점원: 까만색이에요.
손님: 좋아요. 입어 볼게요.

2 What do you do if you don't like what you bought? Talk about your experience exchanging items or receiving a refund.

산 물건이 마음에 들지 않으면 어떻게 합니까? 물건을 교환한 경험이나 환불을 받은 경험이 있으면 이야기하십시오.

2과 의생활

02 토요일까지 해 드릴 테니까 그때 오세요

Learning Objective

To use the cleaner's

Grammar

-었으면 하다, -을 테니까

Vocabulary

Laundry/ The Cleaner's

MP3_4

- 여기는 어디입니까?
- 한국에서 세탁소에 간 적이 있습니까?

선희: 안녕하세요? 재킷하고 원피스 세탁을 맡기려고 왔어요.
그리고 재킷 앞쪽에 파란색 얼룩이 생겼는데 지워질까요?
집에서 아무리 세탁기를 돌려도 그대로예요.

주인: 이런 얼룩은 비교적 잘 빠져요.
단골이시니까 얼룩 제거는 공짜로 해 드릴게요.

선희: 와, 감사합니다. 언제 찾으러 오면 돼요?

주인: 월요일에 찾으러 오세요.

선희: 주말에는 세탁소 문을 닫으세요?
일요일에 결혼식에 가야 하는데 그때 입었으면 해서요.

주인: 그럼 토요일까지 해 드릴 테니까 그때 오세요.

재킷 jacket　원피스 dress　세탁 wash/laundry　얼룩 stain　지워지다 to be removed/erased
세탁기 washing machine　그대로 as it is　비교적 relatively　빠지다 to come out (of something)
단골 regular customer　제거 removal　공짜 free　세탁소 laundry/dry cleaner's

세탁 관련 어휘

드라이클리닝을 하십시오

옷걸이에 걸어서 말리십시오

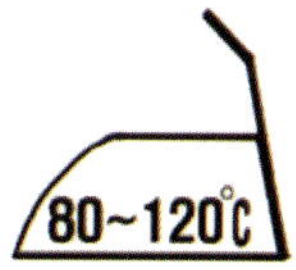

80~120도로 다림질하십시오

표백하지 마십시오

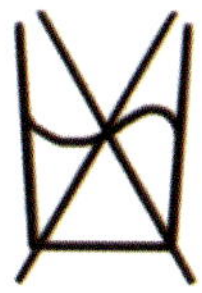

물세탁을 하지 마십시오

짜지 마십시오

어휘 연습

How should you do laundry? Write as shown in the example.

어떻게 세탁해야 합니까? 보기 와 같이 쓰십시오.

보기

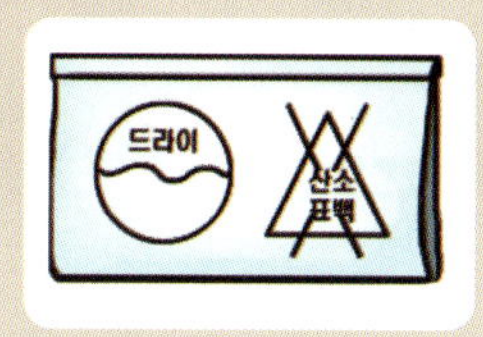

드라이클리닝을 하십시오. 표백하지 마십시오.

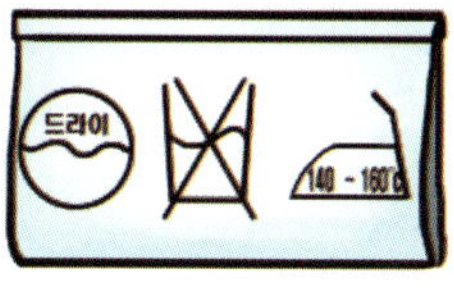

드라이클리닝을 하십시오.

1) ____________________ 지 말고

2) ____________________ 으십시오/십시오.

물로 세탁하십시오.

3) ____________________ 지 말고

4) ____________________ 으십시오/십시오.

드라이클리닝 dry cleaning 옷걸이 hanger 다림질하다 to iron 표백하다 to bleach 짜다 to squeeze

Ⅰ -을/ㄹ 테니까

P34

1 Create a sentence as shown in the example.

보기 와 같이 문장을 완성하십시오.

> **보기** 제가 점심 도시락을 준비하겠습니다. 음료수를 가지고 오세요.
> → 제가 점심 도시락을 준비할 테니까 음료수를 가지고 오세요.

1) 내가 청소를 할 거야. 너는 쓰레기를 버려.

→ ______________________________

2) 다음 주에 갚겠습니다. 십만 원만 빌려 주세요.

→ ______________________________

3) 내가 영화표를 살게. 같이 가자 .

→ ______________________________

4) 오후에 비가 올 거예요. 우산을 가지고 가세요.

→ ______________________________

Ⅱ -었으면/았으면/였으면 하다

P35

2 Complete the sentence as shown in the example.

보기 와 같이 문장을 완성하십시오.

> **보기** 집에 가서 쉬고 싶어요. → 집에 가서 쉬었으면 합니다.

1) 약속 시간을 바꾸고 싶어요. → ______________________________

2) 집을 떠나서 혼자 살고 싶어요. → ______________________________

3) 새해에는 운동을 시작하고 싶어요. → ______________________________

4) 무역 회사 영업부에서 일하고 싶어요. → ______________________________

1~3 Read the following and answer the questions.

다음을 읽고 질문에 답하십시오.

저는 집 근처에 있는 빨래방에 자주 갑니다. 집에도 세탁기가 있기는 하지만 크지 않아서 이불 같은 것을 빨기가 어렵습니다. 게다가 요즘 같은 장마철에는 세탁 후에 건조하기가 어려운데 빨래방에 있는 건조기를 사용해서 옷을 말리면 아주 편합니다.

빨래방의 장점은 아주 많습니다. 저는 고양이를 키우고 있어서 여기저기에 고양이 털이 많이 묻기 때문에 이불이나 카펫을 자주 세탁해야 합니다. 이 빨래방에는 반려동물 전용 세탁기가 있어서 참 좋습니다. 또 텔레비전과 게임기도 있어서 기다리는 시간을 재미있게 보낼 수도 있습니다. 최근에는 프린터가 설치되어서 빨래를 하면서 보고서도 쓰고 출력도 할 수 있습니다. 그래서 저는 요즘 빨래방에 갈 때 노트북 컴퓨터를 가지고 갑니다.

이렇게 장점이 많기는 하지만 단점도 하나 있습니다. 이 빨래방은 신용 카드를 사용할 수 없어서 다소 불편합니다. 동전을 넣어서 세탁기를 사용하거나 전용 카드에 미리 돈을 충전해서 결제해야 합니다. 하루 빨리 신용 카드로 결제할 수 있었으면 합니다.

1 What is this text about?

무엇에 대한 글입니까?

---

2 Mark "O" if it applies to the reading, and "X" if it does not.

읽은 내용과 같으면 O, 다르면 X 표시하십시오.

1) 요즘은 비가 자주 옵니다. (　　　)
2) 이 사람은 반려동물과 같이 삽니다. (　　　)
3) 이 사람은 이곳에 있는 컴퓨터로 보고서를 씁니다. (　　　)

장마철 rainy season　건조하다 to dry　장점 advantage　키우다 to raise/bring up
털 hair　묻다 to be stained with　카펫 carpet　반려동물 pet　단점 disadvantage
다소 somewhat/a bit　동전 coin　하루빨리 as soon as possible

3 Write '장' for the advantages and '단' for the disadvantages of this place.

이곳의 장점에는 '장', 단점에는 '단'을 쓰십시오.

1) 전용 카드를 사용합니다. ( )

2) 동전을 넣어서 세탁기를 사용합니다. ( )

3) 비가 오는 날에도 빨래를 쉽게 말릴 수 있습니다. ( )

4) 빨래가 다 되기를 기다리는 동안 보고서를 쓸 수 있습니다. ( )

4 Does your hometown also have a laundromat? What kind of people often use laundromats?

여러분 고향에도 빨래방이 있습니까? 어떤 사람들이 빨래방을 자주 이용할까요?

1~3 **Listen to the following and answer the questions.**
다음을 듣고 질문에 답하십시오.

1 **What does the customer want to drop off?**
손님이 맡기고 싶어 하는 것은 무엇입니까?

2 **What does the customer want? (　　)**
손님이 원하는 것은 무엇입니까?

① 싸게 세탁하는 것
② 세탁물을 빨리 찾는 것
③ 손상 없이 세탁을 하는 것
④ 얼룩을 깨끗하게 지우는 것

3 **Mark "O" if it applies to what you heard, and "X" if it does not.**
들은 내용과 같으면 O, 다르면 X 표시하십시오.

1) 세탁 기간은 4일이다. (　　)
2) 세탁비는 모두 14,000원이다. (　　)
3) 손님이 직접 가지 않으면 세탁 서비스를 받을 수 없다. (　　)

4 **Is there a laundry delivery service in your hometown?**
여러분 고향에도 세탁물 배달 서비스가 있습니까?

손상 damage　세탁물 laundry

1 Here are ways to remove stains effectively. Discuss as shown in the example.

다음은 얼룩을 깨끗하게 지우는 방법입니다. 보기 와 같이 이야기하십시오.

김칫국물 얼룩	양파 물을 바른다.
볼펜 잉크	물파스를 바른다.
과일 얼룩	베이킹 소다로 지운다.
크레파스	치약으로 지운다.

보기

하얀 옷에 김칫국물이나 볼펜 잉크가 묻으면 당황스럽지요? 오늘은 얼룩을 깨끗하게 지우는 방법을 알려 드리겠습니다. 먼저 김칫국물이 옷에 묻으면 양파 물을 그 자리에 바르세요. 하루가 지난 후에 물로 빨면 잘 지워진다고 하네요.

하얀 와이셔츠에 볼펜 잉크가 옷에 묻으면 어떻게 할까요? 그때는 물파스를 바르면 됩니다. 그 후에 세탁을 하면 깨끗하게 지워진다고 해요. 또

2 Introduce any method you know to clean dirty clothes effectively.

더러워진 옷을 깨끗하게 세탁하는 방법을 알고 있으면 소개하십시오.

문화

한복

한복은 한국의 전통 의상입니다. 한복은 남녀, 사회적 지위, 계절 등에 따라 모양이 다릅니다. 남자 한복의 기본은 바지와 저고리이고 여자 한복의 기본은 치마와 저고리입니다. 외출할 때는 계절에 관계없이 두루마기를 입었습니다. 한복은 선이 아름답고 자연 재료로 염색을 해서 색의 조화도 뛰어납니다. 또한 바닥에 앉을 때에도 불편하지 않도록 만들어졌습니다. 한복은 시대에 따라 모양이 조금씩 바뀌고 종류도 다양해졌지만 기본적인 모양은 지금까지 계속 이어지고 있습니다.

1. 한복의 특징은 무엇입니까?

2. 여러분 고향의 전통 의상에 대해서 소개해 보세요.

3과 학교 시설

01 필요한 자료가 다 있을지 모르겠어요

Learning Objective
To use the library

Grammar
하다/되다, -을지 모르겠다

Vocabulary
Library

MP3_5

- 여기는 어디입니까?
- 여러분은 도서관에서 무엇을 합니까?

선희: 엠마, 공부하러 왔니?

엠마: 네, 과제 때문에 한국 종교와 관련된 논문과 책을 좀 찾으려고 왔어요.

선희: 그래? 그럼 2층 자료실로 가 봐.

엠마: 프랑스어로 된 책도 있을까요?
도서관 홈페이지에서 프랑스어로는 검색이 안 되어서요.

선희: 아마 있을 거야. 영어 제목으로 찾아서 검색해 봐.

엠마: 네, 이번 주 금요일까지 보고서를 제출해야 하는데 필요한 자료가 다 있을지 모르겠어요.

과제 assignment 종교 religion 논문 paper, thesis 자료실 reference room
검색하다 to search 제목 title 보고서 report 제출하다 to submit 자료 material/data

도서관 관련 어휘

어휘 연습

Fill in the blanks as shown in the example.

보기 와 같이 빈칸을 채우십시오.

학교 도서관에 들어가려면 **보기** (학생증이)~~어/가~~ 있어야 합니다. 도서관에 들어가면 층마다 **1)** (　　　　　　)이/가 있습니다. 그곳에서 학생들이 자료도 찾고 공부도 합니다. 책을 **2)** (　　　　　　)으려면/려면 먼저 그 책이 도서관에 있는지 검색해야 합니다. 학생들은 보통 한 달 동안 책을 빌릴 수 있습니다. 책을 빌리면 한 달 안에 **3)** (　　　　　　)어야/아야/여야 합니다. 한 달이 넘으면 **4)** (　　　　　　) 을/를 내야 합니다.

열람실 reading room　대출하다 to borrow/loan　반납하다 to return　연체료 late fee

하다/되다

P36

1 **Choose the correct answer as shown in the example.**

보기 와 같이 알맞은 것을 고르십시오.

> **보기**
>
> 오늘 불고기 양념이 ___②___.
>
> ① 잘했어요.
>
> ② 잘됐어요

1) 홍대에서 하는 거리 공연을 ________________

① 녹화했어요.

② 녹화됐어요.

2) 안나 씨, 유학 서류가 ________________

① 다 준비했어요?

② 다 준비됐어요?

3) 졸업하면 외국에 가서 취직을 ________________

① 하고 싶어요.

② 되고 싶어요.

4) 부모님께서는 혼자 기숙사 생활을 하는 저를 항상 ________________

① 걱정하십니다.

② 걱정되십니다.

02 -을지/ㄹ지 모르겠다

P37

2 Look at the picture and write a sentence as shown in the example.

그림을 보고 보기 와 같이 문장을 만드십시오.

보기

내일이 친구 생일이어서 책을 샀습니다.

친구가 이 선물을 좋아할지 모르겠어요.

1)

저는 올해 대학교를 졸업합니다.

____

2)

저는 좋아하는 사람이 생겼습니다.

____

3)

2시에 회의가 시작됩니다.

____

4)

음식을 준비해서 외국인 친구들을 우리 집에 초대했습니다.

____

1~3 **Read the following and answer the questions.**
다음을 읽고 질문에 답하십시오.

학술정보관은 올해 새로 문을 연 우리 학교 도서관이다. 새 건물이어서 깨끗하고 이용하기가 편리하다. 앉고 싶은 자리를 미리 예약할 수도 있고 예약 시간을 정할 수도 있다. 그래서 나는 학술정보관을 자주 이용한다.

나는 오늘 학술정보관 1층 로비에서 언어 교환 친구를 처음 만났다. 우리는 서로 취미에 대해서 물어봤다. 그 친구는 취미가 영화 감상이어서 시간이 있을 때마다 학술정보관에서 영화를 본다고 했다. 내가 학술정보관에서 영화도 볼 수 있냐고 물어보니까 학술정보관 2층에 멀티미디어 센터가 있는데 멀티미디어 자료가 많다고 했다. 게다가 편한 의자가 있어서 편한 자세로 앉아서 음악을 듣거나 드라마를 볼 수도 있다고 했다. 학기 중에는 일주일에 두 번 멀티미디어 센터 안에 있는 영화감상실에서 무료로 영화를 상영한다는 정보도 알려 주었다. 우리는 다음 주에 멀티미디어 센터에서 함께 영화를 보기로 했다.

언어 교환 친구를 만나니까 한국어 공부도 할 수 있고 여러 정보를 얻을 수도 있어서 좋았다. 무엇보다 대화가 잘되는 좋은 친구를 만나서 정말 기뻤다. 내가 그 친구의 영어 공부에 도움을 줄 수 있을지 모르겠지만 최선을 다하려고 한다. 빨리 다음 주가 되었으면 좋겠다.

1 **How is the Academic Information Center?**
학술정보관이 어떻습니까?

학술정보관 Academic Information Center　멀티미디어 multimedia　상영하다 to show/screen
최선을 다하다 to do one's best

2 Mark "O" if it applies to the reading, and "X" if it does not.

읽은 내용과 같으면 O, 다르면 X 표시하십시오.

1) 멀티미디어 센터에서 싸게 영화를 볼 수 있다. ( )
2) 나는 멀티미디어 센터에서 영화를 본 적이 없다. ( )
3) 학술정보관 근처에 멀티미디어 센터가 있어서 편리하다. ( )

3 This is a summary of the text above. Fill in the blanks with the correct words.

위의 내용을 요약한 글입니다. 빈칸에 알맞은 말을 쓰십시오.

나는 오늘 처음으로 1) ( ) 친구를 만났다. 그 친구의 취미는 2) ( )이다/다. 학술정보관은 새로 생긴 3) ( ) 인데 2층 멀티미디어 센터에서는 일주일에 두 번 4) ( )을/를 상영한다. 나는 다음 주에 멀티미디어 센터에서 그 친구를 만나서 영화도 보고 이야기도 나눌 것이다.

4 What facilities would you like the library to have?

여러분은 도서관에 어떤 시설이 있었으면 좋겠습니까?

1~3 Listen to the following and answer the questions.
다음을 듣고 질문에 답하십시오.

1 What is this about?
무엇에 대한 이야기입니까?

---

2 Which library is it describing?
어느 도서관에 대한 설명입니까?

❶ 남산도서관 ❷ 국립중앙도서관 ❸ 정독도서관

1) 문화 수업을 들을 수 있다. ( )
2) 외국어로 된 자료를 볼 수 있다. ( )
3) 북촌 마을에 있는 이 도서관은 서울시립도서관이다. ( )
4) 한국에서 출판된 모든 책을 이 도서관에서 읽을 수 있다. ( )

3 Mark "O" if it applies to what you heard, and "X" if it does not.
들은 내용과 같으면 O, 다르면 X 표시하십시오.

1) 남산도서관은 옛날 책이 많은 오래된 도서관이다. ( )
2) 국립중앙도서관은 외국 사람들이 편하게 이용할 수 있다. ( )
3) 정독도서관 근처에는 예쁜 정원과 분위기가 좋은 커피숍이 있다. ( )

4 Which library would you like to go to?
여러분은 어느 도서관에 가고 싶습니까?

다양하다 to be various 특징 characteristic/feature 특히 especially/in particular 모든 all
소장하다 to possess/own 출판되다 to be published 북촌 마을 Bukchon Village
세우다 to build/establish

1 The following is the data search screen of the National Library of Korea (www.nl.go.kr). Discuss as shown in the example.

다음은 국립중앙도서관(www.nl.go.kr)의 자료 검색 화면입니다. **보기** 와 같이 대화하십시오.

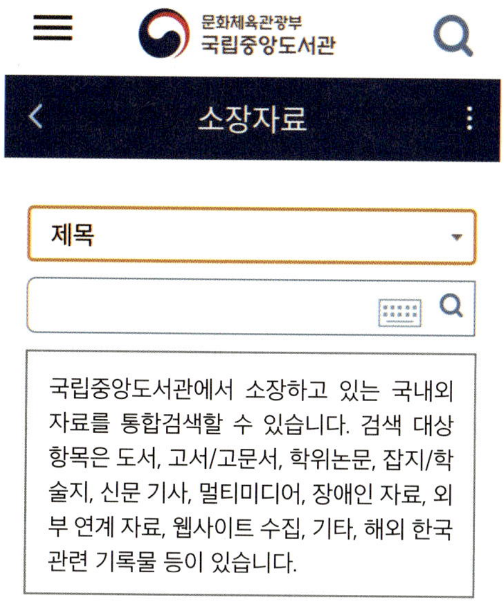

보기

가: 한국 도서관에서 자료를 검색해 본 적이 있어?

나: 응. 국립중앙도서관 홈페이지에서 검색해 본 적이 있어. 왜?

가: 보고서를 써야 해서 자료가 필요한데 자료를 어디서 어떻게 검색해야 하는지 몰라서.

나: 국립중앙도서관 홈페이지에는 여러 나라 언어로 자료를 검색할 수 있는 자판 서비스가 있어서 외국인이 이용하기에 아주 편리해.
내가 검색하는 방법을 가르쳐 줄게.

가: 정말 고마워.

2 Introduce a famous library in your hometown.

여러분 고향의 유명한 도서관을 소개하십시오.

3과 학교 시설

02 생각보다 비싸지 않군요

Learning Objective

To use the post office

Grammar

-거나, -는군요

Vocabulary

Post Office

MP3_6

- 여기는 어디입니까?
- 리사 씨는 지금 무엇을 하려고 합니까?

리사: 시카고에 소포를 보내려고 합니다.

직원: 무게를 재야 하니까 저울에 상자를 올려놓으세요. 깨지기 쉬운 물건이 들어 있지는 않습니까? 예를 들어 그릇 같은 물건이요.

리사: 대부분은 옷이고 책이 몇 권 있어요.
그런데 중간에 우편물이 없어지거나 이상이 생기지는 않을까요?

직원: 비싼 물건이면 보험에 드세요. 보험료는 만 원 정도입니다.

리사: 생각보다 비싸지 않군요. 그럼 보험에 들게요.
우편 요금까지 모두 얼마입니까?

직원: 13만 7천 원입니다.
영수증은 여기에 적으신 전화번호로 보내 드리겠습니다.

소포 package　무게 weight　재다 to measure　저울 scale　상자 box　올려놓다 to put (on)
예를 들다 for example　대부분 most (of)/mostly　우편물 mail/postal matter　적다 to write

우체국 관련 어휘

항공편

배편

택배

특급 우편

- 국제 특급
- 당일 특급

배송 조회

어휘 연습

Fill in the blanks as shown in the example.

보기 와 같이 빈칸을 채우십시오.

편지나 소포를 빨리 보내고 싶으면 보기 (특급 우편으로)~~으로/로~~ 보내세요. 요즘은 우편물을 보낸 그날 바로 배송되는 1) (   )도 있어서 편리합니다. 우체국에 갈 시간이 없는 사람은 우체국 직원이 집까지 직접 와서 우편물을 가지고 가는 우체국 2) (   ) 서비스를 이용하면 됩니다. 그리고 내가 보낸 우편물이 잘 도착했는지 인터넷으로 3) (   )도 할 수 있습니다. 외국으로 우편물을 보낼 때는 보통 4) (   )으로/로 보냅니다. 배편으로 보내는 것보다 시간이 적게 걸리기 때문입니다.

항공편 flight　배편 sea mail　택배 parcel (delivery) service　특급 우편 express mail
국제 특급 international express　당일 특급 same-day express　배송 조회 delivery tracking

Ⅰ -거나

P39

1 Complete the dialogue as shown in the example.

보기 와 같이 대화를 완성하십시오.

> **보기**
> 가: 시간이 있으면 뭘 하세요?
> 나: 운동을 하거나 책을 읽어요.

1) 가: 친구들을 만나면 뭘 하세요?

나: ________________ 거나 ________________

2) 가: 잠이 오지 않을 때 뭘 해요?

나: ________________ 거나 ________________

3) 가: 학교에서 어떤 친구들이 인기가 있어요?

나: ________________________________

4) 가: 언제 행복해요?

나: ________________________________

Ⅱ -는군요/군요

P39

2 Rewrite the sentence as shown in the example.

보기 와 같이 문장을 바꿔 쓰십시오.

> **보기** 날씨가 참 덥습니다. → 날씨가 참 덥군요.

1) 음식이 참 맛있습니다. → ________________

2) 영화를 자주 봅니다. → ________________

3) 노래를 정말 잘합니다. → ________________

4) 학교에서 집까지 좀 멉니다. → ________________

1~3 **Read the following and answer the questions.**
다음을 읽고 질문에 답하십시오.

저는 한국에 온 지 일 년 됐습니다. 제가 다니는 학교는 한국에서 유명한 대학교 중 하나입니다. 우리 학교는 역사가 오래되었고 캠퍼스도 넓고 아름답습니다. 학교 안에는 학생들이 이용하기에 편리한 시설이 많습니다. 도서관에는 멀티미디어실과 열람실이 있고 학생회관에는 식당과 우체국과 은행, 동아리방이 있습니다. 학생들을 위한 편의 시설이 모두 가까이에 있기 때문에 편리하게 이용할 수 있습니다. 무엇보다 환전을 하고 싶거나 소포를 보내고 싶을 때 학교 안에서 모든 일을 처리할 수 있어서 편합니다.

저는 지금 이 학교의 한국어학당에서 한국어를 배우고 있습니다. 한국어학당에 있으면 세계를 여행하는 것 같습니다. 여러 나라 학생들이 한 반에서 같이 공부하기 때문에 다양한 친구들을 사귈 수 있으니까요. 한국어 수업이 끝난 후에는 함께 도서관에 가서 공부를 하거나 책을 읽습니다. 날씨가 좋으면 학교 운동장에서 친구들과 같이 농구를 하거나 커피숍에서 이야기를 합니다. 친구들과 함께 공부도 하고 운동도 하면서 재미있게 지내고 있습니다.

1 **Why does being at the Korean Language Institute feel like you're traveling to various countries?**
한국어학당에 있으면 왜 여러 나라를 여행하는 것 같습니까?

캠퍼스 campus　편의 시설 convenience facilities　가까이 nearby

2 Mark “O” if it applies to the reading, and “X” if it does not.

읽은 내용과 같으면 O, 다르면 X 표시하십시오.

1) 이 사람은 학교생활이 즐겁습니다. (　　　)
2) 학생회관 건물에 도서관도 같이 있습니다. (　　　)
3) 환전을 하고 싶으면 학교 밖에 있는 은행에 가야 합니다. (　　　)

3 Read and connect appropriately.

읽고 알맞게 연결하십시오.

1) 운동장 •　　• ❶ 넓고 아름답습니다.
2) 캠퍼스 •　　• ❷ 친구들과 같이 농구를 합니다.
3) 학생회관 •　　• ❸ 고향에 소포를 보낼 수 있습니다.
4) 한국어학당 •　　• ❹ 여러 나라의 친구들을 만날 수 있습니다.

4 Introduce your school and its facilities.

여러분의 학교와 학교 안에 있는 시설을 소개하십시오.

1~3 Listen to the following and answer the questions.

다음을 듣고 질문에 답하십시오.

1 **Why has the post office become more complicated?**

왜 우체국이 더 복잡해졌습니까?

____

2 **Choose the answer that is different from what you heard.** ( )

들은 내용과 다른 것을 고르십시오.

❶ 우체국에서 보험을 들 수 있다.

❷ 무인 접수기는 우체국 안에 있다.

❸ 우체국에서 휴대 전화 요금을 낼 수 있다.

❹ 인터넷으로 우편물 배송을 신청하면 우체국에 가지 않아도 된다.

3 **Mark "O" if it applies to what you heard, and "X" if it does not.**

들은 내용과 같으면 O, 다르면 X 표시하십시오.

1) 요즘은 우체국에서 하는 일을 은행에서도 한다. ( )

2) 여자는 우체국의 무인 접수기를 이용한 적이 없다. ( )

3) 무인 접수기를 이용하면 많이 기다리지 않고 우편물을 보낼 수 있다. ( )

4 **What can you do at the post office of your hometown?**

여러분 고향의 우체국에서는 무엇을 할 수 있습니까?

미리 in advance 접수하다 to receive (request/report) 무인 접수기 self-service kiosk
통하다 to go through 입력하다 to enter

과제 3 해 봅시다

1 This is the international postage rate table. Look at the following and have a conversation as shown in the example.

다음은 국제 우편 요금표입니다. 다음을 보고 보기 와 같이 대화하십시오.

<서류>

항공편			
무게	요금(원)		
	일본	미국	브라질
10g까지	24,000	33,000	36,500
20g까지	31,500	47,000	49,000

<소포>

항공편				배편		
무게	요금(원)			요금(원)		
	일본	미국	브라질	1지역 (일본, 중국 등)	2지역 (아시아)	3지역 (미국, 영국, 캐나다 등)
10kg까지	40,500	128,000	136,000	34,000	35,500	43,000
20kg까지	68,000	242,000	260,800	57,000	58,500	74,000

보기

우체국 직원: 어떻게 오셨어요?

손님: 미국에 소포를 보내려고 합니다.

우체국 직원: 여기에 올려놓으세요.

손님: 배편으로 보내면 얼마예요?

우체국 직원: 43,000원이고 한 달쯤 걸립니다.

손님: 항공편은요?

우체국 직원: 항공편으로 보내면 128,000원입니다.

손님: 그럼 항공편으로 보내 주세요. 며칠 걸려요?

우체국 직원: 일주일 안에 도착할 거예요.

2 Share your experience of sending mail at the post office.

우체국에 가서 우편물을 보낸 경험이 있으면 이야기하십시오.

문화

서울도서관

서울특별시 중구에 위치한 공공도서관으로 옛날 서울시 청사 건물을 개조하여 2012년에 새로 문을 연 서울의 대표적인 도서관입니다. '서울도서관'에는 1층부터 2층의 벽면에 조성한 5미터 높이의 벽면 서가를 비롯해 일반 자료실, 디지털 자료실, 장애인 자료실 등 여러 자료실이 마련되어 있습니다. 특히 '서울도서관'의 역사적 가치를 보존하고자 서울에 관련된 정보를 보관하고 있는 '서울 기록 문화관'이 있어서 서울의 역사를 알고 싶은 외국인에게 추천할 만한 도서관입니다.

'서울도서관'은 누구나 출입할 수 있지만 서울 시민이나 서울 소재의 학교나 직장에 다니는 사람만 자료 대출이 가능합니다. 서울 시에 거주하면서 외국인 등록증을 가지고 있는 외국인도 자료를 대출할 수 있습니다.

1. '서울도서관'은 어떤 도서관입니까?

2. 여러분 고향의 특색 있는 도서관을 소개해 보세요.

4과 병원과 약국

01 아파 죽겠다고 해서 왔어요

Learning Objective

To use the pharmacy

Grammar

-으려다가, -어 죽겠다

Vocabulary

Symptoms and Medicine

MP3_7

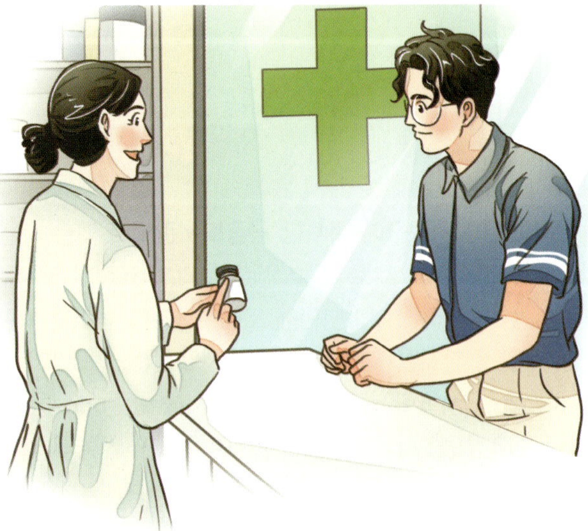

- 다니엘은 어디에 있습니까?
- 약국에서 약을 살 때 무엇이 필요합니까?

다니엘: 친구가 감기에 걸린 것 같다고 해서 약을 사러 왔는데요.

약 사: 어디가 안 좋다고 해요?

다니엘: 기침이 심하고 열도 나는데 특히 머리가 깨질 것같이 아프다고 해요.

약 사: 요즘 유행하는 독감인 것 같네요. 그래도 약을 짓기 위해서는 의사의 처방전이 있어야 합니다.

다니엘: 내일 병원 문이 열릴 때까지 기다리라고 하려다가 아파 죽겠다고 해서 왔어요.

약 사: 그럼 종합 감기약을 드릴게요. 이 약을 드셔 보시고 낫지 않으면 꼭 병원에 가 보라고 하세요.

약 medicine　약사 pharmacist　기침 cough　열 fever　머리가 깨질 것 같다 to have a splitting headache
유행하다 to spread/be prevalent　독감 flu　짓다 to make/fill (a prescription)　처방전 prescription
종합 comprehensive/general　낫다 to recover

증상과 약 관련 어휘

증상	약
두통이 심하다. 이가 아프다.	진통제
소화가 안된다.	소화제
다쳐서 피가 난다.	소독약
비타민, 칼슘 등이 필요하다.	영양제
피부에 문제가 있다.	피부 연고
잠이 안 온다.	수면제
눈병이 났다.	안약

어휘 연습

What medicine do you need? Write as shown in the example.

무슨 약이 필요합니까? 보기 와 같이 쓰십시오.

보기 소화제

1)

2)

3)

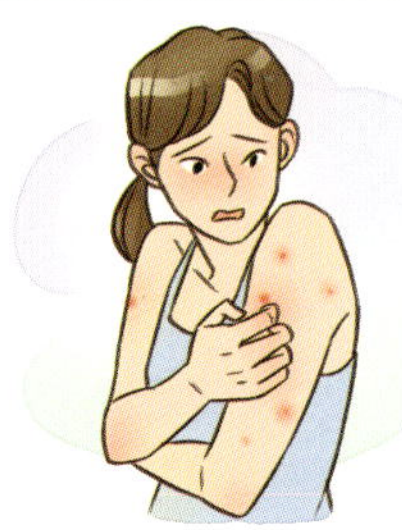

4)

5)

두통 headache　진통제 painkiller　소화 digestion　다치다 to be hurt　피 blood
소독약 disinfectant　비타민 vitamin　칼슘 calcium　영양제 nutritional supplements
연고 ointment　수면제 sleeping pill　눈병 eye disease　안약 eye drops

-으려다가/려다가

P41

1 Look at the following and complete the sentence as shown in the example.

다음을 보고 보기 와 같이 문장을 완성하십시오.

하려고 한 일	결과
보기 대학교 때 좋아하는 여학생에게 고백하고 싶었다.	못 했다.
1) 대학교를 졸업하고 대학원에 가고 싶었다.	회사에 취직했다.
2) 회사 일이 힘들어서 그만두고 싶었다.	그냥 다니기로 했다.
3) 집을 사고 싶었다.	갑자기 집값이 올라서 못 샀다.
4) 사귀던 사람과 결혼하고 싶었다.	결혼식 바로 전에 헤어졌다.

보기 대학교 때 좋아하던 여학생에게 고백하려다가 못 했어요.

1) ______________________________

2) ______________________________

3) ______________________________

4) ______________________________

-어/아/여 죽겠다

P41

2 **Choose the correct option from the following and complete the dialogue as shown in the example.**

다음 중에서 알맞은 것을 골라 보기 와 같이 대화를 완성하십시오.

배고프다	배부르다	아프다
졸리다	피곤하다	

아이: 엄마, 먹을 것 좀 주세요. 보기 배고파~~어/아/여~~ 죽겠어요.

엄마: 여기 떡이 있으니까 먹어. 너 숙제는 다 했니?

아이: 네, 숙제를 너무 열심히 해서 머리가 1) ________ 어/아/여 죽겠어요.

엄마: 그럼 나가서 운동을 좀 해.

아이: 오늘은 좀 쉬면 안 돼요? 2) ________ 어/아/여 죽겠어요.

엄마: 그렇게 피곤하면 좀 쉬었다가 저녁을 먹어.

아이: 저녁은 못 먹겠어요. 떡을 너무 많이 먹어서 3) ________ 어/아/여 죽겠어요. 잠이나 좀 잘래요. 너무 배가 불러서 4) ________ 어/아/여 죽겠어요.

1~3 **Read the following and answer the questions.**
다음을 읽고 질문에 답하십시오.

약국에서 처방전 없이 약을 사려다가 못 산 적이 있나요? 한국에서는 약국에서 약을 살 때 의사에게서 받은 처방전이 있어야 합니다. 하지만 소화제, 진통제, 종합 감기약 같은 간단한 약은 처방전이 없어도 살 수 있습니다. 종합 감기약은 감기에 걸렸을 때 먹습니다. 감기에 걸리면 기침을 하거나 코가 막히거나 목이 쉬는 등 여러 가지 증상이 나타납니다. 열이 나거나 몸이 떨리기도 하는데 이런 증상이 가볍게 나타날 때 사람들은 종합 감기약을 먹습니다. 또 상처가 났을 때 다친 곳을 깨끗하게 소독하는 소독약이나 피부가 가려울 때 바르는 연고처럼 급하게 필요한 약도 처방전 없이 살 수 있습니다.

약국에서는 영양제, 마스크와 같이 평소에 건강을 지키는 데 필요한 제품도 살 수 있습니다. 그러나 수면제나 안약은 증상에 따라 필요한 약이 다르기 때문에 먼저 병원에 가서 의사의 처방전을 받아야 합니다. 늦은 밤이나 공휴일에 약을 사기 어려울 때는 120으로 전화하거나 휴일 지킴이 약국 홈페이지(https://www.pharm114.or.kr/main.asp)에 들어가 보세요. 문을 연 약국을 쉽게 찾을 수 있습니다. 종합 감기약, 소화제, 진통제는 24시간 문을 여는 편의점에서도 살 수 있습니다.

1 **What medicine can't you buy at the pharmacy without a prescription? (   )**
약국에서 처방전 없이 살 수 있는 약이 아닌 것은 무엇입니까?

① 소독약　　② 수면제
③ 영양제　　④ 진통제

코가 막히다 to have a stuffy nose　목이 쉬다 to have a sore throat　나타나다 to occur/to appear
떨리다 to shiver/tremble　상처 wound/injury　소독하다 to disinfect　가렵다 to be itchy
바르다 to apply/put on

2 If you have a headache and there is no pharmacy nearby, where can you buy medicine?

머리가 아픈데 근처에 약국이 없으면 어디에서 약을 살 수 있습니까?

---

3 Mark "O" if it applies to the reading, and "X" if it does not.

읽은 내용과 같으면 O, 다르면 X 표시하십시오.

1) 약국에서 약이 아닌 물건도 살 수 있다. ( )
2) 밤늦은 시간에는 약을 살 수 있는 약국이 없다. ( )
3) 종합 감기약은 여러 감기 증상이 나타날 때 먹을 수 있다. ( )

4 In your hometown, can you buy medicine from places other than pharmacies? How do the medicines sold there differ from those sold in pharmacies?

여러분 고향에서는 약국이 아닌 다른 곳에서 약을 살 수 있습니까?
그곳에서 파는 약과 약국에서 파는 약은 어떻게 다릅니까?

1~3 **Listen to the following and answer the questions.**
다음을 듣고 질문에 답하십시오.

1 1) **Why does the man have an upset stomach?**

남자는 왜 배탈이 났습니까?

2) **What are the man's symptoms?**

남자의 증상이 어떻습니까?

2 **Why does the woman have a stomachache?**

여자는 왜 배가 아픕니까?

3 **Mark "O" if it applies to what you heard, and "X" if it does not.**

들은 내용과 같으면 O, 다르면 X 표시하십시오.

1) 남자는 음식을 잘못 먹었다. ( )

2) 남자는 약국에서 약을 샀다. ( )

4 **Have you ever gone to the pharmacy because of a stomachache? What symptoms did you have? What medicine did you take?**

여러분은 배가 아파서 약국에 간 적이 있습니까? 어떤 증상이 있었습니까? 무슨 약을 먹었습니까?

배탈 stomachache 설사 diarrhea 닷새 five days 변비약 constipation medicine 리터 liter
회 raw fish 식중독 food poisoning

1 **Have you ever bought and taken medicine in Korea? Discuss how to take medicine by looking at the medicine packaging, as shown in the example.**

한국에서 약을 사서 먹은 적이 있습니까? 약봉지를 보고 약을 어떻게 먹어야 하는지 **보기** 와 같이 이야기하십시오.

보기

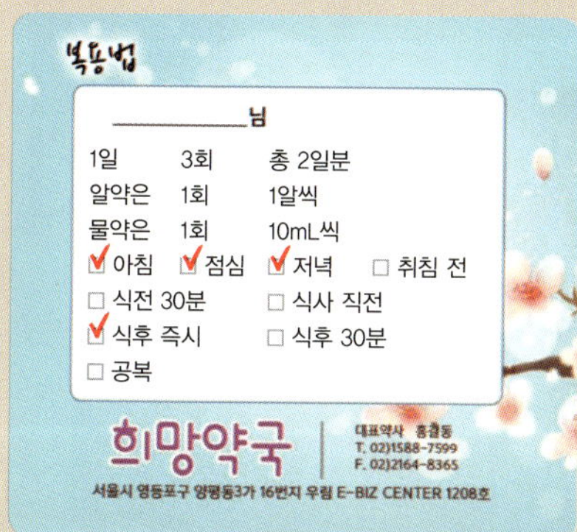

가: 감기는 좀 어때? 기침이 심해서 힘들어 죽겠다고 했잖아.

나: 그래서 월요일이 되면 병원에 가려다가 약국에서 처방전 없이 살 수 있는 약을 받아 왔어.

가: 어디 좀 보자. 하루에 세 번, 이틀 동안 먹어야 되네.

나: 한 번에 얼마나 먹어야 해?

가: 알약 한 알하고 물약 10밀리리터를 같이 먹어.

나: 식사 후에 먹으면 돼?

가: 응, 밥을 먹고 바로 먹어야 해.

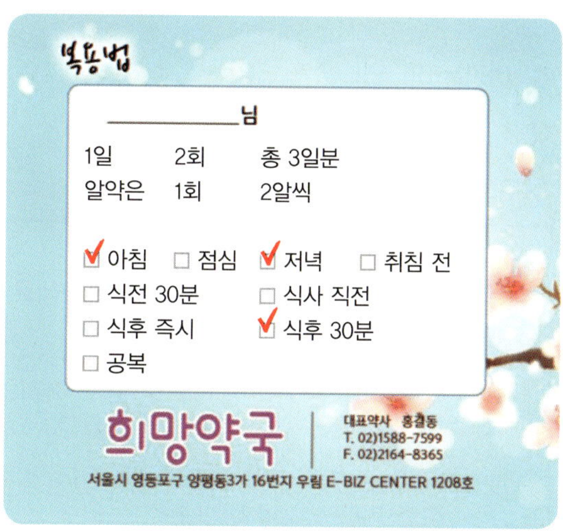

2 **How can you buy medicine at pharmacies in your hometown? Can you also receive other services? Introduce a pharmacy from your hometown to a friend.**

여러분 고향에서는 약국에서 어떻게 약을 살 수 있습니까? 다른 서비스도 받을 수 있습니까? 친구에게 고향의 약국을 소개하십시오.

4과 병원과 약국

02 김 박사님 환자가 많은가 봐요

Learning Objective

To use the hospital

Grammar

-기도 하다, -나 보다

Vocabulary

Hospitals

MP3_8

- 여기는 어디입니까?
- 병원을 이용할 때 불편한 점이 있었습니까?

수지: 김 박사님께 진찰을 받으려고 하는데요.

병원 직원: 어디가 편찮으세요?

수지: 요즘 하루 종일 피곤하고 가끔씩 어지럽기도 한데 이유를 모르겠어요.

병원 직원: 김 박사님께 진찰을 받으시려면 지금 예약하셔도 일주일 정도 기다리셔야 합니다.

수지: 일주일이요? 김 박사님 환자가 많은가 봐요.

병원 직원: 네. 요새 환절기여서 감기 환자가 얼마나 많은지 몰라요.

박사 Doctor　진찰 examination/checkup　편찮다 to be unwell/sick　어지럽다 to be dizzy
이유 reason　환자 patient　환절기 in-between seasons/the change of seasons

병원 관련 어휘

진찰	입원하다	건강 보험
치료	퇴원하다	처방전
진료	문병을 가다	진단서
수술		
처방		

어휘 연습

Fill in the blanks as shown in the example.

보기 와 같이 빈칸을 채우십시오.

보기 (건강 보험)에 들어서 매달 조금씩 돈을 내면 아플 때 치료비가 적게 들어요.

1) 아파서 수업에 못 가게 되면 병원에서 받은 (　　　　)을/를 선생님께 내세요.

2) 친구가 다리를 다쳐서 (　　　　)어/아/여 있는 병원에 (　　　　)었어요/았어요/였어요.

3) 고등학교 때까지 눈이 아주 나빴는데 라식 (　　　　)을/를 받은 후에 생활이 아주 편해졌어요.

4) 지난봄에 알레르기가 심해서 힘들었는데 병원에서 (　　　　)받은 연고를 바르니까 금방 나았어요.

치료 treatment　진료 medical examination and treatment　수술 surgery　처방 prescription
입원하다 to be hospitalized　퇴원하다 to be discharged (from the hospital)
문병 visiting someone who is sick　건강 보험 health insurance
진단서 medical certificate/a written diagnosis

1 -기도 하다

P43

1 Look at the following and complete the dialogue as shown in the example.

다음을 보고 보기 와 같이 대화를 완성하십시오.

	평소 하는 일	가끔 하는 일
보기 출근 방법	운전한다.	버스를 탄다.
1) 저녁 식사	회사 근처에서 사 먹는다.	직접 요리한다.
2) 주말	집에서 시간을 보낸다.	밖에서 친구를 만난다.
3) 영화 감상	컴퓨터로 본다.	극장에 간다.
4) 부모님과 연락	문자 메시지를 보낸다.	영상 통화를 한다.

보기
가: 어떻게 출근하세요?
나: 보통 운전하는데 가끔은 버스를 타기도 해요.

1) 가: 퇴근 후에 저녁 식사는 어디에서 하세요?
나: 평소에는 회사 근처에서 사 먹는데 가끔 ______________ 기도 해요.

2) 가: 주말에는 뭘 하세요?
나: 보통 집에서 시간을 보내는데 때로는 ______________ 기도 해요.

3) 가: 영화 보는 게 취미라고 하셨죠? 영화관에 자주 가세요?
나: 평소에는 ______________

4) 가: 부모님과는 어떻게 연락하세요?
나: 보통 ______________

01 -나/은가/ㄴ가 보다

P43

2 **Look at the following and complete the dialogue as shown in the example.**

다음을 보고 보기 와 같이 대화를 완성하십시오.

보기

가: 왜 이렇게 차가 밀려요?

나: 앞에서 사고가 났나 봐요.

1)

가: 아기가 계속 울기만 해요.

나: ______________________

2)

가: 왜 전화를 안 받을까요?

나: ______________________

3)

가: 에릭 씨가 날마다 선희 씨에게 꽃을 사 줘요.

나: ______________________

4)

가: 엠마 씨가 시험을 잘 봤네요.

나: ______________________

1~3 **Read the following and answer the questions.**
다음을 읽고 질문에 답하십시오.

나는 오늘 친구들과 농구를 하다가 넘어졌다. 너무 아파서 걷기도 힘들었다. 한 친구가 그렇게 아플 때는 한의원에 가서 침을 맞는 게 좋다고 했다. 나는 침이라는 말을 처음 들어서 친구에게 침이 뭐냐고 물어봤다. 친구는 침은 바늘같이 생긴 것인데 아픈 곳에 침을 놓으면 낫는다고 설명해 줬다. 그 친구도 작년에 스키장에서 스키를 타다가 넘어진 적이 있었는데 한의원에 가서 침을 맞고 금방 나았다고 했다. 친구는 학교 근처에 있는 유명한 한의원을 소개해 주면서 같이 가 보지 않겠냐고 했다.

나는 친구와 같이 한의원에 갔다. 한의사 선생님은 어떻게 하다가 다쳤는지 물어보시고 발목을 만져 보셨다. 그리고 나에게 발목을 삐었으니까 침을 맞아야 한다고 하셨다. 또 발목이 많이 붓기도 했으니까 집에서 찜질을 자주 하고 며칠 동안은 많이 걷지 말고 쉬라고 하셨다.

나는 침을 맞기 전에 긴장을 많이 했는데 다행히 침을 맞을 때 별로 아프지 않았다. 아주 신기했다. 30분쯤 지나니까 좀 좋아지는 것 같았다. 그래서 한국 사람들이 한의원에 가서 침을 맞기도 하고 한약을 지어서 먹기도 하나 보다.

1 **What kind of treatment did this person receive at the Korean medical clinic?** 이 사람은 한의원에서 어떤 치료를 받았습니까?

---

2 **What should this person do from now on?**
이 사람은 낫기 위해서 앞으로 어떻게 해야 합니까?

---

3 **Choose the answer that applies to what you read. (   )**
읽은 내용과 같은 것을 고르십시오.

① 침은 바늘하고 비슷하게 생겼다.
② 이 사람은 스키장에서 넘어져서 다쳤다.
③ 발목이 부었을 때에는 운동을 하는 것이 좋다.
④ 이 사람은 한의원에서 치료를 받을 때 많이 아팠다.

4 **Does your hometown also have a Korean/oriental medical clinic? Share your experiences if you've ever been to one.**
여러분 고향에도 한의원이 있습니까? 한의원에 가 본 경험이 있으면 이야기하십시오.

한의원 Korean/oriental medical clinic　침 acupuncture　바늘 needle
놓다 to apply/inject (a needle or a shot into someone)　맞다 to get (an injection/acupuncture)
발목 ankle　만지다 to touch　삐다 to sprain　붓다 to become swollen
찜질 to apply/use a hot(or ice) pack　긴장 nervousness　한약 herbal/oriental medicine

1~3 **Listen to the following and answer the questions.**
다음을 듣고 질문에 답하십시오.

1 **What happened to Yeongju? (　　)**
영주에게 무슨 일이 있었습니까?

① 손을 다쳤다.　② 팔을 다쳤다.
③ 발을 다쳤다.　④ 눈을 다쳤다.

2 **Where did Yeongju go? Why did she go there?**
영주는 어디에 갔습니까? 왜 거기에 갔습니까?

1) 어디: ____________________

2) 왜: ____________________

3 **What kind of treatment will Yeongju receive?**
영주는 이제 어떤 치료를 받겠습니까?

① 약을 먹을 것이다.　② 주사를 맞을 것이다.
③ 상처를 꿰맬 것이다.　④ 엑스레이를 찍을 것이다.

4 **Have you ever been to the emergency room? Why did you go there?**
여러분은 응급실에 간 적이 있습니까? 무슨 일 때문에 갔습니까?

칼 knife　손가락 finger　베이다 to get cut　응급실 emergency room　흉터 scar

1 The following is a questionnaire that is filled out before receiving an examination at the hospital. Read and put checkmarks where appropriate.

다음은 병원에서 검사를 받기 전에 작성하는 질문지입니다. 읽고 ✓ 표시하십시오.

1. 전에 아팠거나 지금 아픈 곳이 있습니까?
   ① 있다 ( ) (병명:)
   ② 없다 ( )

2. 부모나 형제에게 심한 병이 있습니까?
   ① 있다 ( ) (병명:)
   ② 없다 ( )

3. 특별히 걱정되는 병이 있습니까?
   ① 있다 ( ) (병명:)
   ② 없다 ( )

4. 무슨 음식을 자주 먹습니까? ( )
   ① 채소를 주로 먹는다.
   ② 채소와 고기를 모두 잘 먹는다.
   ③ 고기를 주로 먹는다.

5. 술을 자주 마십니까? ( )
   ① 마시지 않는다.
   ② 한 달에 2~3번 정도 마신다.
   ③ 일주일에 1~2번 마신다.
   ④ 일주일에 3~4번 마신다.
   ⑤ 매일 마신다.

6. 술을 마시면 한 번에 어느 정도 마십니까? ( )
   ① 소주 반병 이하 ② 소주 한 병 정도
   ③ 소주 한 병 반 정도 ④ 소주 두 병 이상

7. 담배를 피웁니까? ( )
   ① 전혀 피우지 않는다.
   ② 전에 피웠지만 지금은 끊었다.
   ③ 지금도 피운다.

8. 담배를 피우면 하루에 어느 정도 피웁니까? ( )
   ① 반 갑 이하 ② 반 갑~1갑
   ③ 1갑~2갑 ④ 2갑 이상

9. 담배를 전에 피웠거나 요즘 피우고 있습니까? 얼마나 오래 피웠습니까? ( )
   ① 5년 이하 ② 5~9년
   ③ 10~19년 ④ 20~29년
   ⑤ 30년 이상

10. 운동을 일주일에 몇 번 정도 합니까? ( )
   ① 전혀 안 한다. ② 1~2번
   ③ 3~4번 ④ 5~6번
   ⑤ 매일

11. 지난 한 달 동안 너무 힘들다고 느낀 적이 있습니까? ( )
   ① 자주 있다. ② 가끔 있다.
   ③ 없다. ④ 모르겠다.

2 In your hometown, do you have a national health insurance system or healthcare facilities such as public health centers operated by the government? Talk about the healthcare services in your hometown.

여러분 고향에는 나라에서 운영하는 건강 보험 제도나 보건소 같은 의료 기관이 있습니까? 고향의 의료 서비스에 대해서 이야기하십시오.

문화

편의점에서 살 수 있는 약

약은 약국에서만 살 수 있을까요? 요즘에는 편의점에서도 약을 살 수 있습니다. 늦은 밤이나 주말에 약국이 문을 닫았을 때도 편의점에 가면 진통제, 소화제, 소독약, 파스, 해열제, 감기약 등 생활에 필요한 약들을 살 수 있습니다. 그러나 약을 너무 많이 먹으면 문제가 생길 수 있기 때문에 똑같은 약을 한 번에 여러 개 사면 안 됩니다. 급하게 약이 필요할 때만 편의점을 이용해 보세요.

1. 편의점에서는 무슨 약을 살 수 있습니까?

2. 여러분 고향에서도 편의점에서 약을 살 수 있습니까?

5과 여행

01 작년 여름에 갔던 동해 바다가 기억에 남아

Learning Objective

To share travelling plans and experiences

Grammar

-었던, 이라면

Vocabulary

Travelling

MP3_9

- 여기는 어디입니까?
- 사람들이 무엇을 보고 있습니까?

엠마: 너는 해외여행을 많이 해 봤어?

수영: 아니, 해외여행을 갈 기회는 없었고 국내 여행을 많이 했어.

엠마: 지금까지 놀러 간 곳 중에서 어디가 제일 좋았어?

수영: 지난 주말에 다녀온 설악산이 제일 먼저 생각나네. 아름다운 단풍을 보면서 깨끗한 공기를 마시니까 마치 자연과 하나가 된 것 같은 느낌이었어. 너는?

엠마: 나는 작년 여름에 갔던 동해 바다가 기억에 남아. 거기에서 해 뜨는 걸 봤는데 유난히 크고 붉었던 아침 해의 모습을 잊을 수가 없어.

수영: 아, 맞아. 해돋이라면 동해가 최고야.

해외여행 overseas travel　놀러 가다 to go out for fun　생각나다 to come to mind
단풍 autumn leaves　마치 as if　자연 nature　동해 East Sea　바다 sea
기억에 남다 to remain in one's memory　해 sun　뜨다 to rise　유난히 particularly/exceptionally
붉다 to be red　잊다 to forget　해돋이 sunrise

여행 관련 어휘

여행 종류	해외여행, 국내 여행, 신혼여행, 배낭여행, 단체 관광
여행 기간	당일, 1박 2일, 한 달 살기
교통편	왕복, 편도
숙박 시설	호텔, 모텔, 민박, 펜션
여행지 정보	날씨, 먹거리, 볼거리
준비할 것	여행 일정, 여행 경비, 여행자 보험

어휘 연습

Fill in the blanks as shown in the example.

보기 와 같이 빈칸을 채우십시오.

이번 여름에는 고향에 가지 않고 한국에서 **보기** (국내 여행을)을/를 하려고 한다. 학교 공부도 중요하지만 한국에서 여기저기를 구경하는 것도 좋은 공부가 될 것 같다. 그래서 주말에 가서 하룻밤 자고 오는 **1)** (   ) 일정으로 여행할 곳을 알아보려고 여행사 사이트에 들어갔다. 나는 먹는 것을 좋아해서 여러 가지 **2)** (   )을/를 맛볼 수 있는 여행지를 찾아 봤는데 여수에 맛있는 음식이 많아 보였다. 여수에 있는 케이블카도 타 보고 싶고 밤바다 사진도 아름다워서 꼭 가 봐야겠다고 생각했다. 서울에서 여수까지 한 번에 가는 고속버스가 있어서 돌아오는 표까지 **3)** (   )으로/로 예매했다. 그리고 내가 외국인이니까 안전하게 여행하기 위해서 **4)** (   )에도 가입했다. **5)** (   )은/는 아직 예약하지 못했는데 호텔에서 잘지 펜션을 이용할지 생각 중이다.

배낭여행 backpacking　단체 관광 group tour　당일 the day (of)　왕복 round-trip　편도 one-way
호텔 hotel　모텔 motel　민박 bed and breakfast　펜션 pension

-었던/았던/였던

P45

1 **Choose the correct option from the following and complete the sentence as shown in the example.**

다음 중에서 알맞은 것을 골라 보기 와 같이 문장을 완성하십시오.

듣다	보다	입다
작다	친하다	

보기

초등학교 때 봤던~~었던/았던/였던~~ 만화가 최근 영화로 만들어져서 인기를 끌고 있다.

1) 이 옷은 제가 고등학교 때 ______________ 었던/았던/였던 교복이에요.

2) 여기는 대학교 첫 학기에 첫 수업을 ______________ 었던/았던/였던 교실이에요.

3) 살이 빠져서 몇 달 전까지 ______________ 었던/았던/였던 옷이 이제 잘 맞는다.

4) 매튜는 어렸을 때 저와 가장 ______________ 었던/았던/였던 친구인데 연락을 안 한 지 오래됐어요.

02 이라면/라면

P45

2 Look at the following and complete the dialogue as shown in the example.

다음을 보고 보기 와 같이 대화를 완성하십시오.

가정하는 상황	나의 생각
보기 내가 너	서울에서 좀 떨어진 도시를 여행하겠다.
1) 닭갈비	춘천이 최고다.
2) 한옥 구경	전주에 가야 한다.
3) 벚꽃 구경	진해가 제일 좋다.
4) 지금이 방학	다 가 볼 수 있는데 아쉽다.

가: 뭐 하고 있어?

나: 주말여행을 하고 싶은데 어디로 갈지 모르겠어.
서울 근처가 좋을까, 좀 먼 곳이 좋을까?

가: 보기 내가 너라면~~이라면/라면~~ 서울에서 좀 떨어진 도시를 여행하겠어.

나: 여행지에서 맛있는 음식을 먹고 싶은데 닭갈비 같은 음식은 어디에서 먹을 수 있어?

가: 1) ________ 이라면/라면 춘천이 최고지.
춘천은 서울에서 차로 두 시간이면 도착해.

나: 꼭 가 봐야겠다. 한옥 마을에도 한번 가 보고 싶은데 어디가 좋아?

가: 2) ________ 이라면/라면 전주에 가야 돼.
그런데 춘천에서는 좀 멀어서 주말에 두 군데 다 가기는 힘들어.

나: 그래? 참, 그리고 요즘 꽃이 많이 피었는데 벚꽃 구경을 하려면 어디에 가야 해?

가: 3) ________ 이라면/라면 ________
거긴 편도 다섯 시간쯤 걸리니까 먼 편이야.

나: 4) ________ 이라면/라면 ________

1~3 Read the following and answer the questions.

다음을 읽고 질문에 답하십시오.

나는 한국의 여러 곳을 구경하고 학교에서 배운 한국말을 연습하려고 한국에서 2주일 동안 여행을 한 적이 있다. 자유롭게 여행을 하고 싶어서 계획을 세우지 않고 배낭 하나만 메고 혼자 여행을 떠났다.

한국에서 처음 하는 여행이어서 긴장이 됐는데 다행히 여행지 사람들은 모두 친절했다. 가끔 사투리를 알아듣기 힘들었던 때도 있었지만 사람들이 여러 번 천천히 설명해 주고 길도 잘 가르쳐 줬다.

나는 여행하는 동안 주로 찜질방에서 잤다. 찜질방은 값도 싸고 어디서나 쉽게 찾을 수 있어서 이용하기 편했다. 하루 종일 걸어 다닌 후 밤에 찜질방에 가서 맛있는 음식도 먹고 목욕도 하면서 피곤을 풀면 다음 날 아침에 또 즐겁게 여행을 시작할 수 있었다.

가끔 돈을 아끼려고 지나가는 차를 얻어 타기도 했다. 그 이야기를 들은 친구들은 위험하다고 걱정했지만 꼭 한번 해 보고 싶었던 일이었다. 어느 날 차를 얻어 타려고 30분쯤 기다리고 있었는데 트럭을 운전하던 아저씨가 나를 태워 주셨다. 아저씨는 재미있는 이야기도 해 주시고 한국어 표현도 많이 가르쳐 주셨다.

또 하나 기억에 남는 일은 남해에 갔을 때 어떤 학생을 만난 일이다. 그 한국 대학생은 군대에 가기 전에 혼자 여행을 하고 싶어서 부산에서 왔다고 했다. 우리는 바닷가에 앉아서 파도 소리도 듣고 같이 술도 마셨다. 미국과 한국의 다른 점에 대한 이야기도 하고 미래에 대한 이야기도 했다. 지금 그 학생은 무엇을 하고 있을까? 가끔 생각이 난다.

한국말이 서툴러서 고생하기는 했지만 한국의 여러 곳에서 많은 것을 직접 배울 수 있는 좋은 시간이었다.

1 Why didn't this person make plans before going on the trip?

이 사람은 여행을 가기 전에 왜 계획을 세우지 않았습니까?

자유롭다 to be free　메다 to carry (over one's shoulder)　사투리 (regional) dialect
주로 mostly　찜질방 Jjimjilbang (Korean sauna/spa)　아끼다 to save
남해 Namhae (the southern sea)　군대 military　파도 waves　미래 future

2 Who did this person meet in Namhae?

이 사람은 남해에서 누구를 만났습니까?

---

3 Mark "O" if it applies to the reading, and "X" if it does not.

읽은 내용과 같으면 O, 다르면 X 표시하십시오.

1) 여행 경비를 줄이려고 히치하이크를 했다. ( )
2) 남해에서 만난 대학생과 자주 연락을 한다. ( )
3) 트럭을 운전하는 아저씨한테서 한국어를 배웠다. ( )

4 Do you make plans before going on a trip? What are the advantages and disadvantages of planning a trip in advance versus not planning in advance?

여러분은 여행을 떠날 때 미리 계획을 세웁니까? 여행 계획을 미리 세우는 것과 세우지 않는 것의 장단점은 무엇입니까?

들어 봅시다

1~2 **Listen to the following and answer the questions.**
다음을 듣고 질문에 답하십시오.

1 **What type of transportation does the woman plan to use when traveling?**
여자는 여행 갈 때 어떤 교통편을 이용하려고 합니까?

____

2 **Mark "O" if it applies to what you heard, and "X" if it does not.**
들은 내용과 같으면 O, 다르면 X 표시하십시오.

1) 이 사람은 가족과 함께 여행을 갈 것이다. (　　)
2) 이 여행 상품은 이틀 동안 하는 여행이다. (　　)
3) 이 여행 상품을 이용하면 절을 구경할 수 있다. (　　)

3 **What should you prepare when going on a trip? Why is it important to prepare these things?**
여행을 갈 때 무엇을 준비하는 것이 좋습니까? 왜 그것을 준비해야 합니까?

1) 무엇: ______________________________

2) 왜: ______________________________

4 **What mode of transportation do you usually use when traveling? Why do you use it often?**
여러분은 여행 갈 때 어떤 교통편을 주로 이용합니까? 왜 그것을 자주 이용합니까?

온천 hot spring　숙소 accommodations/lodging　묵다 to stay at　사찰 Buddhist temple
소매 sleeve　영하 below zero　떨어지다 to drop

1 You want to go on a cultural experience trip for the day. Discuss with your friend what you are going to do, as shown in the example.

당일 일정으로 문화 체험 여행을 하고 싶습니다. 무엇을 할지 보기 와 같이 친구와 이야기하십시오.

사찰 체험	한복 체험	도자기 체험
 장소: 서울시 종로구 낙산 묘각사 비용: 5만 원/1박 2일 3만 원/당일 시간: 1박 2일/당일(3~4시간) 문의: 02-763-3345, 3109	 장소: 서울시 중구 남산골 한옥 마을 비용: 1만 원 시간: 10:00~11:30,13:00~17:30(30분) 문의: 02-2261-1501	 장소: 경기도 파주시 헤이리 예술인 마을 비용: 2만 원 시간: 2시간 문의: 031-941-2042
한지 공예	**김치 만들기**	**탈춤 배우기**
 장소: 서울시 종로구 북촌 한옥 마을 비용: 5천 원~1만 원 시간: 10:00~17:00(2시간) 문의: 02-394-6533	 장소: 서울시 강남구 코엑스몰 김치박물관 비용:2만 5천 원~3만 원 시간: 매월 1일(2시간) 문의: 02-6002-6456	 장소: 서울시 강남구 한국 문화의 집 비용: 1만 원 시간: 1시간 문의: 02-3011-1703

보기

가: 사찰 체험을 하려고 하는데 같이 갈래?

나: 응. 나도 사찰 체험을 한번 해 보고 싶었어. 그럼 주말에 1박 2일로 가야겠구나.

가: 서울에 있는 절에서 할 수 있는 당일 프로그램도 있어.

나: 그래? 당일 프로그램은 몇 시간 동안 해?

가: 네 시간쯤 걸린다고 해. 끝나고 저녁에 한식을 먹을까?
지난주에 갔던 인사동 한식집에 또 가자.

나: 좋아. 한식이라면 그 식당이 최고지.

2 Have you ever traveled in Korea? Share your travel experiences in Korea.

여러분은 한국에서 여행을 한 적이 있습니까? 한국에서의 여행 경험에 대해서 이야기하십시오.

5과 여행

02 나는 겨울에 갔는데 한국보다 따뜻하더라고

Learning Objective

To introduce travel destinations

Grammar

-어서 그런지, -더라고요

Vocabulary

Areas/Districts

MP3_10

- 다니엘은 어디에 가고 싶어 합니까?
- 이탈리아에 가면 무엇을 볼 수 있습니까?

다니엘: 유럽으로 배낭여행을 가려고 하는데 어디가 좋은지 알아?

서 준: 유럽이라면 이탈리아를 빼놓을 수 없지.

다니엘: 이탈리아는 유명한 건축물이나 박물관 같은 볼거리가 다양해서 그런지 다른 사람들도 많이 추천하더라고. 특히 로마는 인생을 살면서 꼭 한 번쯤은 가 봐야 한다고 했어.

서 준: 나도 이탈리아 남부를 여행한 적이 있는데 각 지방마다 다른 매력이 있어서 제대로 구경하려면 한 달도 부족할 것 같아.

다니엘: 날씨는 어때?

서 준: 나는 겨울에 갔는데 바람이 좀 불긴 했지만 한국보다 따뜻하더라고.

유럽 Europe　이탈리아 Italy　빼놓다 to leave out　건축물 architecture/building
추천하다 to recommend　로마 Rome　인생 life　남부 the south/southern part　각 each
지방 region　매력 charm

지역 관련 어휘

중부, 동부, 서부, 남부, 북부	지방
영동, 영서, 영남, 호남	
경기, 강원, 충청, 전라, 경상	도
서울, 인천, 부산, ...	시
종로, 서대문, 강남, ...	구
신촌, 인사, 압구정, ...	동
동해, 서해, 남해	바다

어휘 연습

Fill in the blanks as shown in the example.

보기 와 같이 빈칸을 채우십시오.

오늘 날씨를 말씀드리겠습니다. 오늘은 전국적으로 무덥겠습니다. 서울 최저 기온이 23도, 최고 기온이 29도로 예상됩니다. 서울, 경기를 포함한 **보기** (중부) 지방은 하루 종일 구름이 끼겠으나 영서와 1) (   ) 지방은 내내 맑겠습니다. 2) (   ) 지방은 오전에 맑았다가 오후부터 비가 오겠고 3) (   ) 지방도 흐린 날씨가 계속되는 가운데 비가 오는 곳도 있겠습니다. 남부 지방에 이렇게 비가 오는 것은 4) (   ) 바다에서 만들어지는 비구름이 북쪽으로 올라오기 때문입니다. 그러나 제주도는 맑은 날씨가 이어지겠습니다. 날씨였습니다.

중부 the central/middle part 동부 the east 서부 the west 북부 the north 지방 region
도 province 시 city 구 district 동 dong (administrative distinct under '구')

-어서/아서/여서 그런지 P48

1 **As shown in the example, choose an answer to the question and complete the sentence.**

보기 와 같이 질문에 대한 답을 하나 골라서 문장을 완성하십시오.

보기

마이클 씨는 어떻게 항상 한국어 시험을 잘 볼까요?

☑ 숙제를 열심히 한다. ☐ 한국 친구가 많다. ☐ 선생님이 잘 가르친다.

마이클 씨는 숙제를 열심히 해서~~어서/아서/여서~~ 그런지 항상 한국어 시험을 잘 보더라고요.

1) 왜 이렇게 길이 막힐까요?

☐ 토요일이다. ☐ 근처에서 큰 행사가 열린다. ☐ 비가 온다.

______ 어서/아서/여서 그런지 ______

2) 이 아파트가 왜 다른 아파트보다 비쌀까요?

☐ 시설이 좋다. ☐ 교통이 편리하다. ☐ 새로 지었다.

______ 어서/아서/여서 그런지 ______

3) 요즘 민지 씨가 왜 그렇게 피곤해 보일까요?

☐ 스트레스를 많이 받는다. ☐ 술을 많이 마신다. ☐ 일이 많다.

______ 어서/아서/여서 그런지 ______

4) 그 식당에는 왜 그렇게 사람이 많을까요?

☐ 음식 값이 싸다. ☐ 학교에서 가깝다. ☐ 직원들이 친절하다.

______ 어서/아서/여서 그런지 ______

01 -더라고요 P48

2 Look at the picture and complete the dialogue as shown in the example.

그림을 보고 보기 와 같이 대화를 완성하십시오.

보기

피터: 서준 씨는 어디 갔어요?

수지: 오다가 보니까 식당에서 밥을 먹고 있더라고요.

1)

피터: 오빠네 아기를 보러 갔었어요?

수지: 네, 정말 ______________________ 더라고요.

2)

피터: 제니 씨는 왜 안 오지요?

수지: ______________________ 더라고요.

3)

피터: 에릭 씨는 요즘 뭐 해요?

수지: ______________________

4)

피터: 오늘 매튜 씨랑 크게 싸웠어요.

수지: 조금 전에 매튜 씨를 봤는데 ______________________

1~3 Read the following and answer the questions.

다음을 읽고 질문에 답하십시오.

나는 어렸을 때부터 해외여행을 많이 했다. 아버지께서는 사업을 하셨는데 외국으로 출장을 가시는 일이 많았다. 그래서 나도 가끔 아버지를 따라서 세계 여러 나라로 여행을 갈 기회가 있었다.

내가 아버지를 따라서 처음 갔던 곳은 아랍 에미리트의 두바이였다. 두바이에는 크고 아름다운 건물이 많았다. 그곳은 날씨가 너무 더워서 밖을 돌아다니기가 힘들었지만 건물 안은 시원했고 호텔 방에는 전용 수영장도 있었다.

열 살 때는 한국으로 여행을 왔다. 그때 싸이의 콘서트가 있었는데 나는 그 콘서트에서 내 티셔츠에 싸이의 사인을 받았다. 한국에서 2주쯤 있을 예정이었는데 여행 마지막 날에 교통사고가 나서 병원에 일주일 동안 입원하게 되었다. 그때 나를 치료해 주신 김 박사님과 요즘도 연락하고 지낸다. 여행 중에 큰 도움을 받아서 그런지 지금까지도 감사한 마음이 크다.

대학교 1학년 때 갔던 브라질도 기억에 남는다. 아마존강에서 며칠 동안 배를 탔다. 나는 강에서 언제 무슨 일이 생길지 몰라서 무서웠는데 그곳 사람들은 전혀 걱정을 하지 않아서 놀랐다. 아마존에서 본 나무와 신기한 동물들도 잊을 수 없다.

가족들과 같이 자동차 여행을 했던 스페인, 모래 위에서 보드를 탔던 페루, 다른 문화를 체험할 수 있었던 인도 등 여러 나라를 다니면서 정말 많은 것을 배우고 느꼈다.

1 **What country(s) did this person write about?**

이 사람은 어느 나라에 간 이야기를 썼습니까?

출장 business trip　아랍 에미리트 United Arab Emirates　두바이 Dubai　브라질 Brazil
아마존강 Amazon River　배 boat　강 river　나무 tree　동물 animal　스페인 Spain
모래 sand　보드 board　페루 Peru　인도 India

2 Did anything bad happen when traveling to Korea?

한국에 여행을 왔을 때 어떤 안 좋은 일이 있었습니까?

---

3 Mark "O" if it applies to the reading, and "X" if it does not.

읽은 내용과 같으면 O, 다르면 X 표시하십시오.

1) 이 사람은 한국에 3주 동안 있었다. (　　　)
2) 이 사람은 싸이의 콘서트에 간 적이 있다. (　　　)
3) 이 사람은 아마존강에서 배를 탈 때 걱정을 하지 않았다. (　　　)

4 Talk about your own international travel experiences.

여러분의 해외여행 경험을 이야기하십시오.

1~4 **Listen to the following and answer the questions.**
다음을 듣고 질문에 답하십시오.

1 1) **Where do they recommend?**
어디를 추천합니까?

2) **What can you do here?**
이곳에서 무엇을 할 수 있습니까?

2 1) **Where do they recommend?**
어디를 추천합니까?

2) **What can you do here?**
이곳에서 무엇을 할 수 있습니까?

3 1) **What country do they recommend traveling to?**
어느 나라 여행을 추천합니까?

2) **How many days will you be traveling for?**
며칠 동안 여행을 합니까?

4 **Which of these three travel packages would you choose? Why do you want to travel there?**
여러분은 세 가지 여행 상품 중 무엇을 선택하겠습니까? 왜 그곳을 여행하고 싶습니까?

동양 the East 서양 the West 동남아 Southeast Asia 중심지 center/hub 싱가포르 Singapore
야경 night view 감상하다 to appreciate/enjoy 태평양 Pacific Ocean 섬 island 사이판 Saipan
스노클링 snorkeling 리조트 resort 스위스 Switzerland 독일 Germany 추억 memory

1 **Do you have any information you'd like to share with a friend who is planning to travel to your hometown? Organize your thoughts as shown in the example.**

여러분의 고향에 여행을 가려고 하는 친구에게 알려 주고 싶은 정보가 있습니까? 보기 와 같이 정리하십시오.

보기

고향	보스턴
위치	미국 동부 매사추세츠주
날씨	사계절이 뚜렷하다.
특징	대학교가 많다.
먹거리	해산물
볼거리	미국 독립과 관련된 장소

고향	
위치	
날씨	
특징	
먹거리	
볼거리	

2 As shown in the example, introduce your hometown to a friend who wants to travel there.

여러분의 고향에 여행을 가고 싶어 하는 친구에게 보기 와 같이 고향을 소개하십시오.

보기

안녕하세요. 저는 미국 보스턴에서 왔습니다. 보스턴은 미국 동부 매사추세츠주에 있는 도시입니다. 미국에는 50개의 주가 있는데 매사추세츠주는 아주 작은 주입니다. 보스턴은 매사추세츠주의 주도이고 대학교가 많아서 교육 도시로 유명합니다. 그리고 바다와 큰 항구가 있어서 랍스터와 해산물 수프가 아주 맛있어요. 미국 독립과 관련된 역사적인 볼거리도 많습니다. 제 고향에 꼭 놀러 오세요!

문화

서울로 떠나는 여행

서울에서 어디에 가 봤습니까? 서울에는 여러분의 한국 생활을 더욱 즐겁게 만들어 줄 특별한 곳들이 많이 있습니다. 경복궁과 창덕궁에 가면 한국의 역사와 함께 옛 모습을 알 수 있는데 한복 대여점에서 한복을 빌려 입고 구경을 하면 무료로 관람할 수도 있습니다. 그리고 한강에 가면 시원한 강바람과 함께 자전거나 배를 탈 수 있고 한강에 있는 공원에서 음식을 사 먹을 수도 있습니다. 10월에는 한강에서 세계불꽃축제도 열려서 서울의 밤을 더 멋지게 즐길 수 있습니다. 쇼핑을 좋아하면 명동, 동대문, 남대문, 신사동, 강남에 가 보십시오. 모두 교통이 편리한 곳에 있어서 쉽게 갈 수가 있습니다. 다양한 종류의 물건을 구경하고 살 수 있을 뿐만 아니라 근처에 커피숍과 맛집도 많아서 내외국인이 모두 즐겨 찾는 명소입니다.

1. 서울에서 어디에 가면 좋습니까?

2. 여러분이 추천하고 싶은 여행지는 어디입니까?

6과 이사

01 지하철역에서 가까울수록 출근하기 편할 것 같아요

Learning Objective

To get a house

Grammar

-을수록, 이든지

Vocabulary

Houses

MP3_11

- 여기는 어디입니까?
- 두 사람이 무슨 이야기를 할까요?

유진: 안녕하세요. 지나가다가 밖에 붙어 있는 원룸 광고를 보고 들어왔는데요.

직원: 전세를 찾으세요? 월세를 찾으세요?

유진: 월세로 하고 싶어요. 그리고 직장이 시내에 있어서 지하철역에서 가까울수록 출근하기 편할 것 같아요.

직원: 역세권에 있는 집은 보증금 3,000만 원에 월 100만 원 정도 주셔야 합니다. 큰길 옆이라서 좀 시끄럽기는 한데 교통도 편리하고 전망도 좋은 원룸이 하나 있습니다.

유진: 지하철역 근처라면 어디든지 좋아요.

직원: 그럼 지금 그 집을 보러 갈까요?

지나가다 to pass　원룸 studio/one-room apartment　전세 lump-sum deposit　월세 monthly rent
직장 workplace　출근하다 to go to work　역세권 an area near a subway or railroad station
보증금 deposit　전망 view

집 관련 어휘

집 구하기	부동산 소개소 / 계약 / 소개비
주거 형태	하숙집 / 원룸 / 오피스텔 / 아파트 / 단독 주택
집 구조	정원 / 마당 / 현관 / 거실 / 안방 / 침실 / 공부방
시설	냉방 / 난방 / 가스 / 전기

어휘 연습

Fill in the blanks as shown in the example.

보기 와 같이 빈칸을 채우십시오.

저는 한국에 산 지 5년이 넘었어요. 지금 방 하나짜리 보기 (원룸)에 살고 있는데 집에 물건이 많아져서 큰 집으로 이사하고 싶어요. 그래서 동네 1) (　　　　)에 가서 적당한 집이 있는지 알아봤어요. 지금 사는 집 근처에 새로 생긴 아파트가 나와 있어서 집 구경을 가 봤는데 에어컨 같은 2) (　　　　) 시설도 잘되어 있고 방이 두 개여서 3) (　　　　)을/를 만들면 집에서 조용히 공부하기도 좋을 것 같았어요. 집이 너무 마음에 들어서 바로 4) (　　　　)을/를 하겠다고 했어요. 3개월 후에 이사하기로 했는데 새집에 들어갈 걸 생각하니까 벌써부터 기대가 돼요. 한국에 오래 살 수 있으면 돈을 더 많이 모아서 넓은 5) (　　　　)이/가 있는 한옥에서도 꼭 한번 살아 보고 싶어요.

부동산 소개소 real estate agency/property dealer　계약 contract　소개비 brokerage fee
주거 형태 residence type　하숙집 boarding house　오피스텔 officetel (multi-purpose building)
단독 주택 single family house　구조 structure　정원 garden　마당 yard/backyard　현관 entrance hall
거실 living room　안방 master bedroom　침실 bedroom　공부방 study room
냉방 air conditioning　난방 heating

-을수록/ㄹ수록

P50

1 Choose the correct option from the following and complete the sentence as shown in the example.

다음 중 알맞은 것을 골라서 보기 와 같이 문장을 완성하십시오.

먹다	자다	배우다	가볍다	시간이 많다

보기 김치는 먹을수록~~을수록/ㄹ수록~~ 맛있어요.

1) 한국말은 ________ 을수록/ㄹ수록 재미있어요.

2) 노트북 컴퓨터는 ________ 을수록/ㄹ수록 비싸요.

3) 잠을 많이 ________ 을수록/ㄹ수록 더 자고 싶어져요.

4) 사람은 ________ 을수록/ㄹ수록 게을러지는 것 같아요.

이든지/든지

P50

2 Complete the dialogue as shown in the example.

보기 와 같이 대화를 완성하십시오.

보기
가: 언제 만날까요? (언제)
나: 언제든지 좋습니다.

1) 가: 무슨 음식을 잘 드세요? (뭐)
나: ________________

2) 가: 주말에 어디에 가면 좋을까요? (어디)
나: ________________

3) 가: 음식이 맛있는데 좀 더 먹어도 돼요? (얼마)
나: 네, ________________

4) 가: 우리 학교 학생들만 학교 축제에 갈 수 있어요? (누구)
나: 아니요, ________________

1~3 **Read the following and answer the questions.**
다음을 읽고 질문에 답하십시오.

로렌에게

보기 안녕! 네 메일 받고 반가웠어. 내가 작년에 교환 학생으로 미국에 갔을 때 많이 도와줘서 정말 고마웠어. 이번에 네가 한국으로 유학을 오게 돼서 다시 만난다고 생각하니까 얼마나 기쁜지 몰라.

(가) 하숙집을 구한다고 했지? 하숙집을 찾을 때는 학교 게시판이나 부동산 사이트에서 정보를 얻을 수 있어. 또 대학교 근처에 하숙집 광고가 붙어 있기도 하니까 직접 돌아다녀 보는 것도 좋아.

(나) 하숙비는 위치, 방 크기, 시설에 따라 달라진다고 해. 학교나 지하철역에서 가까울수록 비싸고 2인실은 40만 원~50만 원, 1인실에 냉방 시설이 있으면 60만 원은 줘야 한다고 해.

(다) 하숙집은 많은 하숙생들이 같이 살기 때문에 밤에 시끄러울 때도 있고 좀 불편할 때도 있다고 해. 그렇지만 한국 가정에서 먹는 집밥을 매일 맛볼 수 있고 하숙생들하고 친해지면 더욱 즐거운 유학 생활을 할 수 있으니까 하숙 생활을 꼭 해 봐.

(라) 내가 알아본 정보는 이 정도야. 네가 어떤 방을 원하는지 알려 주면 내가 좋은 집을 찾아볼게. 그리고 또 필요한 것이 있으면 도와줄 테니까 언제든지 편하게 얘기해. 네가 한국에 와서 지낼 것을 생각하니까 벌써부터 기대가 돼. 네가 좋아하는 한국 가수 콘서트에도 가고 맛있는 한국 음식도 많이 먹자. 한국에 올 때까지 몸 건강하게 잘 지내.

서울에서 이나가

1 **Why did Leena write an email to Lauren?**
이나는 왜 로렌에게 이메일을 썼습니까?

게시판 bulletin board　하숙생 boarder/lodger　집밥 home-cooked meal　맛보다 to taste/try

2 Connect the main points of each paragraph as shown in the example.

각 단락의 중심 내용을 보기 와 같이 연결하십시오.

보기 •	• 끝인사
(가) •	• 첫인사
(나) •	• 하숙비
(다) •	• 하숙집의 장단점
(라) •	• 하숙집을 찾는 방법

(보기 is connected to 첫인사.)

3 Mark "O" if it applies to the reading, and "X" if it does not.

읽은 내용과 같으면 O, 다르면 X 표시하십시오.

1) 이나는 미국 여행 때 로렌을 만났다. (　　　)
2) 이나는 로렌의 한국 유학을 기대하고 있다. (　　　)
3) 로렌은 한국에서 살 집을 혼자 구할 것이다. (　　　)

4 In your opinion, what are the pros and cons of a boarding house?

여러분이 생각하는 하숙집의 장단점은 무엇입니까?

1~3 **Listen to the following and answer the questions.**
다음을 듣고 질문에 답하십시오.

1 **Choose the house mentioned in the dialogue. (   )**
대화에서 이야기하고 있는 집을 고르십시오.

①

②

③
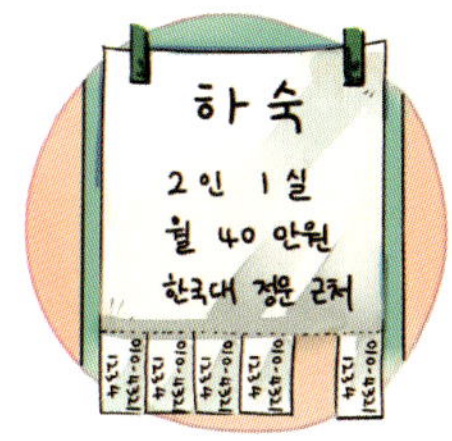

2 **Choose the house mentioned in the dialogue. (   )**
대화에서 이야기하고 있는 집을 고르십시오.

①

②

③

3 **Choose the house mentioned in the dialogue. (   )**
대화에서 이야기하고 있는 집을 고르십시오.

①

②

③

4 **What kind of house do you want to live in?**
여러분은 어떤 집에서 살고 싶습니까?

1 Look at the following and talk about where you would like to live, as shown in the example.

다음을 보고 어느 곳에서 살고 싶은지 보기 와 같이 이야기하십시오.

❶ 원룸 $40m^2$

보증금: 2,000만 원
월세: 100만 원
층수: 3층

침대, 책상, 냉장고, 에어컨, 옵션

❷ 하숙집 (2인 1실)

하숙비: 월 45만 원

아침, 저녁 식사 포함,
책상, 침대 있음.

❸ 아파트 $66m^2$

(방 2, 화장실 1,
부엌 1, 7층)

전세: 3억 원
가구 없음.

❹ 하숙집 (독방)

하숙비: 월 70만 원
침대, 책상, 화장실, 텔레비전,
소파, 에어컨 있음.

아침 식사 포함.

❺ 기숙사 (2인 1실)

기숙사비: 6개월에 250만 원
침대, 책상, 옷장 있음.
공동 화장실, 공동 샤워실
음식은 만들 수 없음.

보기

저는 4번 하숙집에서 살겠습니다. 왜냐하면 저는 아침을 꼭 먹어야 하기 때문에 아침을 주는 하숙집이 좋습니다. 그리고 다른 사람과 같이 화장실을 사용하면 불편하니까 혼자 사용하는 화장실이 있는 방이 좋습니다. 또 한국은 여름에 아주 무덥기 때문에 에어컨도 있어야 한다고 생각합니다. 저는 친구들이 많아서 저녁에 약속이 많으니까 저녁은 하숙집에서 먹지 않아도 됩니다. 그래서 4번 하숙집에서 살고 싶습니다.

2 How do people in your hometown find a house and make rental agreements?

여러분 고향에서는 사람들이 어떻게 집을 찾고 계약을 합니까?

6과 이사

02 중요한 물건은 미리 싸 놓는 게 나아

Learning Objective
To plan a move

Grammar
-는 줄 알다, -어 놓다

Vocabulary
Moving

MP3_12

- 두 사람은 무엇을 하고 있습니까?
- 여러분은 어떻게 이사 준비를 합니까?

엠마: 우리가 직접 짐을 싸야 돼? 포장 이사를 하면 아무 일도 안 해도 되는 줄 알았어.

친구: 이삿짐센터에서 해 주지만 중요한 물건은 미리 싸 놓는 게 나아.

엠마: 학기 중에 수업을 들으면서 이사 준비를 하는 것이 쉽지 않네.

친구: 원래 이사는 귀찮고 힘든 일이야. 이번 기회에 안 쓰는 물건은 다 버리고 가는 게 어때?

엠마: 그러면 좋지만 버릴 물건까지 따로 정리하기에는 시간이 모자랄 것 같은데.

친구: 내가 정리하는 걸 도와줄 테니까 걱정하지 마.

포장 이사 moving and packing service　아무 any/no　이삿짐센터 moving company
낫다 to be better　수업을 듣다 to attend class　원래 originally/always
버리다 to throw away　정리하다 to organize/sort out　모자라다 to be short of

이사 관련 어휘

짐을 싸다

짐을 옮기다

짐을 정리하다

이삿짐센터

이사 비용

사다리차

어휘 연습

Fill in the blanks as shown in the example.

보기 와 같이 빈칸을 채우십시오.

보통 이사 철은 봄과 가을입니다. 날씨가 좋아서 이사하는 사람들이 많기 때문입니다. 이삿짐이 많으면 **보기** (이삿짐센터를)을/를 찾아서 예약해야 합니다. 그러면 이사 당일에 이삿짐센터 직원들이 와서 새집으로 1) ( )어/아/여 줍니다. 포장 이사를 하면 비싸지만 직원들이 출발하기 전에 2) ( )고 새 집에 도착한 후에 3) ( )는 일도 해 줍니다. 짐이 많거나 거리가 멀수록 4) ( )이/가 비싸집니다. 높은 층으로 이사할 때는 5) ( )을/를 부르면 편합니다.

옮기다 to move 비용 cost 사다리차 ladder truck

-는/은/ㄴ/을/ㄹ 줄 알다 P52

1 Complete the dialogue as shown in the example.

보기 와 같이 대화를 완성하십시오.

> **보기**
>
> 가: 에릭 씨하고 같이 일하기가 힘들어요.
>
> 나: 두 사람이 친해서 서로 잘 맞는~~는/은/ㄴ/을/ㄹ~~ 줄 알았어요.

1) 가: 이나 씨가 얼마 전에 회사를 그만뒀어요.

   나: 그래요? 저는 계속 ______________ 는/은/ㄴ/을/ㄹ 줄 알았어요.

2) 가: 어제 동아리 모임에 왜 안 왔어?

   나: 어제 동아리 모임이 있었어? ______________ 는/은/ㄴ/을/ㄹ 줄 알았어.

3) 가: 어제 김 선생님 남편분을 뵈었어요.

   나: 남편이요? 저는 김 선생님께서 ______________ 는/은/ㄴ/을/ㄹ 줄 알았어요.

4) 가: 떡국을 직접 만들어 보니까 쉽지요?

   나: 네, 요리법만 봤을 때는 ______________ 는/은/ㄴ/을/ㄹ 줄 알았어요.

-어/아/여 놓다 P53

2 **Look at the following and complete the dialogue as shown in the example.**

다음을 보고 **보기** 와 같이 대화를 완성하십시오.

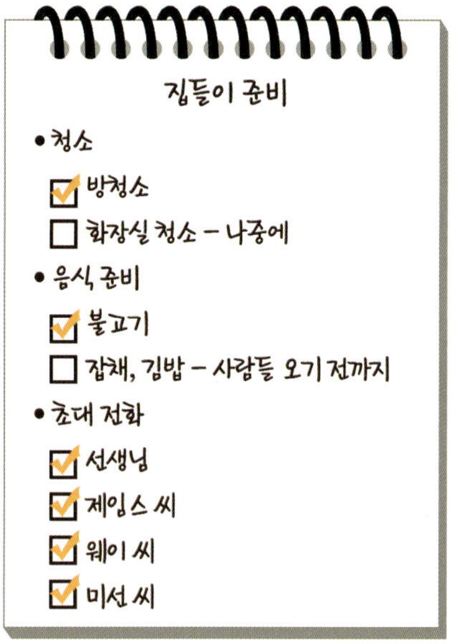

가: 청소는 다 했어?

나: 오늘 아침에 방 청소는 다 **보기** 해~~어/아/여~~ 놓았어. 화장실은 점심 전까지 **1)** ____________ 어/아/여 놓을게. 음식 준비는 어떻게 됐어?

가: 불고기 양념은 어제 **2)** ____________ 어/아/여 놓았고 잡채하고 김밥은 손님들 오기 전까지 **3)** ____________ 어/아/여 놓을 거야. 사람들한테 초대 전화도 다 했지?

나: 응, 선생님하고 친구들한테 **4)** ____________ 어/아/여 놓았어.

1~3 **Read the following and answer the questions.**
다음을 읽고 질문에 답하십시오.

나는 한국에 온 지 6개월 됐다. 한국에 처음 왔을 때 살았던 방은 깨끗하고 월세도 싸서 마음에 들었다. 그런데 옆집 사람이 너무 시끄럽고 그동안 월세도 많이 올라서 한 달 전부터 이사를 해야겠다고 생각했다.

기숙사에서 살지 원룸에서 살지 고민하고 있는데 친한 친구가 학교 근처에 있는 원룸을 소개해 줬다. 직접 집 구경을 가 보니까 방이 크고 조용했다. 그리고 교통편도 좋고 월세도 싸서 거기에서 살기로 했다.

이삿짐센터를 이용하면 편하게 이사할 수 있지만 나는 짐이 많지 않아서 친구들에게 도와 달라고 부탁했다. 친구들은 이삿날 아침 일찍 와서 짐을 싸고 옮기는 것을 도와줬다. 친구들과 같이 이사하니까 별로 힘들지 않고 재미있었다. 우리는 큰 콜택시를 불러서 짐을 옮겼는데 새집까지 택시로 15분밖에 걸리지 않았다. 택시비가 많이 들 줄 알았는데 생각보다 많이 나오지 않았다.

우리는 짐을 정리해 놓고 중국집에서 자장면과 탕수육을 배달시켜서 먹었다. 일을 하고 먹어서 그런지 정말 맛있었다. 이사 전에 걱정을 많이 했는데 친구들 덕분에 이사가 무사히 잘 끝났다. 내가 어렵고 힘들 때마다 도와주는 친구들이 정말 고맙다. 앞으로 이 집에서 사는 동안 친구들과 좋은 추억을 많이 쌓고 싶다.

1 **Where did this person move to? Why did he/she like that house?**
이 사람은 어디로 이사했습니까? 왜 그 집이 마음에 들었습니까?

1) 어디: ______________________

2) 왜: ______________________

오르다 to rise　무사히 smoothly/safely

2 How did this person move their belongings?

이 사람은 이삿짐을 어떻게 옮겼습니까?

3 Mark "O" if it applies to the reading, and "X" if it does not.

읽은 내용과 같으면 O, 다르면 X 표시하십시오.

1) 짐이 많아서 이사하는 것이 좀 힘들었다. ( )
2) 새로 이사한 집이 전에 살던 집에서 멀지 않다. ( )
3) 친구들과 중국집에 가서 자장면과 탕수육을 먹었다. ( )

4 In your hometown, is there a special food that people eat on moving day?

여러분 고향에는 이사하는 날에 먹는 특별한 음식이 있습니까?

과제 2

들어 봅시다

1~3 **Listen to the following and answer the questions.**
다음을 듣고 질문에 답하십시오.

1 **What did this person misunderstand?**
이 사람은 무엇을 잘못 알았습니까?

______________________________ 는/은/ㄴ/을/ㄹ줄 알았다.

2 **What did this person misunderstand?**
이 사람은 무엇을 잘못 알았습니까?

______________________________ 는/은/ㄴ/을/ㄹ줄 알았다.

3 **What did this person misunderstand?**
이 사람은 무엇을 잘못 알았습니까?

______________________________ 는/은/ㄴ/을/ㄹ줄 알았다.

4 **Have you ever had a problem with the house you moved into?**
이사한 집에 문제가 있었던 적이 있습니까?

술집 bar　마침 just in time　반지하 semi-basement　햇빛 sunlight　어둡다 to be dark

1 **The following is a document filled out when reserving a moving service. Fill in the blanks.**

다음은 이삿짐센터를 예약할 때 작성하는 서류입니다. 빈칸을 채우십시오.

고객명			
전화번호	- -		
연락 가능한 시간			
이메일 주소	@		
이사 날짜	년 월 일		
출발지 주소			
도착지 주소			
물량	짐이 적은 편 ( ) 보통 ( ) 짐이 많은 편 ( )		
이사할 곳까지의 거리	km	이사할 곳의 층수	층
특별한 물건	에어컨 ( ) 세탁기 ( ) 피아노 ( ) 정수기 ( )		

2 **How do people prepare to move in your hometown? Talk about the moving culture in your hometown.**

여러분 고향에서는 사람들이 어떻게 이사 준비를 합니까? 고향의 이사 문화에 대해서 이야기하십시오.

문화

집들이 선물

한국 사람들은 보통 집들이 선물로 휴지나 비누, 세제 등 생활용품을 많이 선물합니다. 휴지는 나쁜 일을 닦아내고 모든 일이 잘 풀리기를 바란다는 의미로 선물합니다. 비누나 세제는 거품이 이는 것처럼 돈이 많이 들어오고 좋은 일이 많이 생기기를 바란다는 뜻으로 선물합니다. 하지만 선물하면 안 되는 물건도 있습니다. 사람과 사람 사이의 관계를 끊어버린다는 의미가 있어서 칼이나 가위는 다른 사람에게 선물하지 않습니다.

1. 한국에서는 집들이에 초대받아 갈 때 어떤 물건을 많이 선물합니까?

2. 여러분 고향에도 다른 사람 집을 방문할 때 선물하면 안 되는 물건이 있습니까?

memo 메모

7과 여가 생활

01 등산을 제일 많이 한대

Learning Objective

To research recreational activities

Grammar

-자마자, -는대요

Vocabulary

Leisure

MP3_13

- 선희는 어디에 가려고 합니까?
- 여러분은 시간이 있을 때 무엇을 합니까?

리사: 한국 사람들은 여가 시간에 보통 뭘 해?

선희: 조사 결과에 따르면 등산을 제일 많이 한대.

리사: 그렇구나. 한국은 산이 별로 험하지 않은 편이어서 등산하기가 좋은 것 같아. 우리 집 앞에도 작은 산이 하나 있는데 주말에는 등산객을 흔히 볼 수 있어.

선희: 예전에는 등산이 나이가 든 사람들만의 취미로 여겨졌거든. 그런데 요즘에는 젊은 세대도 산을 많이 찾아서 이제 나이에 상관없이 누구나 즐기는 취미가 되었어.

리사: 언니도 등산을 자주 해?

선희: 응. 이번 주 금요일에도 수업이 끝나자마자 제주도 한라산에 갈 거야.

여가 free time/leisure　조사 investigation/survey　따르다 according to　험하다 to be rough/dangerous
등산객 hiker　흔히 commonly/often　예전 the past　나이가 들다 to become old
여겨지다 to be considered as　젊다 to be young　세대 generation　상관없이 regardless
한라산 Hallasan Mountain　오르다 to climb　제주도 Jeju Island

여가 생활 관련 어휘

감상	관람	여행
음악 영화 연극	전시회 박물관 운동 경기	유적지 휴양지

인터넷	촬영	운동
에스엔에스(SNS) 블로그 채팅	사진 동영상	산책 등산

어휘 연습

Write the correct answer as shown in the example.

보기 와 같이 알맞은 말을 쓰십시오.

보기
경복궁, 콜로세움, 앙코르와트 (유적지)

1) 블로그, 홈페이지, 에스엔에스(SNS) ( )

2) 하와이, 제주도, 괌 ( )

3) 사진 전시회, 김치 박물관, 축구 경기 ( )

4) 피아노 연주, 뮤지컬, 오페라 ( )

감상 appreciation 관람 watching 유적지 historical site 휴양지 resort/ a vacation spot
촬영 filming/shooting

-자마자

P55

1 Connect appropriately to complete the sentence as shown in the example.

보기 와 같이 알맞은 것을 연결하여 문장을 완성하십시오.

보기 아침에 일어납니다. • —— • 휴대 전화부터 봐요.

1) 월급을 받습니다. • • 비가 그쳤어요.

2) 우산을 사서 씁니다. • • 울기 시작했어요.

3) 이번 학기가 끝납니다. • • 아르바이트를 하려고 해요.

4) 아이가 의사를 봅니다. • • 다 썼어요.

보기 아침에 일어나자마자 휴대 전화부터 봐요.

1) ______________ 자마자 ______________

2) ______________ 자마자 ______________

3) ______________

4) ______________

02 -는대요/ㄴ 대요/대요

P55

2 **Read the following and complete the dialogue as shown in the example.**

다음을 읽고 보기 와 같이 대화를 완성하십시오.

패트릭: 수지야, 내일 바빠?
수　지: 아니, 보기 바쁘지 않아.
패트릭: 내가 보고 싶은 한국 영화가 있는데 같이 볼래?
수　지: 응. 나도 1) 한국 영화를 좋아해. 같이 보자.
패트릭: 그럼 2시에 신촌역에서 만날까?
수　지: 신촌역은 복잡하니까 2) 극장 앞에서 만나자.
패트릭: 좋아. 영화표는 내가 살게.
수　지: 아니야, 표는 내가 3) 예매할 거야. 4) 사지 마.
선물로 받은 영화표가 있거든. 참, 유리 씨도 시간이 되면 같이 볼까?
패트릭: 그럴까? 그럼 내가 유리 씨에게 물어볼게.

패트릭: 유리 씨, 내일 같이 영화 볼래요? 수지도 같이요.

유　리: 네, 좋아요. 수지 씨도 내일 괜찮대요?

패트릭: 네, 보기 바쁘지 않대요. 한국 영화를 보려고 하는데 어때요?

유　리: 저는 한국 영화를 좋아하는데 수지 씨도 한국 영화를 좋아할까요?

패트릭: 네, 수지도 1) ____________________

내일 2시에 신촌 극장 앞에서 만나기로 했어요.

유　리: 신촌 극장이요? 신촌역에서 만나서 같이 가는 건 어때요?

패트릭: 수지가 신촌역은 복잡하니까 2) ____________________

유　리: 네, 알겠어요. 표는 제가 예매할게요.

패트릭: 수지가 표를 3) ____________ 4) ____________

유　리: 그래요? 알겠어요. 그럼 내일 봐요.

1~3 Read the following and answer the questions.

다음을 읽고 질문에 답하십시오.

나라마다 사람들의 취미는 다양하다. 세계 여러 나라 사람들은 어떤 취미 생활을 할까?

영국인에게 인기 있는 취미는 정원 가꾸기이다. 영국인들은 꽃과 채소를 심고 가꾸는 것을 좋아한다. 아름답게 가꾼 정원에서 차를 마시면서 즐거운 시간을 보낸다.

중국의 아침은 활기차다. 아침에 일어나자마자 공원에 가서 운동을 하는 사람이 많다. 태극권을 하는 사람, 배드민턴을 치는 사람, 춤을 추는 사람도 있다.

호주는 자연환경이 좋아서 야외 활동을 즐기는 사람들이 많다. 특히 따뜻한 햇볕 아래에서 여유롭게 낚시를 즐기거나 가족과 바비큐 파티를 하는 사람이 많다.

한국인이 즐겨 하는 취미는 등산이다. 전국 곳곳에 쉽게 등산할 수 있는 산이 많기 때문이다. 서울에서는 주말 아침에 등산하러 가는 사람들을 흔히 볼 수 있다. 회사마다 등산 동호회가 없는 곳이 없을 정도로 등산을 좋아하는 사람이 많다.

취미 생활을 통해 사람들은 다음 날을 살아가는 힘을 얻고 더욱 활기찬 생활을 할 수 있다.

1 Fill in the blanks.

빈칸을 채우십시오.

나라	영국	중국	호주	한국
취미 생활	정원 가꾸기	1)	2)	3)

가꾸다 to grow/cultivate　심다 to plant　활기차다 to be vibrant/active　태극권 Tai Chi
배드민턴 badminton　야외 outdoors　즐기다 to enjoy　햇볕 sunlight
여유롭다 to be relaxed/leisurely　낚시 fishing　바비큐 barbecue　힘 energy　더욱 (much) more

2 Mark "O" if it applies to the reading, and "X" if it does not.

읽은 내용과 같으면 O, 다르면 X 표시하십시오.

1) 한국의 회사에는 등산 동호회가 많지 않다. (　　　)
2) 취미 생활은 활기찬 생활을 할 수 있는 힘이 된다. (　　　)
3) 중국에는 정원에서 태극권을 하는 사람이 많다. (　　　)

3 Which answer does not apply to the reading? (　　)

읽은 내용과 다른 것은 무엇입니까?

① 한국의 도시에서는 산을 찾기 어렵다.
② 영국 사람들은 아름다운 정원을 좋아한다.
③ 호주 사람들은 밖에서 하는 취미 활동을 많이 한다.
④ 중국에서는 아침에 운동하는 사람을 흔히 볼 수 있다.

4 What hobbies do people in your hometown enjoy? Why do they enjoy those hobbies?

여러분 고향 사람들은 어떤 취미를 즐깁니까? 그 취미를 즐기는 이유는 무엇입니까?

1~3 **Listen to the following and answer the questions.**
다음을 듣고 질문에 답하십시오.

1 What is this about?

무엇에 대한 이야기입니까?

____

2 Mark "O" if it applies to what you heard, and "X" if it does not.

들은 내용과 같으면 O, 다르면 X 표시하십시오.

1) 날마다 스마트폰을 사용하는 청소년들이 많다. (　　　)

2) 취미로 운동을 하는 학생들은 축구나 농구를 많이 한다. (　　　)

3) 재미있기 때문에 취미 활동을 한다는 대답이 가장 많았다. (　　　)

3 Fill in the blanks.

빈칸을 채우십시오.

조사 결과 한국의 청소년들이 즐겨 하는 취미 활동 1위는 인터넷을 이용한 활동, 2위는 1) (　　　), 3위는 2) (　　　)으로/로 나타났다.

4 What hobbies did you have as a teenager? Why did you pursue that hobby?

여러분은 청소년 시기에 어떤 취미 활동을 했습니까? 그 취미 활동을 한 이유는 무엇입니까?

청소년 teenager　이상 over

1 **The following is a result of a survey conducted by the South Korean Ministry of Culture, Sports, and Tourism on work and leisure life. Discuss this with your friend as shown in the example.**

다음은 한국 문화체육관광부에서 일과 여가 생활에 대해 조사한 결과입니다. 다음을 보고 보기 와 같이 친구와 이야기하십시오.

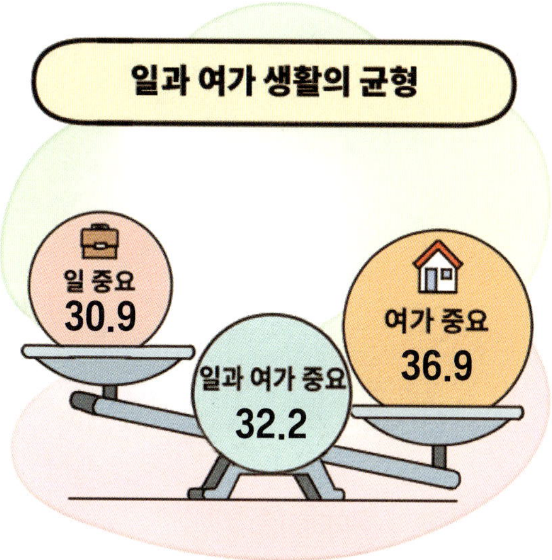

보기

가: 너는 일과 여가 생활 중에서 무엇이 더 중요하다고 생각해?
나: 글쎄, 난 일이 더 중요하다고 생각해.
가: 난 둘 다 중요하다고 생각해. 이 그림을 보면 일과 여가 생활이 모두 중요하다고 대답한 사람들이 많아.
나: 그러네. 일이 중요하다고 대답한 사람보다 여가 생활이 중요하다고 대답한 사람이 더 많네. 여가 생활을 중요하다고 생각하는 사람이 많아서 좀 놀랐어. 너는 여가 시간에 보통 뭘 해?

2 **What do you usually do in your free time? What do leisure activities mean to you?**

여러분은 여가 시간에 보통 무엇을 합니까? 여러분에게 여가 생활은 어떤 의미가 있습니까?

7과 여가 생활

02 하마터면 신청 기간을 놓칠 뻔했어

Learning Objective

To introduce club activities

Grammar

-었더니, -을 뻔하다

Vocabulary

School Clubs

MP3_14

- 두 사람은 무슨 이야기를 할까요?
- 여러분은 어떤 동아리에 가입하고 싶습니까?

엠 마: 제임스, 어떤 동아리에 들 거야?

제임스: 난 합창 동아리에 가입하려고 해.
친구들과 함께 노래를 부르면서 스트레스를 풀고 싶어. 너는?

엠 마: 아직 잘 모르겠어. 학교 홈페이지에 들어가 봤더니 관련 정보가 너무 많아서 오히려 결정하기 어렵더라고.

제임스: 넌 한국 전통문화에 관심이 많으니까 탈춤 동아리에 드는 게 어때? 지난번 축제 때 탈춤 동아리 공연을 보다가 마지막에 일어서서 같이 춤도 췄잖아.

엠 마: 좋은 생각이다! 당장 찾아보고 지원해야겠어.

제임스: 앗, 회원 모집 기간이 오늘까지네.
하마터면 신청 기간을 놓칠 뻔했어.

들다 to join (a club) 합창 choir 오히려 rather/if anything 관심 interest
탈춤 Korean traditional mask(ed) dance 일어서다 to get up 당장 immediately

동아리 관련 어휘

국악 동아리

탈춤 동아리

봉사 동아리

등산 동아리

합창 동아리

태권도 동아리

춤 동아리

밴드 동아리

국제 교류 동아리

어휘 연습

Which club should you join? Fill in the blanks as shown in the example.

어느 동아리에 가입하면 좋을까요? **보기** 와 같이 빈칸을 채우십시오.

보기 저는 운동에 관심이 많아요. (태권도 동아리)

1) 한국의 전통문화를 경험하고 싶어요. (　　　　)
2) 저는 사람들과 함께 노래 부르는 것을 좋아합니다. (　　　　)
3) 평소에 자연을 가까이하는 야외 활동을 좋아합니다. (　　　　)
4) 제 취미 생활이 다른 사람에게 도움이 됐으면 좋겠습니다. (　　　　)

국악 Korean traditional music　밴드 band　교류 exchange

-었더니/았더니/였더니

P57

1 **Look at the following and complete the sentence as shown in the example.**

다음을 보고 보기 와 같이 문장을 완성하십시오.

경험	결과
보기 우울해서 신나는 음악을 들었다.	기분이 좋아졌다.
1) 주말에 쉬지 못했다.	오늘 피곤하다.
2) 친구에게 여행을 가자고 했다.	좋다고 했다.
3) 매일 20분씩 한국어 뉴스를 들었다.	
4) 룸메이트에게 밤에는 조용히 해 달라고 했다.	

보기 우울해서 신나는 음악을 들었더니 기분이 좋아졌어요.

1) ______________________________

2) ______________________________

3) ______________________________

4) ______________________________

02 -을/ㄹ 뻔하다 P58

2 **Look at the picture and choose the correct option from the following to complete the sentence as shown in the example.**

그림을 보고 다음 중에서 알맞은 것을 골라 보기 와 같이 문장을 완성하십시오.

늦다 들키다 사고가 나다 큰일 나다 잊어버리다

보기

1)

2)

3)

4)

보기 "휴, 갑자기 고양이가 나타나서 <u>들킬 뻔했네.</u>"

1) "제가 조금만 늦게 브레이크를 밟았으면 ____________________ "
2) "고맙습니다. 하마터면 ____________________ "
3) "고마워. 나한테 말해 주지 않았으면 ____________________ "
4) "감사합니다. 저를 잡아 주지 않았으면 ____________________ "

1~3 **Read the following and answer the questions.**
다음을 읽고 질문에 답하십시오.

국제연세학생회 International Yonsei Community

국제연세학생회는 연세대학교에서 공부하고 있는 외국 학생들과 교류하기 위해서 창립한 국제 교류 동아리입니다. 다양한 나라의 문화를 경험하고 싶은 연세대학교 한국인 학생들과 외국 학생(교환 학생과 한국어학당 학생)들을 환영합니다. 매주 목요일 오후 7시에 동아리 방에 모여서 이야기를 나눕니다.

활동 계획

- 환영 파티: 연세대학교에 온 교환 학생을 환영하는 행사
- 신입생 환영회: 신입 회원을 환영하는 행사
- 한옥 체험: 한옥에서 한국의 전통 놀이를 함께 즐기는 행사
- 세계 요리 축제: 학교 축제 때 다양한 나라의 음식을 함께 만들어서 판매하는 행사

홈페이지 : http://iycian.com

1 **Fill in the blanks.**
빈칸을 채우십시오.

국제연세학생회는 연세대학교 학생들이 연세대학교에 온 외국 학생들과 서로

(   )기 위해서 만든 (   )이다.

창립하다 to establish　매주 every week　전통 놀이 traditional game　판매하다 to sell

2 What activities does the International Yonsei Community do?

국제연세학생회는 어떤 활동을 합니까?

---

3 Which students are not active in this club? (   )

이 동아리에서 활동하지 않는 학생은 누구입니까?

① 수영: "목요일 저녁마다 동아리 친구들과 만나서 이야기를 해."
② 지민: "동아리에 가입했더니 여러 나라에서 온 친구들이 생겼어."
③ 윤아: "학교 축제 때 친구들과 여러 나라의 음식을 먹어 볼 거야."
④ 서준: "동아리 환영 파티에서 연세대학교에 공부하러 온 교환 학생들을 많이 만났어."

4 What activities would you like to participate in if you join an international exchange club?

국제 교류 동아리에 가입하면 어떤 활동에 참여하고 싶습니까?

들어 봅시다

1~4 **Listen to the following and answer the questions.**
다음을 듣고 질문에 답하십시오.

1 **What is "Isamo" an abbreviation for?**
'이사모'는 무엇의 줄임말입니까?

2 **What activities does "Isamo" do?**
'이사모'는 어떤 활동을 하고 있습니까?

3 **What are the two people worried about?**
두 사람은 무엇을 걱정하고 있습니까?

4 **Choose a statement that is not something a member of the club the two people joined would say. (   )**
두 사람이 가입한 동아리 회원이 할 수 있는 말이 아닌 것을 고르십시오.

① "동아리 회장이 날마다 학생 식당에서 동아리 소개를 한대."
② "동아리를 소개하는 동영상을 잘 만들어서 열심히 홍보해 보자."
③ "아무리 동아리를 홍보해도 실제로 동아리에 드는 학생은 많지 않아."
④ "요즘은 다양한 인터넷 동호회가 있어서 학교 동아리의 인기가 없는 것 같아."

5 **What clubs or societies are popular among people? Why are they popular?**
어떤 동아리나 동호회가 사람들에게 인기가 많습니까? 왜 인기가 많습니까?

이웃 neighbor 회장 president 맡다 to take on 줄임말 abbreviation 어쨌든 anyway 홍보하다 to promote

1 **The following is the search screen from the Yonsei Student Club Association website (http://dongari.yonsei.ac.kr). Try searching for clubs of interest and talk about the club you'd like to join.**

다음은 연세대학교 동아리 연합회 홈페이지(http://dongari.yonsei.ac.kr)의 정보 검색 화면입니다. 관심 있는 동아리를 검색해 보고 가입하고 싶은 동아리에 대해서 이야기하십시오.

2 **What kind of clubs are there at your school? Introduce the activities that these clubs engage in.**

여러분 학교에는 어떤 동아리가 있습니까? 그 동아리에서 하는 활동을 소개하십시오.

문화

옛날 사람들의 여가 생활

옛날 사람들은 무엇을 하면서 여가를 보냈을까요? 옛날에는 사회적 지위와 성별, 나이에 따라서 즐기는 것이 달랐습니다. 지위가 높은 사람들은 바둑, 뱃놀이, 악기 연주, 시 읽기 등을 즐겼고 보통 사람들은 탈춤, 농악, 씨름, 제기차기 등을 즐겼습니다. 그리고 여자들은 널뛰기, 수놓기, 강강술래, 그네 타기와 같은 놀이를 하고 아이들은 제기차기, 투호, 팽이치기, 연날리기 등을 하고 놀았습니다. 사람들은 놀이를 하면서 즐겁게 시간을 보내고 서로 돕는 마음을 길렀습니다. 어떤 놀이에는 가정과 마을의 행복을 바라고 농사가 잘되기를 바라는 마음이 담겨 있기도 했습니다.

1. 한국의 옛날 사람들은 무슨 놀이를 즐겼습니까? 무슨 의미로 그 놀이를 즐겼습니까?

2. 여러분 고향의 전통 놀이를 소개하십시오.

memo 메모

8과 건강

01 내일 아침에도 전화해서 깨워 주실 수 있죠?

Learning Objective

To introduce healthy exercises

Grammar

-는데도, 사동

Vocabulary

Exercising

MP3_15

- 두 사람은 지금 무엇을 하고 있습니까?
- 여러분이 좋아하는 운동은 무엇입니까?

선희: 아침 운동을 해 보니까 어때?

엠마: 약간 졸리기는 한데 기분이 상쾌해요.
날마다 이렇게 이른 시간에 달리기를 하세요?

선희: 응, 나도 처음엔 일찍 일어나는 게 힘들어서 알람을 듣고 깼다가 다시 잠이 들기도 했어. 그래도 1년 동안 꾸준히 했더니 건강이 많이 좋아졌어.

엠마: 와! 부러워요. 저는 일찍 일어나서 운동해야겠다고 생각은 하는데도 실천하기가 어려워요. 그리고 자극적이고 살이 찌는 음식을 좋아하는 것도 문제예요.

선희: 운동을 지속적으로 하면 식성도 차차 변한대.
우리 내일도 이 시간에 만나서 운동할까?

엠마: 좋아요. 내일 아침에도 전화해서 깨워 주실 수 있죠?

약간 a little 상쾌하다 to be refreshing 이르다 to be early 깨다 to wake up 잠이 들다 to fall asleep 꾸준히 consistently 실천하다 to practice 자극적이다 to be stimulating/have a strong flavor 살이 찌다 to gain weight 지속적 continuous 식성 eating habit 차차 gradually

운동 관련 어휘

운동 종류	운동 효과
유산소 운동	체중이 줄다
근육 운동	근육이 생기다
전신 운동	스트레스가 풀리다

어휘 연습

Fill in the blanks as shown in the example.

보기 와 같이 빈칸을 채우십시오.

> **보기**
>
> 달리기와 같은 (유산소 운동을)을/를 자주 해야 한다.

1) 매일 배드민턴을 쳤더니 팔에 (   )이/가 생겼다.

2) 나는 노래방에 가서 큰 소리로 노래를 부르면 (   )이/가 풀린다.

3) 한 달 동안 아침마다 운동을 하고 간식을 먹지 않았더니 (   )이/가 줄었다.

4) 수영은 온몸을 다 사용하는 (   )이어서/여서 다이어트를 하는 사람에게 좋다.

종류 type　유산소 운동 aerobic/cardio exercise　근육 운동 muscle exercise
전신 운동 whole body exercise　효과 effect　체중 weight　줄다 to decrease

❶ -는데도/은데도/ㄴ데도

P60

1 Complete the dialogue as shown in the example.

보기 와 같이 대화를 완성하십시오.

> **보기**
>
> 가: 감기는 좀 어때요? 감기는 푹 쉬면 나으니까 좀 쉬세요.
>
> 나: 푹 쉬었는데도~~는데도/은데도/ㄴ데도~~ 아직 낫지 않았어요.
>
> (푹 쉬었다)

1) 가: 요즘 피곤해 보이는데 밤에 잠을 잘 못 자요?

나: 아니요, ________________ 는데도/은데도/ㄴ데도 ____________________________

(밤에 잘 자다)

2) 가: 신발을 또 샀구나.

나: 응, ________________ 는데도/은데도/ㄴ데도 ____________________________

(신발이 많다)

3) 가: 어제 시험 잘 봤어요?

나: 아니요, ________________ 는데도/은데도/ㄴ데도 ____________________________

(열심히 공부했다)

4) 가: 도서관에 사람이 많네요.

나: 네, ________________ 는데도/은데도/ㄴ데도 ____________________________

(방학이다)

02 사동 P60

2 Fill in the blanks and complete the story as shown in the example.

보기 와 같이 빈칸을 채워서 이야기를 완성하십시오.

오늘 아침에 시험이 있어서 하숙집 아주머니께 일찍 보기 깨워~~어/아/여~~ 달라(깨다) 고 부탁드렸다. 하지만 열이 심하게 나서 일어날 수가 없었다. 아주머니는 죽을 1) ________(끓다) 어서/아서/여서 내 방으로 가지고 오셨다. 그리고 힘이 없어서 먹지 못하는 나에게 죽을 2) ________(먹다) 어/아/여 주셨다. 갑자기 고향에 계신 어머니가 생각났다. 어머니는 몸이 약한 내가 열이 나면 옷을 3) ________(벗다) 고 찬 수건으로 몸을 닦아 주셨다. 그리고 열이 내리면 옷을 다시 4) ________(입다) 고 따뜻한 수프를 먹여 주셨다. 아파서 그런지 어머니가 더 많이 보고 싶다.

1~3 **Read the following and answer the questions.**
다음을 읽고 질문에 답하십시오.

운동을 꾸준히 하는 방법을 알아봅시다.
우선 첫 번째로 ______(가)______ 입니다. 이른 아침에 일찍 일어나서 운동을 하겠다는 계획은 지키기가 어렵습니다. 아침에 알람이 울리는데도 일어나지 못한 경험은 누구에게나 있을 것입니다. 하루에 한 시간 운동을 하겠다고 결심했으면 아침에 일찍 일어나서 운동을 하겠다는 계획보다는 출퇴근 시간, 점심 식사 후 틈틈이 운동을 해서 한 시간을 채우는 것이 더 좋은 방법입니다.
두 번째는 ______(나)______ 입니다. 운동을 할 때 그냥 운동만 하지 않고 재미있는 영상을 보거나 음악을 들으면서 운동을 하면 지루하지 않아서 더 오래 운동을 할 수 있습니다. 요즘은 인터넷에 운동 동영상이 많으니까 동영상을 보면서 운동하는 것도 추천드립니다.
세 번째는 ______(다)______ 입니다. 혼자 운동을 하면 포기하기 쉽지만 함께 운동하는 친구가 있으면 경기를 하면서 즐겁게 운동할 수 있습니다. 또 운동을 하면서 친구와 더 친해질 수 있어서 좋습니다.

1 **Choose the correct words to put into (가), (나), and (다). (　　　)**
(가), (나), (다)에 들어갈 말로 알맞은 것을 고르십시오.

① (가) 함께 운동하기　(나) 틈틈이 운동하기　(다) 재미있게 운동하기
② (가) 틈틈이 운동하기　(나) 재미있게 운동하기　(다) 함께 운동하기
③ (가) 틈틈이 운동하기　(나) 함께 운동하기　(다) 재미있게 운동하기
④ (가) 재미있게 운동하기　(나) 함께 운동하기　(다) 틈틈이 운동하기

첫 first　번째 numerical order suffix　출퇴근 commute　틈틈이 throughout/in between times
채우다 to fill　포기하다 to give up

2 **What cannot be applied to the reading? (   )**
읽은 내용과 다른 것은 무엇입니까?

1. 이 글은 그만두지 않고 계속 운동하는 방법을 소개하고 있다.
2. 출퇴근 시간을 이용해서 조금씩 운동하는 것도 좋은 방법이다.
3. 인터넷 운동 동영상을 보면서 운동을 하면 오래 운동할 수 있다.
4. 영상을 보면서 운동하는 것보다 친구와 함께 운동하는 것이 더 좋다.

3 **What is not an example of exercise (다)? (   )**
(다) 운동의 예가 아닌 것을 고르십시오.

1. 테니스
2. 축구
3. 탁구
4. 요가

4 **Introduce any fun ways to exercise that you know of.**
재미있게 운동하는 방법을 알고 있으면 소개하십시오.

과제 2 들어 봅시다

1~3 **Listen to the following and answer the questions.**
다음을 듣고 질문에 답하십시오.

1 **What stretches are being introduced?**
어떤 스트레칭을 소개하고 있습니까?

____

2 **Who should do these stretches?**
이 스트레칭은 누가 하면 좋을까요?

____

3 **Number them in the order you heard them.**
들은 순서대로 번호를 쓰십시오.

①

②

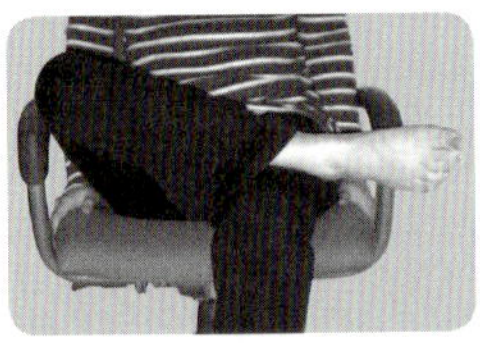
③

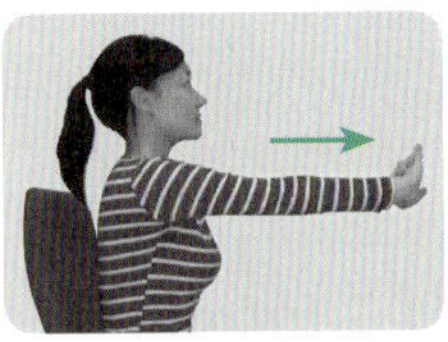
④

(   ) → (   ) → (   ) → (   )

4 **Introduce any stretches that you do often.**
여러분이 자주 하는 스트레칭이 있으면 소개하십시오.

스트레칭 stretching   잡다 to hold   당기다 to pull   쭉 뻗다 to stretch out   세다 to count
반복하다 to repeat   반대쪽 the other side   동작 action   굽히다 to bend   비비다 to rub
대다 to touch   피로 fatigue   허리 back/waist   손바닥 palm   내리다 to lower
마음속으로 mentally/inwardly

1 Look at the following and discuss with a friend as shown in the example.

다음을 보고 보기 와 같이 친구와 대화하십시오.

'아침 운동' 하루 중 다이어트 효과가 제일 높다

아침 식사 전에 하는 운동은 다이어트 효과가 크다. 항상 같은 시간에 일어나서 운동을 하는 것이 좋다.

반드시 식사 전에 운동을
식사 후에 하는 운동은 소화를 방해할 수 있다.

규칙적으로 운동을
규칙적으로 운동을 하는 것이 중요하다. 같은 시간에 일어나는 것이 좋다.

운동복을 따뜻하게
아침 운동을 할 때에는 따뜻한 운동복을 입는 것이 좋다. 감기에 걸리지 않으려면 운동을 하다가 더워도 옷을 벗지 않는 것이 좋다.

보기

가: 다이어트를 할 때 제일 효과가 높은 운동은 아침 운동이래.
나: 그래?
가: 그리고 밥을 먹은 후에 운동을 하면 소화를 방해할 수 있기 때문에 식사 전에 운동을 하는 것이 좋대.
나: 그럼 내일부터 조금 일찍 일어나서 학교까지 걸어가야겠다.
가: 좋은 생각이다. 나도 같이 걸어갈까?
나: 그래. 내가 아침에 깨워 줄게. 학교에 조금 일찍 가서 함께 아침을 먹자.

2 How many times a week do you exercise? When do you usually exercise? Talk about your exercise habits.

일주일에 몇 번 운동을 합니까? 주로 언제 운동을 합니까? 자신의 운동 습관을 이야기하십시오.

8과 건강

02 좋은 생활 습관을 가지고 있으면 건강은 저절로 따라오는 것입니다

Learning Objective

To introduce healthy lifestyles

Grammar

-는 데다가, -는 것이다

Vocabulary

Lifestyles

MP3_16

- 여기는 어디입니까?
- 두 사람은 무엇에 대해서 이야기할까요?

기자: 이 마을 어르신들께서 장수하시는 비결이 무엇인지 궁금합니다.

의사: 음…. "밥이 보약이다."가 무슨 뜻인지 아세요? 바로 식사를 잘하는 것이 비싼 약만큼 건강에 좋다는 말이지요.

기자: 식습관이 중요하다는 말씀이시군요.

의사: 맞습니다. 요즘 젊은이들은 식사 시간이 불규칙한 데다가 영양이 부족한 음식을 많이 섭취하는데요. 이렇게 하면 건강을 유지하기가 어렵습니다.

기자: 또 다른 건강 비결이 있으면 소개해 주시겠습니까?

의사: 특별한 비결은 없습니다. 평소에 규칙적으로 운동하고 좋은 생활 습관을 가지고 있으면 건강은 저절로 따라오는 것입니다.

마을 village　장수하다 to live a long life　비결 secret　보약 medicine　식습관 eating habit
불규칙하다 to be irregular　영양 nutrition　섭취하다 to consume/to ingest　유지하다 to maintain
규칙적 regular　저절로 naturally　따라오다 to follow

생활 습관 관련 어휘

생활 습관	식습관 폭식 과식 소식 편식 채식	규칙적이다 불규칙하다
	수면 습관	
	운동 습관	

어휘 연습

Fill in the blanks as shown in the example.

보기 와 같이 빈칸을 채우십시오.

오늘 방송에서는 음식을 건강하게 먹는 방법에 대해서 이야기해 보겠습니다. 건강한 생활을 하기 위해서는 좋은 보기 (식습관을)을/를 가지고 있어야 합니다. 요즘 젊은 사람들은 식사 시간이 1) ( )어서/아서/여서 문제가 되고 있습니다. 또 갑자기 많은 양의 음식을 먹는 2) ( )이나/나 과식을 하는 습관, 싫어하는 음식을 먹지 않는 3) ( )을/를 하는 습관은 건강에 나쁩니다. 건강을 유지하기 위해서는 4) ( )은/ㄴ 식사 습관을 갖는 것이 중요합니다.

폭식 binge 과식 overeating 소식 eating little 편식 picky eating/imbalanced diet
채식 vegetarian diet 수면 sleep

-는/은/ㄴ 데다가

P62

1 Connect appropriately to complete the sentence as shown in the example.

보기 와 같이 알맞게 연결하여 문장을 완성하십시오.

보기 눈이 와요. •	• 바람도 불어서 추워요.
1) 선생님이 친절하세요. •	• 일본어도 잘해요.
2) 시험공부를 안 했어요. •	• 날씨도 좋아서 공원에 사람이 많아요.
3) 휴일이에요. •	• 문제도 어려워서 성적이 나쁩니다.
4) 지민 씨는 영어를 잘해요. •	• 설명도 자세하게 해 주셔서 좋아요.

보기 눈이 오는~~는/은/ㄴ~~ 데다가 바람도 불어서 추워요.

1) ______________ 는/은/ㄴ 데다가 ______________

2) ______________ 는/은/ㄴ 데다가 ______________

3) ______________

4) ______________

02 -는/은/ㄴ 것이다

P63

2 Complete the dialogue as shown in the example.

보기 와 같이 대화를 완성하십시오.

> **보기**
>
> 가: 피아노를 정말 잘 치시네요. 음악을 전공할 거예요?
>
> 나: 아니요. 취미로 치는~~는/은/ㄴ~~ 거예요. (취미로 치다)

1) 가: 뭐 해? 일본어 공부해?

   나: 아니, ________________는/은/ㄴ 거야. (일본 드라마를 보다)

2) 가: 한국어를 공부하면서 뭐가 제일 어려워요?

   나: 한국어를 공부하면서 어려운 점은 ________________는/은/ㄴ 거예요. (한자어가 많다)

3) 가: 옷 색깔이 참 예쁘네요. 어디에서 샀어요?

   나: 학교 앞 옷가게에서 ________________는/은/ㄴ 거예요. 요즘 유행하는 색이래요. (사다)

4) 가: 이 과자는 누가 ________________는/은/ㄴ 거예요? (가지고 오다)

   나: 제가 가지고 왔어요. 맛있게 드세요.

1~3 **Read the following and answer the questions.**
다음을 읽고 질문에 답하십시오.

우리는 날씨가 추워지면 감기 조심하라는 이야기를 많이 하기도 하고 많이 듣기도 합니다. 그렇다면 감기는 겨울에만 걸리는 걸까요? 아프리카와 같이 더운 곳에 사는 사람은 감기에 안 걸릴까요? 아닙니다. 감기는 바이러스 때문에 걸리는 거니까 날씨와는 관계가 없습니다. 몸이 약해지면 바이러스와 싸울 힘이 없어져서 감기에 걸리는 것입니다.

감기에 걸리면 보통 기침을 하고 목이 붓는 데다가 코도 막힙니다. 감기에 걸려서 병원에 가면 주사를 놓거나 약을 처방해 주지만 사실 감기에는 특별한 치료 방법이 없습니다. 그래서 "감기에 걸려서 병원에 가면 1주일 후에 낫고 집에서 쉬면 7일 후에 낫는다."라고 말하는 사람도 있습니다.

감기에 걸리지 않으려면 어떻게 해야 할까요? 평소에 규칙적인 생활을 해야 합니다. 그리고 건강에 좋은 식습관과 운동 습관을 잘 유지하는 것이 무엇보다 중요합니다.

1 **What is not mentioned in the text?**
이 글에서 이야기하지 않은 것은 무엇입니까?

① 감기에 걸리는 이유
② 감기 바이러스의 종류
③ 감기의 여러 가지 증세
④ 감기에 걸리지 않는 방법

아프리카 Africa　바이러스 virus　싸우다 to fight

2 Mark "O" if it applies to the reading, and "X" if it does not.

읽은 내용과 같으면 O, 다르면 X 표시하십시오.

1) 더운 지역에는 감기 환자가 없다. ( )
2) 건강을 유지하는 좋은 방법은 규칙적으로 생활하는 것이다. ( )
3) 겨울에 감기가 유행하는 이유는 바이러스가 많아지기 때문이다. ( )

3 Find the meaning of the statement: "If you catch a cold and go to the hospital, you'll recover in a week, and if you rest at home, you'll recover in 7 days."

"감기에 걸려서 병원에 가면 1주일 후에 낫고 집에서 쉬면 7일 후에 낫는다."라는 말의 뜻을 위에서 찾아 쓰십시오.

---

4 Introduce any health-related sayings or interesting expressions that are used in your hometown.

여러분 고향에 건강과 관련된 속담이나 재미있는 표현이 있으면 소개하십시오.

1~3 Listen to the following and answer the questions.

다음을 듣고 질문에 답하십시오.

1 **What is the reporter talking about?**

기자는 무엇에 대해서 이야기하고 있습니까?

---

2 **From what you heard, check the answers that help you live longer.**

들은 내용 중에서 장수에 도움이 되는 것에 ✓ 표시하십시오.

□ 충분한 수면　□ 규칙적인 식사　□ 콩으로 만든 식품 섭취

□ 고기 섭취　□ 술과 담배　□ 보약과 영양제

3 **Choose the answer that matches what you heard. (　　)**

들은 내용과 같은 것을 고르십시오.

① 여러 나라의 90세 이상의 노인의 생활 습관을 조사했다.
② 장수하는 노인들은 대부분 비타민과 같은 건강식품을 먹는다.
③ 가족과 함께 즐겁게 식사하는 노인들이 장수할 가능성이 높다.
④ 장수하려면 식물성 음식을 주로 먹고 동물성 음식은 안 먹는 것이 좋다.

4 **In your hometown, what habits do people say are the secrets to longevity?**

여러분 고향에서는 어떤 습관을 장수의 비결이라고 말합니까?

충분하다 to be enough　수면을 취하다 to sleep　식물성 plant-based　동물성 animal-based
담배를 피우다 to smoke

1 How are your lifestyle habits? Look at the following and add check marks.

여러분의 생활 습관은 어떻습니까? 다음을 보고 ✔ 표시하십시오.

식습관	□ 과식을 한다. □ 소식을 한다. □ 편식을 한다. □ 육식을 좋아한다. □ 야식을 자주 먹는다. □ 식사를 천천히 한다. □
수면 습관	□ 자는 시간이 불규칙하다. □ 규칙적으로 일정한 시간에 잔다. □ 하루에 7시간 정도 잔다. □ 하루 수면 시간이 7시간이 넘는다. □
운동 습관	□ 운동을 전혀 하지 않는다. □ 하루에 1시간 정도 운동을 한다. □ 일주일에 세 번 정도 30분 정도 운동을 한다. □
건강을 위한 다른 습관	□ 명상 □ 영양제를 복용한다. □

2 How did your friends respond to the question above? Investigate your friends' lifestyle habits and talk about them.

친구들은 위의 질문에 어떻게 답했습니까? 친구들의 생활 습관을 조사해서 이야기하십시오.

문화

건강에 좋은 한방차

여러분, 한방차를 아십니까? 한방차는 한약을 만들 때 쓰는 재료를 넣고 끓인 차입니다. 약이니까 쓸 것 같다고요? 아닙니다. 단맛이 나는 재료를 넣고 끓여서 맛있는 한방차도 많답니다. 여러 가지 증상 때문에 아플 때 한국 사람들은 약 대신에 한방차를 마시기도 합니다. 그중 몇 가지를 소개하겠습니다.

먼저 감기에 걸려서 열이 날 때는 생강차를 끓여 마시면 좋습니다. 기침이 날 때는 모과차가 좋고 평소에 유자차를 많이 마시면 감기에 걸리지 않는다고 합니다. 소화가 안 될 때는 매실차를 드셔 보십시오. 바로 효과를 볼 수 있을 것입니다. 변비에는 보리차, 손과 발이 찰 때는 계피차가 좋습니다. 몸에도 좋고 맛도 좋은 한방차! 여러분은 무슨 차를 마셔 보고 싶습니까?

1. 한방차는 어떤 차입니까?

2. 여러분 고향에도 건강에 좋은 차가 있습니까? 어떤 효과가 있습니까?

memo 메모

9과 문화차이

01 하숙집을 옮겼다면서요?

Learning Objective

To talk about the characteristics of Koreans

Grammar

-는다면서요?, -을 걸 그랬다

Vocabulary

Personalities

MP3_17

- 아주머니가 무엇을 하고 있습니까?
- 여러분도 가족처럼 친하게 지내는 사람이 있습니까?

친구: 엠마 씨, 하숙집을 옮겼다면서요? 방은 마음에 들어요?

엠마: 네, 방이 크고 가구도 깨끗한 데다가 하숙비까지 싸서 아주 좋아요.

친구: 하숙집 분위기는 어때요?

엠마: 같이 사는 친구들이 활발해서 분위기가 좋고 아주머니도 무척 친절하세요. 얼마 전에 제가 배탈이 났었는데 엄마처럼 죽도 끓여 주셨어요.

친구: 요즘 그렇게 정이 많으신 분은 드문데 엠마 씨는 운이 참 좋네요. 저는 오랫동안 혼자 자취를 하니까 좀 외로워요. 이럴 줄 알았으면 저도 원룸이 아니라 하숙집을 찾아볼 걸 그랬어요.

엠마: 나중에 우리 하숙집에 빈방이 생기면 알려 드릴게요.

가구 furniture 분위기 atmosphere 활발하다 to be lively 정 affection/care
드물다 to be rare 운 luck 자취 living alone

성격 관련 어휘

말이 많다	말이 없다
정이 많다	냉정하다
적극적이다	소극적이다
성격이 급하다	차분하다

어휘 연습

Fill in the blanks as shown in the example.

보기 와 같이 빈칸을 채우십시오.

> 보기
> 에릭은 무슨 일이든지 앞에 서서 제일 열심히 해요. (적극적이다)

1) 피터는 큰일이 생겨도 쉽게 당황하지 않아요. (   )

2) 케이트는 기다리는 걸 싫어하고 뭐든지 빨리 하려고 해요. (   )

3) 샘은 다른 사람들 앞에서 의견을 이야기하는 걸 어려워해요. (   )

4) 수지는 저를 가족같이 생각해서 제가 힘들 때 누구보다 잘 도와줘요.

(   )

충분하다 to be enough　수면을 취하다 to sleep　식물성 plant-based　동물성 animal-based
담배를 피우다 to smoke

-는다면서요/ㄴ다면서요/다면서요?

P64

1 Write down what you know about your friend's hometown in the table provided and ask questions as shown in the example.

친구의 고향에 대해서 알고 있는 것을 표에 쓰고 보기 와 같이 질문하십시오.

친구의 고향	확인할 내용	알고 있는 것	질문
보스턴	유명한 음식	랍스터	보기 보스턴 사람들은 랍스터를 많이 먹는다면서요?

친구의 고향	확인할 내용	알고 있는 것	질문
	유명한 장소		1)
	유명한 사람		2)
	유명한 스포츠		3)
	기타		4)

02 -을/ㄹ 걸 그랬다

P65

2 Look at the following and complete the sentence as shown in the example.

다음을 보고 보기 와 같이 문장을 완성하십시오.

내 인생에서 후회되는 일
보기 고등학교 때 놀기만 하고 공부를 열심히 하지 않았다.
1) 좋아하는 친구에게 고백하지 못했다.
2) 적성에 맞는 전공이 아니라 인기가 많은 전공을 선택했다.
3) 좀 더 어렸을 때 유학을 가지 않았다.
4) 공부를 안 좋아하는데 대학원에 들어왔다.

보기 고등학교 때 공부를 열심히 할을/ㄹ 걸 그랬다.

1) ______________________ 을/ㄹ 걸 그랬다.

2) ______________________ 을/ㄹ 걸 그랬다.

3) ______________________

4) ______________________

1~3 Read the following and answer the questions.

다음을 읽고 질문에 답하십시오.

3일 전 드디어 그렇게 오고 싶었던 이 도시에 여행을 왔다. 비행기가 공항에 도착했을 때 눈물이 날 정도로 기뻤다. 하지만 버스를 타고 공항을 벗어나 시내로 가는 길에 본 도시의 풍경에 가슴이 답답해지기 시작했다. 찻길을 달리는 자동차는 하나같이 비슷한 크기에 비슷한 색깔이었고, 창밖으로는 똑같이 생긴 아파트가 붙어 있는 게 보였다.

어제는 시내에 나갔었다. 그런데 거리를 걸어 다니는 사람들 얼굴이 다 똑같아 보였다. 그런 데다가 모두 비슷한 옷을 입고 비슷한 머리 스타일을 하고 있었다. 그 사람들은 고향에서 가져온 옷을 입고 있는 나를 신기하게 봤다.

돌아다니다가 배가 고파져서 점심을 먹을 식당을 찾았는데 거리에는 똑같은 음식을 파는 식당들이 모여 있었다. 어느 곳에 들어가야 할지 몰라서 계속 왔다 갔다 하다가 사람들이 줄을 서 있는 식당이 보여서 나도 뒤에 따라 섰다. 기다리는 사람들 말로는 이곳이 티브이 프로그램에 나와서 유명해졌는데 여기에서 음식 먹는 사진을 찍어서 에스엔에스에 올리는 것이 요즘 유행이라고 한다. 앞으로 한 시간쯤 더 기다려야 한다고 해서 대신 옆에 있는 식당에 가기로 했다. 내가 점심을 먹은 식당은 손님이 별로 없어서 음식이 금방 나왔는데 아주 맛있었다. 줄을 서지 말고 처음부터 이 식당에 올 걸 그랬다고 생각했다. 이렇게 맛있는 음식을 빨리 먹을 수 있는데 왜 다들 저렇게 기다리고 있는 걸까? 이상하다는 생각이 들었다.

1 What do people in this city seem to value?

이 도시 사람들은 무엇을 중요하게 생각하는 것 같습니까?

(　　　　　　　　　　)을/를 따르는 것을 중요하게 생각한다.

벗어나다 to get out (of) 줄을 서다 to queue/line up

2 Write down, in chronological order, the impressions this person had as he/she traveled through the city.

이 사람이 도시를 여행하면서 받은 느낌을 시간 순서대로 쓰십시오.

(기쁘다) → ( ) → ( )

3 Mark "O" if it applies to the reading, and "X" if it does not.

읽은 내용과 같으면 O, 다르면 X 표시하십시오.

1) 이 사람은 이 도시의 문화에 아직 익숙해지지 않았다. ( )
2) 이 사람이 밥을 먹은 식당은 음식이 맛없어서 인기가 없다. ( )
3) 이 사람은 여행 간 도시 사람들과 비슷한 옷을 입고 있었다. ( )

4 Have you experienced cultural differences in the places you have traveled?

여러분은 여행 간 곳에서 문화 차이를 느낀 경험이 있습니까?

1~3 **Listen to the following and answer the questions.**
다음을 듣고 질문에 답하십시오.

1 **What cultural differences between Korea and his hometown did this person struggle with the most?**
이 사람은 한국과 고향의 문화 차이 중 어떤 것 때문에 가장 힘들어했습니까?

____

2 **What did the friend say when he saw this person acting like a Korean?**
친구는 한국 사람같이 행동하는 이 사람을 보고 뭐라고 했습니까?

" ______________________________ "

3 **Mark "O" if it applies to what you heard, and "X" if it does not.**
들은 내용과 같으면 O, 다르면 X 표시하십시오.

1) 이 사람 고향에서는 다른 사람과 음식을 나눠 먹지 않는다. (　　)
2) 이 사람은 1년 넘게 한국에 살아서 이제 한국 문화에 익숙하다. (　　)
3) 이 사람은 친구와 밥을 먹을 때 좋아하지 않는 음식을 시켜야 했다. (　　)

4 **Describe a time when you were caught off guard by cultural differences while dining with someone from another country.**
다른 나라 사람과 식사를 할 때 문화 차이 때문에 당황했던 경험을 이야기하십시오.

봉지 bag/pack (of)　예의 manners　행동하다 to act/behave　우다 to smoke

1 What aspect of Korean culture do you feel is different from your hometown? Talk about it as shown in the example.

여러분은 한국에 와서 고향과 다르다고 느낀 문화가 있습니까? 보기 와 같이 이야기하십시오.

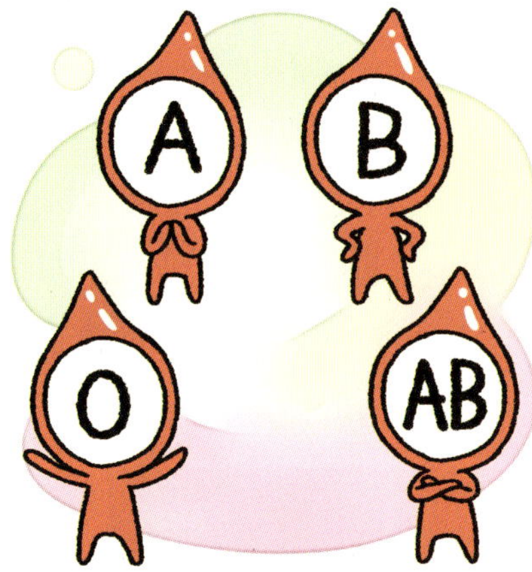

보기

제가 옛날에 한국에 와서 한국 친구들을 사귀었을 때 친구들이 저에게 혈액형이 뭐냐고 물어봤어요. 제 고향에서는 절대로 다른 사람에게 혈액형을 물어보지 않아서 깜짝 놀랐어요. 그런데 한국 사람들은 혈액형으로 사람의 성격을 알 수 있다고 생각한대요. A형인 사람은 보통 조용하고 소심한 편이고 B형 중에는 자기 기분대로 행동하는 사람이 많대요. 그리고 AB형은 냉정하고 차분한 성격이고 O형은 적극적이고 활발한 성격이래요. 처음에는 혈액형이 사람의 성격을 결정한다고 하는 게 말이 안 된다고 생각했는데 지금은 재미있어서 고향 친구들에게 혈액형을 중요하게 생각하는 문화에 대해서 이야기해 주기도 해요.

2 Talk about the cultural differences that foreign friends might find helpful to know about when they start living in your hometown.

외국인 친구가 여러분의 고향에서 생활하게 되었을 때 알아 두면 도움이 될 문화 차이에 대해서 이야기하십시오.

9과 문화차이

02 동아리 회의 장소가 어디라고 했지?

Learning Objective

To talk about Korean etiquette in daily lives

Grammar

-지?, 접속사

Vocabulary

Manners and Etiquette

MP3_18

- 선배는 왜 당황한 것 같습니까?
- 학교 선후배 사이에서 지켜야 할 예절에는 어떤 것이 있습니까?

선배: 오늘 동아리 회의 장소가 어디라고 했지?

엠마: 학생회관 2층 회의실이요. 그런데 저희 학년 중에서는 저하고 수영이만 회의에 가고 다른 친구들은 못 간대요.

선배: 그래? 회의 후에 있을 회식 때 졸업생 선배들도 오는데 후배들이 이렇게 많이 빠지는 건 예의가 아닌데··· 다들 바쁜 일이 있는 거야?

엠마: 네, 그런 것 같아요. 매튜는 어제 도서관에서 우연히 만났는데 보고서 준비 때문에 정신없더라고요. 그리고 저도 인턴십 준비 때문에 바빠서 회식 중간에 먼저 가 봐야 할 것 같은데요.

선배: 음···. 어쩔 수 없지. 대신 꼭 붙어서 기쁜 소식을 전해 주면 좋겠네.

엠마: 죄송해요. 인턴십에 합격해서 첫 월급을 타 가지고 꼭 한턱낼게요.

회의 meeting　회식 gathering/get-together　우연히 by chance
정신없다 to be overwhelmed/not clear-headed　붙다 to pass　소식 news　월급 monthly salary
타다 to receive/get paid

예절, 예의 관련 어휘

언어 예절 식사 예절 전화 예절 방문 예절	예절을 지키다

예의가 있다 예의가 바르다	예의가 없다 예의에 어긋나다 실례가 되다

어휘 연습

Fill in the blanks as shown in the example.

보기 와 같이 빈칸을 채우십시오.

보기 처음 만난 사람에게 반말을 하는 것은 (예의가 없)는 행동이다.

1) 피터는 누구에게나 친절하고 인사도 잘하는 (   )은/ㄴ 학생이다.

2) 외국에서 살 때에는 그 나라의 문화를 배우고 (   )는 것이 중요하다.

3) 선생님의 나이가 궁금했지만 (   )을/ㄹ 수 있는 질문이라서 묻지 못했다.

4) 윗사람이 먼저 식사를 시작한 다음에 밥을 먹는 것이 한국의 중요한 (   ) 중의 하나이다.

방문 visit 바르다 to be correct/upright 어긋나다 to go against

-지? P67

1 You have forgotten what you learned in Korean history class. Ask your friend questions as shown in the example.

한국 역사 수업에서 배운 내용을 잊어버렸습니다. 같이 수업을 들은 친구에게 보기 와 같이 질문하십시오.

한국 역사 수업

개천절은?

<보기> 기원전(B.C.) 2333년 처음 한반도에 나라가 만들어진 것을 기념하는 날

…

신라

1) 여왕이 있었던 유일한 나라 (모두 3명)

2) 신라의 수도는 경주

…

조선

3) 조선 시대는 1392년부터 1910년까지

4) 조선의 네 번째 왕인 세종 대왕은 한글을 만든 사람

보기

가: 개천절이 무슨 날이지?

나: 처음 나라가 만들어진 걸 기념하는 날이잖아.

1) 가: ______________________ 지?

나: 신라에 여왕이 있었잖아.

2) 가: ______________________ 지?

나: 경주잖아.

3) 가: ______________________ 지?

나: 1392년부터 1910년까지잖아.

4) 가: ______________________ 지?

나: 세종 대왕이 만들었잖아.

접속사

P67

2 Choose the correct option from the following and make a sentence as shown in the example.

다음 중에서 알맞은 것을 골라 보기 와 같이 문장을 만드십시오.

그래서　　그런데　　그렇지만　　그리고　　왜냐하면

보기

제임스는 리사에게 생일 선물을 주었다.
왜냐하면 리사도 제임스에게 생일 선물을 주었기 때문이다.

1) 

제임스의 노래는 듣기가 좋았다.

____

2) 

리사는 우산이 없어서 비를 많이 맞았다.

____

3) 

제임스는 친구와 영화를 봤다.

____

4) 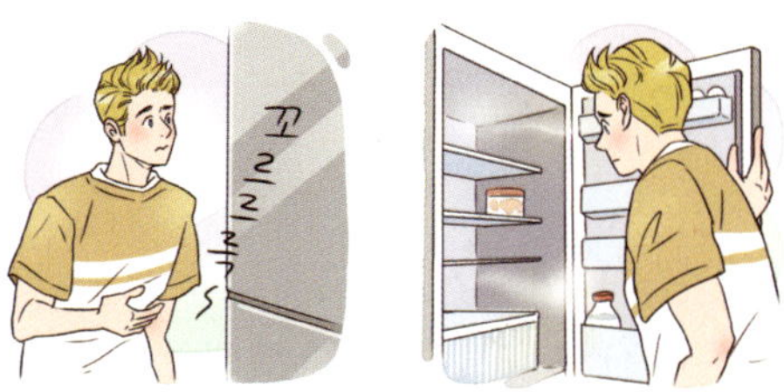

제임스는 배가 고팠다.

____

1~3 Read the following and answer the questions.

다음을 읽고 질문에 답하십시오.

지하철 이용 예절

먼저 열차 안에 있는 사람들이 내린 후에 열차에 탑니다.
열차 문이 닫히려고 할 때 급하게 타지 않습니다.
열차 안에서 음식을 먹거나 음료수를 마시지 않습니다.
큰 소리로 통화하거나 대화하지 않습니다.
음악을 듣거나 동영상을 볼 때는 이어폰을 사용합니다.
배낭을 메고 서 있을 때는 배낭을 앞으로 멥니다.
다리를 넓게 벌리고 앉지 않습니다.
교통 약자석이 아니어도 ㉠ 장애인, 어르신, 임산부, 어린이가 타면 자리를 양보합니다.

벌리다 to open/spread 약자 a weak person 장애인 a disabled person 임산부 pregnant woman

1 **What is ㉠ in one word?**

㉠을 한 단어로 무엇이라고 합니까?

2 **Who is not following the subway etiquette? (　　)**

지하철 이용 예절을 지키지 않은 사람은 누구입니까?

① 선희: 꼭 필요할 때만 조용하게 이야기한다.

② 윤아: 냄새가 나는 음식을 열차에 가지고 타지 않는다.

③ 수영: 옆 사람이 불편하지 않게 다리를 모으고 앉는다.

④ 지민: 내 뒤에 줄을 선 사람을 위해서 열차 문이 열리자마자 빨리 탄다.

3 **You are at the subway platform, but the doors of the train are already halfway closed. What should you do?**

지하철역 승강장에 갔는데 타려고 하는 열차의 문이 벌써 반쯤 닫혔습니다. 어떻게 하는 것이 좋겠습니까?

4 **What are the etiquettes you should follow when using public transportation in your hometown?**

여러분 고향에서 대중교통을 이용할 때 지켜야 하는 예절에는 어떤 것이 있습니까?

1~3 **Listen to the following and answer the questions.**
다음을 듣고 질문에 답하십시오.

1 **How do Korean people ask your age?**
한국 사람들이 나이를 물어볼 때 어떻게 질문합니까?

1) ________________

2) ________________

2 **When speaking in Korean, what is the criteria for deciding whether to use polite or casual/plain language?**
한국어로 대화할 때 존댓말을 쓸지 반말을 쓸지 결정하는 기준은 무엇입니까?

대화하는 사람의 1) (　　　　)과/와 나와 그 사람 사이의 2) (　　　　), 대화가 이루어지는 3) (　　　　)

3 **Select the person whose behavior does not conform to Korean language etiquette. (　　)**
한국의 언어 예절에 맞지 않는 행동을 한 사람이 누구인지 고르십시오.

① 선희: 부모님께 반말로 이야기한다.
② 윤아: 한 살 많은 오빠에게 '윤호야!'라고 부른다.
③ 수영: 아르바이트하는 편의점에 온 어린이 손님에게 존댓말로 이야기한다.
④ 지민: 친한 회사 선배와 회사 안에서는 존댓말을 하고 밖에서는 반말을 한다.

4 **What language etiquette is there in your hometown?**
여러분의 고향에는 어떤 언어 예절이 있습니까?

기준 criteria　자녀 children　즉 in other words

1 **Check what you consider to be polite behavior when visiting someone else's home for a meal and explain why you think so as shown in the example.**

다른 사람 집을 방문해서 식사할 때 어떻게 행동하는 것이 예의라고 생각하는지 ✓ 표시하고 왜 그렇게 생각하는지 보기 와 같이 이야기하십시오.

- ☐ 약속 시간보다 조금 일찍 도착한다.
- ☐ 약속 시간에 맞춰서 도착한다.
- ☐ 약속 시간보다 조금 늦게 도착한다.

- ☐ 집주인이 음식을 준비하거나 치우는 것을 도와준다.
- ☐ 집주인이 혼자 음식 준비를 끝낼 때까지 기다린다.

- ☐ 음식을 조금 남긴다.
- ☐ 음식을 남기지 않고 다 먹는다.

보기

저는 다른 사람 집에 초대받았을 때 약속 시간에 맞춰서 도착하는 것이 예의라고 생각해요. 왜냐하면 너무 일찍 도착하면 집주인이 당황할 수 있고 늦게 도착하는 것은 실례가 되기 때문이에요. 그리고 초대한 사람과 친한 사이라면 음식 준비를 도와줄 수 있지만 그렇지 않으면 거실에서 기다리는 게 나아요. 일을 도와주는 게 초대한 사람의 마음을 더 불편하게 할 수 있거든요. 또 음식을 다 먹지 않고 조금 남겨야 집주인이 음식이 부족했다고 생각하지 않을 것 같아요.

2 **Talk about everyday etiquette that people in your hometown consider to be important.**

여러분의 고향 사람들이 중요하게 생각하는 일상생활 예절에 대해서 이야기하십시오.

문화

한국의 선물 문화

한국에서는 특별한 선물을 주는 날이 있습니다. 집들이에 갈 때는 집주인에게 부자가 되어 잘 살라는 의미로 비누나 세제, 초 같은 것을 선물합니다. 대학 입학시험을 보는 학생에게는 행운을 비는 마음이 담긴 선물을 준비합니다. 시험에 합격한다는 말을 시험에 붙는다고도 하기 때문에 시험에 붙으라는 의미로 떡이나 엿처럼 끈적끈적해서 어디에나 잘 붙는 음식을 선물하는 것입니다. 부모님께 감사하는 마음을 전하는 어버이날에는 빨간 카네이션을 선물하는데 빨간 카네이션의 꽃말이 '어머니의 사랑'이기 때문이라고 합니다. 여러분 나라에도 이렇게 특별한 의미가 있는 선물을 주고받는 날이 있겠지요? 날짜가 다르고 주고받는 물건은 달라도 상대방을 생각하는 마음은 모두 같을 것입니다.

1. 한국에서는 대학 입학시험을 보는 학생에게 무엇을 선물합니까? 어떤 의미가 담겨 있습니까?

2. 여러분 고향에서는 특별한 날에 무엇을 선물합니까?

memo 메모

10과 친구 관계

01 말 못 할 고민이 있을지도 모르잖아요

Learning Objective

To share worries/ concerns

Grammar

-어 버리다, -을지도 모르다

Vocabulary

Worries and Anxieties

MP3_19

- 두 사람이 무슨 이야기를 하는 것 같습니까?
- 고민을 친구에게 이야기한 적이 있습니까?

선생님: 다니엘 씨, 오늘은 왜 리사 씨랑 같이 안 오고 혼자 와요?

다니엘: 리사 얘기는 꺼내지도 마세요.

선생님: 둘이 싸웠어요? 그러고 보니 어제 수업 시간에 리사 씨 표정이 어두웠는데 무슨 일 있었어요?

다니엘: 안 그래도 걱정이 돼서 수업이 끝난 후에 리사한테 무슨 일이 있냐고 물어봤는데 제 말을 무시하고 그냥 가 버렸어요. 그래서 저도 화가 나서 리사한테 연락을 안 했어요.

선생님: 친한 친구한테도 말 못 할 본인만의 고민이 있을지도 모르잖아요. 그러니까 너무 기분 나빠하지 마세요.

다니엘: 속이 깊은 제가 이해해야겠죠? 이따가 리사가 오면 커피나 한 잔 하면서 이야기해 볼게요.

표정 expression (on one's face) 안 그래도 anyway, as well (depending on context) 무시하다 to ignore
본인 one's own 속이 깊다 to be considerate/compassionate 이해하다 to understand
한잔하다 to have a drink

고민, 걱정 관련 어휘

고민을 하다	고민/걱정을 털어놓다	
걱정을 하다	조언을 구하다	조언/충고를 하다
문제가 생기다	의논을 하다	문제를 해결하다

어휘 연습

Fill in the blanks as shown in the example.

보기 와 같이 빈칸을 채우십시오.

> **보기**
> 의사 선생님께서 많이 걷는 것이 건강에 좋다는 (조언을)을/를 해 주셨다.

1) 대학원을 어디로 갈지 부모님과 (   )을/를 했다.

2) 친구에게 고민을 (   )으면/면 마음이 조금 가벼워져요.

3) 로렌은 내일 중요한 시험이 있는데 잘 못 볼까 봐 (   )을/를 하고 있어요.

4) 어제 집 와이파이 연결이 안 됐는데 인터넷으로 방법을 알아보고 혼자 문제를 (   )었어요/았어요/였어요.

털어놓다 to confess/open one's heart　조언 advice/counsel　의논 discussion
충고 advice/recommendation　해결하다 to resolve

-어/아/여 버리다

P69

1 Complete the sentence as shown in the example.

보기 와 같이 문장을 완성하십시오.

> **보기** 택시를 타려고 했는데 택시가 서지 않고 다 그냥 지나가~~어/아/여~~ 버렸다.

1) 다음 주까지 해야 할 일을 오늘 다 ＿＿＿＿＿어/아/여 버렸다.

2) 내가 사 놓은 음료수를 가족들이 다 ＿＿＿＿＿어/아/여 버렸다.

3) 월급을 받은 지 얼마 안 됐는데 벌써 돈을 다 ＿＿＿＿＿어/아/여 버렸다.

4) 드라마를 재미있게 보고 있는데 동생이 텔레비전을 ＿＿＿＿＿어/아/여 버렸다.

🅑 -을지도/ㄹ지도 모르다 P69

2 Look at the picture and complete the dialogue as shown in the example.

그림을 보고 보기 와 같이 대화를 완성하십시오.

보기

가: 와, 붕어빵이네! 맛있겠다! 그런데 왜 두 개밖에 안 샀어?

나: 네가 싫어할지도~~을지도/ㄹ지도~~ 몰라서 조금만 샀어.

1)

가: 여행 중에 ______________ 을지도/ㄹ지도 모르니까 비상금을 따로 가지고 가라.

나: 걱정 마세요. 잘 다녀올게요.

2)

가: 어제 전화한다고 하고 왜 전화 안 했어?

나: 미안해. 어제 좀 늦게 퇴근했거든. ______________ 을지도/ㄹ지도 몰라서 전화 안 했어.

3)

가: 어디를 그렇게 급하게 가요?

나: 오늘 어머니가 서울에 오시는데 일이 생각보다 늦게 끝났어요. 어머니가 ______________ 을지도/ㄹ지도 몰라서 서둘러서 가는 길이에요.

4)

가: 연세 식당에 가서 점심을 먹을까요?

나: 오늘 ______________ 을지도/ㄹ지도 모르니까 알아보고 가요.

1~4 **Read the following and answer the questions.**
다음을 읽고 질문에 답하십시오.

<리사의 일기>

4월 1일 흐림

며칠 동안 날씨가 흐려서 그런지 공부도 안되고 너무 힘들다. 사실 날씨 때문에 힘든 건 아니지만 날씨 때문이라고 말하고 싶다.

요즘 피터 얼굴을 볼 때마다 어떻게 해야 할지 모르겠다. 전에도 그렇게 친한 사이는 아니었지만 지난번에 피터를 좋아한다는 내용의 문자 메시지를 실수로 피터에게 보낸 후부터 사이가 더 멀어진 것 같다.

더 큰 문제는 엠마도 피터를 좋아하게 된 것이다. 엠마는 내 마음도 모르고 자꾸만 나에게 본인의 고민을 털어놓는다. 어떻게 하면 피터와 가까워질 수 있겠냐고 조언을 구하기도 한다.

그런데 어제 아침에 학교에 가는 길에 엠마와 피터가 같이 걸어가는 걸 봤다. 둘 다 신촌역 앞에서 파는 커피를 들고 있는 걸 보니까 거기서부터 학교까지 같이 온 것 같다. 두 사람은 사는 동네도 다른데 아침 일찍 커피숍에서 만난 걸까? 두 사람이 언제 이렇게 가까워진 걸까? 이러다가 어느 날 갑자기 엠마가 피터한테 고백해 버려서 둘이 사귀게 될까 봐 걱정이다. 하지만 지금 내 마음을 이야기하면 두 사람 모두를 잃을지도 모른다. 제임스의 조언대로 메시지를 잘못 보냈을 때 바로 피터에게 사귀자고 할 걸 그랬다. 나는 이제 어떡하면 좋을까?

1 **What are Lisa's concerns?**
리사의 고민은 무엇입니까?

자기가 좋아하는 사람을 ______________________________.

2 What advice did James give Lisa earlier?

제임스는 전에 리사에게 뭐라고 조언했을까요?

"걱정만 하지 말고 피터한테 ____________ 어/아/여 봐.
____________ 을지도/ㄹ지도 모르잖아."

3 Mark "O" if it applies to the reading, and "X" if it does not.

읽은 내용과 같으면 O, 다르면 X 표시하십시오.

1) 피터는 지금 리사의 마음을 알고 있다. (　　)
2) 리사는 피터를 좋아하는 마음을 엠마에게 고백했다. (　　)
3) 리사는 어제 아침에 신촌역 앞 커피숍에서 피터를 봤다. (　　)

4 If you were Lisa's friend, what advice would you give her now?

여러분이 리사 씨의 친구라면 지금 어떤 조언을 해 주겠습니까?

들어 봅시다

1~3 Listen to the following and answer the questions.
다음을 듣고 질문에 답하십시오.

1 What are the two biggest concerns that teenagers have?
청소년들의 가장 큰 고민 두 가지는 무엇입니까?

(   ), (   )

2 Who do teenagers mostly consult with when they have these concerns?
청소년들은 고민이 있을 때 주로 누구와 이야기합니까?

(   ), (   )

3 Mark "O" if it applies to what you heard, and "X" if it does not.
들은 내용과 같으면 O, 다르면 X 표시하십시오.

1) 청소년 1000명에게 고민이 무엇이냐고 물었다. (   )
2) 부모님과 생각이 달라서 고민하는 청소년들이 있다. (   )
3) 청소년 열 명 중 세 명은 고민을 아버지와 의논한다. (   )

4 What concerns did you have when you were a teenager?
여러분이 청소년이었을 때 어떤 고민을 했습니까?

꼽다 to choose/point out　절반 half　잇다 to follow

1 Read the following and put check marks.

다음을 읽고 ✓ 표시하십시오.

1. 시험 때만 되면 심하게 불안해진다.
전혀 그렇지 않다 ( ) 그렇지 않다 ( ) 보통이다 ( ) 그렇다 ( ) 매우 그렇다 ( )

2. 시험공부를 아무리 많이 해도 걱정이 된다.
전혀 그렇지 않다 ( ) 그렇지 않다 ( ) 보통이다 ( ) 그렇다 ( ) 매우 그렇다 ( )

3. 시험공부 계획을 잘 지킨다.
전혀 그렇지 않다 ( ) 그렇지 않다 ( ) 보통이다 ( ) 그렇다 ( ) 매우 그렇다 ( )

4. 한번 시작한 공부는 끝까지 한다.
전혀 그렇지 않다 ( ) 그렇지 않다 ( ) 보통이다 ( ) 그렇다 ( ) 매우 그렇다 ( )

5. 내가 어떤 공부를 잘할 수 있을지 모르겠다.
전혀 그렇지 않다 ( ) 그렇지 않다 ( ) 보통이다 ( ) 그렇다 ( ) 매우 그렇다 ( )

6. 내가 어떤 분야의 공부를 하고 싶은지 잘 모르겠다.
전혀 그렇지 않다 ( ) 그렇지 않다 ( ) 보통이다 ( ) 그렇다 ( ) 매우 그렇다 ( )

7. 공부가 아닌 다른 분야에 관심이 더 많다.
전혀 그렇지 않다 ( ) 그렇지 않다 ( ) 보통이다 ( ) 그렇다 ( ) 매우 그렇다 ( )

8. 학교에 가는 것이 즐겁고 편하다.
전혀 그렇지 않다 ( ) 그렇지 않다 ( ) 보통이다 ( ) 그렇다 ( ) 매우 그렇다 ( )

9. 친구들에게 인기가 없어서 적극적으로 앞에 서는 일을 하기가 어렵다.
전혀 그렇지 않다 ( ) 그렇지 않다 ( ) 보통이다 ( ) 그렇다 ( ) 매우 그렇다 ( )

10. 함께 공부하며 도움을 주고받을 친구가 많은 편이다.
전혀 그렇지 않다 ( ) 그렇지 않다 ( ) 보통이다 ( ) 그렇다 ( ) 매우 그렇다 ( )

2 How did your friends answer the question above? Research and discuss the challenges your friends face at school.

친구들은 위의 질문에 어떻게 대답했습니까? 친구들이 학교생활 중 어떤 문제로 힘들어하는지 조사해서 이야기하십시오.

10과 친구 관계

02 밤새 통화하느라고 아무것도 못 했어

Learning Objective

To know how to ask for favors and also how to reject them

Grammar

-느라고, -게 하다

Vocabulary

Requests and Rejections

MP3_20

- 제임스는 엠마에게 무슨 부탁을 하는 것 같습니까?
- 여러분은 친구들에게 부탁을 자주 하는 편입니까?

엠　마: 뭐 좀 사 먹으러 편의점에 갈 건데 같이 갈래?

제임스: 같이 가고는 싶지만 전공 수업 보고서를 한 시간 안에 제출해야 해서….

엠　마: 어제 거의 다 한 줄 알았는데 여태 못 냈어?

제임스: 응, 어젯밤에 고향 친구한테 급한 일로 연락이 와서 밤새 통화하느라고 아무것도 못 했어.

엠　마: 아, 그래서 오늘 좀 피곤해 보이는구나. 보고서를 대충 써서 낼 수도 없으니 힘들겠다.

제임스: 너 혼자 가게 해서 미안해. 번거롭지 않으면 샌드위치 아무거나 하나만 사다 줄 수 있어?

거의 almost　여태 still　밤새 all night　대충 sloppy　대충하다 to do something sloppily
번거롭다 to be inconvenient/cumbersome　아무거나 any

부탁과 거절 관련 어휘

부탁하다	부탁을 받다 / 부탁을 들어주다
거절을 당하다	부탁을 거절하다

어휘 연습

Fill in the blanks as shown in the example.

보기 와 같이 빈칸을 채우십시오.

> 보기
> 내가 여행하는 동안 우리 강아지를 좀 돌봐 달라고 친구에게 (부탁했다)~~었다/~~ ~~았다/였다~~.

1) 친한 친구의 ( ) 는 것은 쉽지 않다.

2) 나는 어제 친구한테서 들어주기 어려운 ( )었다/았다/였다.

3) 하숙집 아주머니께서는 언제나 기분 좋게 나의 ( )으신다/신다.

4) 캐서린에게 주말에 같이 영화 보러 가자고 했다가 ( )었다/았다/였다.

들어주다 to grant/do somebody a favor　거절 to reject　당하다 to undergo/suffer

-느라고

P71

1 Fill in the chart and complete the sentence as shown in the example.

표를 채우고 보기 와 같이 문장을 완성하십시오.

하지 못한 일	이유
보기 아침을 못 먹었다.	급하게 나왔다.
1) 숙제를 못 했다.	친구와 이야기했다.
2) 밤에 잠을 못 잤다.	드라마를 봤다.
3) 부모님께 온 전화를 못 받았다.	
4) 친구와 만나기로 한 약속을 못 지켰다.	

보기 급하게 나오느라고 아침을 못 먹었다.

1) ______ 느라고 ______

2) ______ 느라고 ______

3) ______

4) ______

02 -게 하다

P72

2 **Fill in the chart and complete the sentence as shown in the example.**

표를 채우고 보기 와 같이 문장을 완성하십시오.

보기 어렸을 때 어머니께서 먹지 말라고 하신 음식	단 음식
1) 어렸을 때 어머니께서 가지 말라고 하신 곳	피시방
2) 어머니께서 꼭 하라고 하신 일	운동
3) 초등학교 때 선생님께서 하라고 하신 일	
4) 중학교 다닐 때 학교에서 학생들에게 하지 못하게 한 일	

보기
어렸을 때 어머니께서 단 음식을 먹지 못하게 하셨다.

1) ____________________

2) ____________________

3) ____________________

4) ____________________

1~3 **Read the following and answer the questions.**

다음을 읽고 질문에 답하십시오.

돈이라면 남기시겠습니까?

음식도 결국 돈입니다.
먹는 거 반, 남기는 거 반,
그렇게 남아서 버리는 음식물 쓰레기가 한 해에 5조 원
음식물 쓰레기를 줄이는 일
나 한 사람의 실천에서 시작됩니다.

나무를 죽이는 컵? 나무를 살리는 컵!

오늘 아침 커피 한 잔, 어느 컵에 드셨어요?
이제 책상 위에 머그 컵 하나 가져다 놓으세요.
일회용 종이컵으로 수많은 나무들이 잘리니까요.
머그 컵을 쓰는 당신이 자연을 사랑하는 사람입니다.

밥 한 번, 스마트폰 한 번

가족과의 식사 시간, 친구와의 대화 시간
사랑하는 사람을 앞에 두고
스마트폰에 시선을 빼앗긴 사람들
당신도 스마트폰을 보고 있지는 않나요?
스마트폰 사용량 전 세계 1위 대한민국
스마트폰 사용만큼은 구두쇠가 되어도 좋습니다.

결국 finally/after all　음식물 쓰레기 food waste　조 trillion　실천 action　일회용 disposable
잘리다 to be cut　시선 attention　빼앗기다 to lose　구두쇠 cheapskate

1 **What is the first advertisement trying to say?**
첫 번째 광고는 무엇을 말하려고 합니까?

________________읍시다/ㅂ시다.

2 **Find out what "the cup that kills trees" and "the cup that saves trees" mentioned in the second advertisement are.**
두 번째 광고에서 '나무를 죽이는 컵'과 '나무를 살리는 컵'이 무엇인지 찾아서 쓰십시오.

1) 나무를 죽이는 컵: ________________

2) 나무를 살리는 컵: ________________

3 **Mark "O" if it applies to the third advertisement, and "X" if it does not.**
세 번째 광고의 내용과 같으면 O, 다르면 X 표시하십시오.

1) 돈을 아끼기 위해서 스마트폰을 적게 써야 한다. (   )
2) 사람들이 가족이나 친구와 식사할 때 스마트폰을 본다. (   )
3) 한국은 전 세계에서 스마트폰을 제일 많이 사용하는 나라이다. (   )

4 **Introduce an interesting public service advertisement from your hometown.**
여러분 고향의 재미있는 공익 광고를 소개하십시오.

1~3 **Listen to the following and answer the questions.**
다음을 듣고 질문에 답하십시오.

1 **What did the man ask for?**
남자는 무슨 부탁을 했습니까?

______________________ 어/아/여 달라고 부탁했다.

2 **Why did the woman refuse the request?**
여자는 왜 부탁을 거절했습니까?

____

3 **Where is this place?**
여기는 어디입니까?

____

4 **Mark "O" if it applies to what you heard, and "X" if it does not.**
들은 내용과 같으면 O, 다르면 X 표시하십시오.

1) 여자는 혼자 여행하는 중이다. (　　)
2) 남자는 여자의 부탁을 들어주었다. (　　)
3) 남자는 여자의 뒷자리에 앉게 되었다. (　　)

5 **Have you ever been asked a favor by a stranger?**
여러분은 모르는 사람에게 부탁을 받은 적이 있습니까?

신경 쓰다 to care about/be concerned about something　떨어지다 to be apart

1 What would you do in the following situation? Talk about it as shown in the example.

다음과 같은 상황에서 어떻게 하겠습니까? 보기 와 같이 대화하십시오.

1) 여행을 가서 집을 비우는 동안 강아지를 돌봐 달라고 부탁한다.
2) 아르바이트를 일주일 동안 대신해 달라고 부탁한다.
3) 수업 내용을 열심히 정리한 공책을 빌려 달라고 부탁한다.

보기

가: 저... 부탁드릴 게 있는데요.
나: 무슨 부탁인데요?
가: 다음 주말에 제주도에 여행을 가는데 강아지 좀 돌봐 주실 수 있어요?

부탁 들어주기

나: 며칠 동안 여행을 가요?
가: 2박 3일이요.
나: 네, 돌봐 드릴게요. 저희 가족이 모두 강아지를 좋아해서 괜찮아요.
가: 어려운 부탁을 들어줘서 정말 고마워요. 선물로 제주도 기념품을 사 올게요.

부탁 거절하기

나: 아⋯. 좀 어렵겠는데요. 기숙사에서 강아지를 못 키우게 하거든요.
가: 그렇군요. 신경 쓰게 해서 미안해요.
나: 한나 씨가 원룸에 사니까 한번 부탁해 보세요.
가: 그렇게 할게요. 알려 줘서 고마워요.

2 Have you ever been asked a favor/request that was difficult to fulfill?

여러분은 들어주기 어려운 부탁을 받은 경험이 있습니까?

문화

부탁 예절

선생님께 추천서를 부탁드릴 때 여러분이 알아야 하는 예절을 소개하겠습니다. 먼저 선생님께 정중히 인사를 드리고 자기를 소개합니다. 그 후에 여러분이 부탁할 내용을 말씀드리면 됩니다. "바쁘시겠지만 추천서 좀 부탁을 드려도 될까요?", "번거로우시겠지만 추천서 좀 써 주실 수 있으세요?" 등의 표현을 사용하는 것이 좋습니다. 이때 여러분이 지원하는 학교의 이름과 전공을 자세히 알려 드려야 합니다. 그리고 선생님과 만날 시간과 장소를 정한 후에 선생님을 직접 찾아뵙고 "감사합니다. 열심히 해서 좋은 결과를 가지고 다시 연락을 드리겠습니다."라고 말하면서 끝까지 예의를 갖추어 감사의 인사를 드려야 합니다.

1. 한국에서 윗사람에게 부탁드릴 때 어떻게 말합니까?

2. 여러분도 윗사람에게 부탁을 드린 적이 있습니까? 어떻게 부탁을 드렸습니까?

memo 메모

Workbook 202

YONSEI KOREAN for college students

1과 01 인사동으로 사진을 찍으러 가려고 해요

어휘

■ **Choose the correct vocabulary and write it inside the (   ) parentheses.**
알맞은 어휘를 골라 (   ) 안에 쓰십시오.

설날 연휴 볼거리 세우다 신나다

보기 이번 방학에는 정말 (신나)게 놀 거야.

1) 새해가 되면 항상 새해 계획을 (   )지만 지키기가 어렵다.
2) 명동에는 (   )과/와 먹을거리가 많으니까 꼭 한번 가 보세요.
3) 이번 목요일부터 일요일까지 추석 (   )이어서/여서 학교에 가지 않는다.
4) 외국 친구가 한국에서 제일 큰 명절이 언제냐고 물어봐서 (   )이라고/라고 대답했다.

-으려고/려고 하다

1 Rewrite the sentence as shown in the example.
보기 와 같이 문장을 바꿔 쓰십시오.

보기 주말에 여행을 갑니다. → 주말에 여행을 가려고 합니다.

1) 백화점에서 옷을 삽니다. → ______________________
2) 도서관에서 책을 읽습니다. → ______________________
3) 조용한 음악을 듣습니다. → ______________________
4) 다음 달부터 서울에서 삽니다. → ______________________

2 Create a dialogue as shown in the example.
보기 와 같이 대화를 만드십시오.

	존슨	선희
어디에 가요?	부산	제주도
언제 가요?	다음 주말	이번 주말
누구하고 가요?	혼자	반 친구
무엇을 먹어요?	회	제주도 흑돼지

존슨: 선희 씨, 이번 방학에 뭘 하려고 해요?

선희: 보기 여행을 가려고~~으려고/려고~~ 해요.

존슨: 저도 여행을 가려고 해요. 선희 씨는 어디에 가려고 해요?

선희: 저는 1) ________________ 으려고/려고 해요. 존슨 씨는 어디로 갈 거예요?

존슨: 저는 2) ________________ 으려고/려고 해요. 선희 씨는 언제 여행을 가려고 해요?

선희: 저는 3) ________________________________ . 존슨 씨는요?

존슨: 저는 다음 주말에 가려고 해요.

선희: 존슨 씨는 누구하고 여행을 가려고 해요?

존슨: 저는 혼자 하는 여행을 좋아해서 혼자 가려고 해요. 선희 씨는요?

선희: 저는 반 친구하고 같이 가려고 해요. 제주도 흑돼지가 유명하다고 해서 먹으려고 해요.

존슨: 저는 해산물을 좋아해서 4) ________________________ .

-기는요

3 Choose the correct option from the following and complete the dialogue as shown in the example.

다음 중에서 알맞은 것을 골라 보기 와 같이 대화를 완성하십시오.

덥다　　맛있다　　잘 쉬다　　잘 그리다　　예쁘게 쓰다

보기

가: 오늘 날씨가 좀 덥지요?

나: 덥기는요.

1) 가: 주말에 잘 쉬셨어요?

나: ________________________________ 기는요.

2) 가: 와, 그림을 정말 잘 그리시네요.

나: ________________________________ 기는요.

3) 가: 이 식당 음식이 맛있지요?

나: ________________________________

4) 가: 글씨를 참 예쁘게 쓰시네요.

나: ________________________________

4 Complete the dialogue as shown in the example.

보기 와 같이 대화를 완성하십시오.

보기

가: 요즘 많이 바쁘시지요?

나: 바쁘기는요. 만날 친구도 없고 심심해요.

1) 가: 이 책이 어려워요?

나: ______________ 기는요. 어린아이도 읽을 수 있는데요.

2) 가: 영어를 잘하시네요.

나: ______________ 기는요. 아직 멀었어요.

3) 가: 지난 주말에 소개팅으로 만난 사람은 어땠어요? 괜찮았어요?

나: ______________

4) 가: 테니스를 정말 잘 치시네요.

나: ______________

1과 02 음식을 나누어 드리는 일이 힘들지는 않았나요?

어휘

■ **Choose the correct vocabulary and write it inside the ( ) parentheses.**
알맞은 어휘를 골라 ( ) 안에 쓰십시오.

급식 내내 일손 의미 부족하다

보기 이번 방학에는 세운 계획을 모두 지키면서 (의미)있는 시간을 보냈다.

1) 지난달 ( ) 쉬지 않고 아르바이트를 해야 해서 아주 힘들었어요.
2) 내일부터 시험인데 공부할 시간이 ( )어서/아서/여서 큰일 났어.
3) 봉사 센터에 ( )이/가 부족해서 늘 지원자를 모집하고 있습니다.
4) 우리 학교는 학생들에게 ( )을/를 줘서 점심을 안 싸 가도 된다.

-었다가/았다가/였다가

1 **As shown in the example, create a sentence by connecting the appropriate options.**
보기 와 같이 알맞은 것을 연결하여 문장을 만드십시오.

보기 도서관에 갔습니다 • ———	• 왔습니다.
1) 예약을 했습니다. •	• 바꿨습니다.
2) 가방을 샀습니다. •	• 취소했습니다.
3) 메시지를 썼습니다. •	• 찾았습니다.
4) 모자를 잃어버렸습니다. •	• 지웠습니다.

보기 도서관에 갔다가~~었다가/았다가/였다가~~ 왔습니다.

1) ________ 었다가/았다가/였다가 ________
2) ________ 었다가/았다가/였다가 ________
3) ________
4) ________

2 Look at the picture and complete the dialogue as shown in the example.

그림을 보고 보기 와 같이 대화를 완성하십시오.

보기

가: 왜 엘리베이터에서 내렸어요?

나: 엘리베이터에 탔다가 사람이 너무 많아서 내렸어요.

1) 

가: 왜 에어컨을 껐어요?

나: ______________________

2) 

가: 왜 새로 산 노트북 컴퓨터를 바꿨어요?

나: ______________________

3) 

가: 왜 옷을 벗었어요?

나: ______________________

4) 

가: 왜 창문을 닫았어요?

나: ______________________

-나요/은가요/ㄴ가요?

3 Rewrite the sentence as shown in the example.

보기 와 같이 문장을 바꿔 쓰십시오.

보기 한국 사람입니까? → 한국 사람인가요?

1) 학교에 어떻게 옵니까? → ______

2) 질문이 있습니까? → ______

3) 한국 친구가 많아요? → ______

4) 오늘 날씨가 춥습니까? → ______

5) 한국말 공부하기가 어떻습니까? → ______

6) 어제 몇 시에 주무셨어요? → ______

7) 이분이 고향 친구입니까? → ______

4 Complete the dialogue as shown in the example.

보기 와 같이 대화를 완성하십시오.

> 연세여행사에서 아르바이트생을 구합니다.
> * 영어 가능자 (홈페이지 관리) * 근무 시간 : 1:00pm–5:00pm
> 연세여행사 www.ystour.com / 전화 문의 가능 02–2123–3455

가: 네, 연세여행사입니다.

나: 아르바이트 광고를 보고 전화드렸습니다. 보기 무슨 일을 해야 하는 건가요?~~나요/은가요/ㄴ가요~~?

가: 영어 홈페이지를 관리하는 일을 하시면 됩니다.

나: 1) ______ 나요/은가요/ㄴ가요?

가: 아니요, 영어를 아주 잘하지 않아도 됩니다.

나: 2) ______ 나요/은가요/ㄴ가요?

가: 근무 시간은 오후 1시부터 오후 5시까지입니다.

나: 3) ______

가: 한 달에 120만 원입니다.

나: 4) ______.

가: 회사는 신촌에 있습니다. 관심이 있으시면 홈페이지에 있는 메일로 이력서를 보내 주세요.

2과 01 백화점은 물건이 좋기는 하지만 비싸잖아

어휘

■ **Choose the correct vocabulary and write it inside the (   ) parentheses.**
알맞은 어휘를 골라 (   ) 안에 쓰십시오.

정가 화면 실제로 당황하다 따라가다

보기 (화면)에서만 보던 배우를 직접 보니까 꿈만 같았다.

1) 이 음식은 매워 보이지만 (   ) 먹어 보면 맵지 않아요.
2) 동생에게 모르는 사람을 (   )으면/면 절대로 안 된다고 말했다.
3) 집 앞 마트에서 치킨을 (   )의 50%에 파는 반값 행사가 진행 중이다.
4) 아까 발표할 자료 파일이 열리지 않아서 정말 (   )었어요/았어요/였어요.

-기는 하다

1 As shown in the example, create a sentence by connecting the appropriate options.
보기 와 같이 알맞은 것을 연결하여 문장을 완성하십시오.

보기 그 영화가 재미있습니다. • ——	• 너무 깁니다.
1) 그 사람을 압니다. •	• 좀 비쌉니다.
2) 피아노를 배웠습니다. •	• 별로 친하지는 않아요.
3) 그 식당 음식이 맛있습니다. •	• 잘 치지는 못합니다.
4) 여행을 가서 돈을 많이 썼어요. •	• 정말 재미있었어요.

보기 그 영화가 재미있기는 하지만 너무 깁니다.

1) ____________ 기는 하는데 ____________
2) ____________ 기는 했지만 ____________
3) ____________
4) ____________

2 Look at the picture and complete the dialogue as shown in the example.

그림을 보고 보기 와 같이 대화를 완성하십시오.

보기

가: 한국 음식이 맵지요?

나: 네, 맵기는 하지만 맛있어요.

1)

가: 회사 일이 많지요?

나: 네, ______________________ 기는 하지만 재미있어요.

2)

가: 그 식당에 주차장이 있어요?

나: 네, ______________________ 기는 하지만 두 대 밖에 못 세워요.

3)

가: 한국어 방송을 자주 보시네요.

나: ____

4)

2,000,000원

가: 이 가방이 어때요?

나: ____

08 -을까/ㄹ까 봐

3 **As shown in the example, create a sentence by connecting the appropriate options.**
보기 와 같이 알맞은 것을 연결하여 문장을 완성하십시오.

보기 늦습니다.	●———●	택시를 타고 왔어요.
1) 길이 막힙니다.	●	● 다른 길로 왔어요.
2) 친구가 실망합니다.	●	● 양을 넉넉하게 준비했어요.
3) 시험에 떨어집니다.	●	● 말을 하지 않았어요.
4) 오늘 파티 때 음식이 부족합니다.	●	● 열심히 공부했어요.

보기 늦을까~~을까/ㄹ까~~ 봐 택시를 타고 왔어요.

1) ________________ 을까/ㄹ까 봐 ________________

2) ________________ 을까/ㄹ까 봐 ________________

3) ________________________________

4) ________________________________

4 **Create a dialogue as shown in the example.**
보기 와 같이 대화를 만드십시오.

보기
가: 우산을 가지고 왔네.
나: 아침에 날씨가 흐려서 비가 올까~~을까/ㄹ까~~ 봐 가지고 왔어.

1) 가: 스케이트장에 왔는데 왜 스케이트를 안 타세요?
나: ________________ 을까/ㄹ까 봐 걱정이 돼서 못 타겠어요.

2) 가: 뭐? 바다에서 수영을 한 적이 한 번도 없어?
나: 응, 물에 ________________ 을까/ㄹ까 봐 무서워서 바다에 안 들어갔어.

3) 가: 유나 씨, 벌써 도착했어요?
나: 네, ________________________________

4) 가: 시험 준비를 일찍 시작했네. 시험은 아직 2주일이나 남았잖아.
나: 시험이 ________________________________

2과 02 토요일까지 해 드릴 테니까 그때 오세요

어휘

■ **Choose the correct vocabulary and write it inside the (   ) parentheses.**
알맞은 어휘를 골라 (   ) 안에 쓰십시오.

공짜	단골	얼룩	그대로	비교적

보기 1+1은 하나를 사면 (공짜로)~~으로~~/로 하나를 더 준다는 의미예요.

1) 이런 오래된 (   )은/는 지우기가 힘들어요.
2) 학교 앞에 제가 자주 가는 (   ) 식당이 있는데 같이 가실래요?
3) 초등학교 동창을 오랜만에 만났는데 얼굴이 (   )이어서/여서 신기했다.
4) 요즘은 아르바이트도 안 하고 학교 수업만 들어서 (   ) 한가해요.

-을/ㄹ 테니까

1 **As shown in the example, create a sentence by connecting the appropriate options.**
보기 와 같이 알맞은 것을 연결하여 문장을 완성하십시오.

보기 제가 저녁을 사겠습니다. •	• 시간 좀 내 주세요.
1) 배가 고플 거예요. •	• 잠깐만 기다려 주시겠어요?
2) 그 길은 복잡할 거예요. •	• 먼저 드세요.
3) 곧 가겠습니다. •	• 다른 길로 갑시다.
4) 제가 청소를 하겠습니다. •	• 제임스 씨는 설거지를 해 주세요.

보기 제가 저녁을 살 ~~을~~/~~ㄹ~~ 테니까 시간 좀 내 주세요.

1) ________________ 을/ㄹ 테니까 ________________
2) ________________ 을/ㄹ 테니까 ________________
3) ________________________________
4) ________________________________

2 Complete the dialogue as shown in the example.

보기 와 같이 대화를 완성하십시오.

> 보기
> 가: 시간이 없는데 일을 다 끝내지 못할까 봐 걱정이에요.
> 나: 제가 도와드릴을/ㄹ 테니까 걱정하지 마세요.

1) 가: 일곱 시부터 음악회가 시작되는데 택시를 타면 제시간에 도착할 수 있을까요?

   나: 지금은 퇴근 시간이라서 ________ 을/ㄹ 테니까 지하철을 탑시다.

2) 가: 민지야, 시험 끝나고 놀이공원에 갈래?

   나: 좋아. 주말에는 놀이공원에 ________ 을/ㄹ 테니까 평일에 가자.

3) 가: 같이 영화를 보러 갈래?

   나: 그래. 내가 ________________

4) 서준: 내일이 제임스 씨 생일이라고 해요. 제가 ________________

   윤아: 좋아요. 제가 꽃다발을 사 가지고 갈게요.

-었으면/았으면/였으면 하다

3 Create a sentence as shown in the example.

보기 와 같이 문장을 만드십시오.

> 보기
> 처음 준비하는 행사여서 부족한 것이 많습니다.
> 선배님이 좀 도와주셨으면 합니다. (선배님이 좀 도와주다)

1) 집을 구하고 있어요.

   ________________ (월세가 싸다)

2) 이 책은 한국어를 처음 배우는 학생이 보면 좋습니다.

   ________________ (학생들에게 도움이 되다)

3) 선생님, 말씀드릴 것이 있는데요.

_______________ (제 발표 날짜를 리사 씨와 바꾸다)

4) 제가 다음 달에 결혼을 합니다.

_______________ (제 결혼식에 와 주시다)

4 Complete the dialogue as shown in the example.

보기 와 같이 대화를 완성하십시오.

보기

가: 돈이 많으면 뭘 사고 싶어요?

나: 멋진 자동차를 샀으면 ~~었으면/았으면/였으면~~ 해요.

1) 가: 방학 때 뭘 하고 싶어요?

나: _______________ 었으면/았으면/였으면 해요.

2) 가: 졸업 후에 뭘 하려고 해요?

나: _______________ 었으면/았으면/였으면 해요.

3) 가: 한국에 사는 동안 제일 하고 싶은 일이 뭐예요?

나: _______________

4) 가: 인생의 목표가 있으면 말씀해 주세요.

나: _______________

3과 01 필요한 자료가 다 있을지 모르겠어요

어휘

■ **Choose the correct vocabulary and write it inside the (　) parentheses.**
알맞은 어휘를 골라 (　) 안에 쓰십시오.

논문　제목　자료실　검색하다　제출하다

보기 우리 학교는 졸업하려면 졸업 (논문을)~~을~~/를 써야 한다.

1) 이 보고서는 언제까지 (　　　)으면/면 돼요?

2) 아까 재미있다고 말한 동영상 있잖아. (　　　)이/가 뭐야?

3) 국립중앙도서관 (　　　)에는 한국에서 출판된 거의 모든 책이 있다.

4) 학교 도서관 홈페이지에서 네가 찾고 싶은 주제로 (　　　)어/아/여 봐.

하다 / 되다

1 Complete the sentence as shown in the example.
보기 와 같이 문장을 완성하십시오.

보기 미용실에 예약을 했어요.	미용실에 예약이 됐어요.
집 정리를 잘 했어요.	1)
여행 준비를 다 했어요.	2)
3)	화장이 자연스럽게 됐어요.
보고서는 오늘 안으로 완성을 할 거예요.	4)

2 Complete the dialogue as shown in the example.

보기 와 같이 대화를 완성하십시오.

> 보기
> 가: 부모님하고 대화를 잘했어요?
> 나: 네, 대화가 잘됐어요.

1) 가: 상처를 잘 치료했어요?
   나: 네, 상처가 ______________________________
2) 가: 회의가 시작됐나요?
   나: 네, 방금 회의를 ______________________________
3) 가: 오늘 저녁 모임에 누가 오는지 확인이 됐어요?
   나: 네, 제가 미리 전화로 한 명 한 명 ______________________________
4) 가: 제임스 씨, 걱정이 있는 얼굴이네요. 뭘 걱정하고 있어요?
   나: 장학금을 못 받을까 봐 ______________________________

-을지/ㄹ지 모르겠다

3 Choose the correct option from the following and complete the sentence as shown in the example.

다음 중에서 알맞은 것을 골라 보기 와 같이 문장을 완성하십시오.

> 마음에 들다　　날씨가 좋다　　이해할 수 있다
> 모임에 오다　　입맛에 맞다

> 보기
> 앤드류에게 주려고 가방을 하나 샀는데 앤드류 마음에 들지~~을지/ㄹ지~~ 모르겠어요.

1) 리키는 요즘 바빠서 ______________________ 을지/ㄹ지 모르겠어요.
2) 제가 만든 김밥인데 한번 드셔 보세요. ______________________ 을지/ㄹ지 모르겠네요.
3) 이 책은 단어가 어려워서 외국 학생이 ______________________ 을지/ㄹ지 모르겠어요.
4) 내일 바닷가로 여행을 가는데 ______________________ 을지/ㄹ지 모르겠어요.

4 Complete the dialogue as shown in the example.

보기 와 같이 대화를 완성하십시오.

보기

가: 민수 씨가 우리를 알아볼까요?

나: 글쎄요, 오래간만에 만나서 ~~어서/아서/여서~~ 알아볼지 ~~을지/ㄹ지~~ 모르겠어요.

1) 가: 전에 말한 그 뮤지컬 표를 지금 살 수 있을까요?

나: ______________ 어서/아서/여서 ______________ 을지/ㄹ지 모르겠어요.

2) 가: 제시간에 도착할 수 있을까요?

나: ______________ 어서/아서/여서 ______________ 을지/ㄹ지 모르겠어요.

3) 가: 오늘 이 일을 다 끝낼 수 있을까요?

나: ______________________________

4) 가: 내일 등산을 갈 거예요?

나: ______________________________

3과 02 생각보다 비싸지 않군요

어휘

■ **Choose the correct vocabulary and write it inside the ( ) parentheses.**
알맞은 어휘를 골라 ( ) 안에 쓰십시오.

대부분 예를 들다 들다 재다 올려놓다

보기 날마다 몸무게를 (재려고)~~으려고/려고~~ 체중계에 올라가요.

1) 여행을 떠나기 전에 꼭 여행자 보험에 ( )으세요/세요.
2) 취업을 준비하는 학생의 ( )은/는 인턴십 프로그램에 참여한다.
3) 아이가 만지면 안 되니까 위험한 물건은 높은 곳에 ( )으세요/세요.
4) 소화가 안되면 맵지 않고 부드러운 음식을 드세요. ( )으면/면 죽 같은 음식이요.

-거나

1 Rewrite the sentence as shown in the example.
보기 와 같이 문장을 바꿔 쓰십시오.

보기 주말에는 집에서 쉴 때도 있고 운동을 할 때도 있습니다.
→ 주말에는 집에서 쉬거나 운동을 합니다.

1) 오후에는 도서관에서 공부할 때도 있고 친구들과 같이 이야기할 때도 있습니다.
→ ______ 거나 ______

2) 심심하면 만화책을 읽을 때도 있고 컴퓨터 게임을 할 때도 있습니다.
→ ______ 거나 ______

3) 시간이 있으면 미술관에 갈 때도 있고 등산을 할 때도 있습니다.
→ ______

4) 고향에서 친구가 오면 같이 쇼핑을 할 때도 있고 서울 시내를 구경할 때도 있습니다.
→ ______

2 Complete the dialogue as shown in the example.

보기 와 같이 대화를 완성하십시오.

> 보기
> 가: 언어 교환을 하려면 어떻게 해야 해요?
> 나: 친구들한테 부탁하거나 학교 홈페이지에서 신청하세요.

1) 가: 방학 때 보통 뭘 해요?

   나: ____________________ 거나 ____________________

2) 가: 공부하다가 모르는 것이 생기면 어떻게 해요?

   나: ____________________ 거나 ____________________

3) 가: 학교에서 집까지 어떻게 가요?

   나: ____

4) 가: 스트레스가 쌓이면 어떻게 합니까?

   나: ____

-는군요/군요

3 Choose the correct answer as shown in the example.

보기 와 같이 알맞은 것을 고르십시오.

> 보기
> 이 책이 (재미있군요, 재미있는군요).

1) 오늘은 교통이 (복잡하군요, 복잡하는군요).

2) 한국 음식을 (좋아하시군요, 좋아하시는군요).

3) 집에서 회사까지 (멀지 않군요, 멀지 않는군요).

4) 친구에게 날마다 전화를 (걸군요, 거는군요).

4 Read the following and complete the dialogue as shown in the example.
다음을 읽고 보기 와 같이 대화를 완성하십시오.

> 오늘은 날씨가 아주 맑았습니다. 리사와 에릭은 호수 공원에 갔습니다.
> 공원은 아주 컸습니다. 평일이었지만 사람이 많았습니다. 두 사람은 자전거를 빌려서 탔습니다. 리사는 자전거 타는 것이 어려웠습니다. 에릭은 자전거를 아주 잘 탔습니다. 자전거를 타면서 즐거운 시간을 보내고 저녁 일곱 시가 넘어서 집에 돌아왔습니다.

리사: 오늘 날씨가 보기 아주 맑군요.

에릭: 네, 날씨가 좋네요. 그런데 이 공원은 **1)** ______________________

리사: 그렇지요? 평일인데도 사람이 **2)** ______________________

에릭: 리사 씨, 우리 자전거를 탈까요?

(두 사람은 자전거를 탑니다.)

리사: 저는 자전거 타는 게 어려운데 에릭 씨는 자전거를 정말 **3)** ______________________

에릭: 처음에는 어렵지만 익숙해지면 누구나 잘 탈 수 있어요.

리사: 어머, 벌써 일곱 시가 **4)** ______________________

에릭: 벌써요? 그렇군요. 이제 집에 돌아갈까요?

4과 01 아파 죽겠다고 해서 왔어요

어휘

■ **Choose the correct vocabulary and write it inside the (   ) parentheses.**
알맞은 어휘를 골라 (   ) 안에 쓰십시오.

열 　 독감 　 낫다 　 짓다 　 유행하다

보기 오늘 이 티셔츠를 입은 사람을 5명이나 봤는데 요즘 (유행하)는 옷이에요?

1) (   )이/가 나서 체온이 섭씨 39도까지 올랐다.
2) 동생이 요즘 많이 아픈데 빨리 (   )었으면/았으면/였으면 좋겠어요.
3) 제 이름은 할아버지께서 (   )어/아/여 주셨는데 아주 마음에 들어요.
4) (   )에 걸려서 며칠 동안 기침을 심하게 하고 목소리도 안 나와서 고생했다.

-으려다가/려다가

1 Complete the sentence as shown in the example.
보기 와 같이 문장을 완성하십시오.

보기 일찍 퇴근하려다가~~으려다가/려다가~~ 급하게 할 일이 생겨서 야근을 했어요.
(일찍 퇴근하다)

1) ________________ 으려다가/려다가 직원이 친절해서 팁을 많이 줬어.
(팁을 적게 주다)

2) ________________ 으려다가/려다가 할아버지가 타셔서 자리를 양보했다.
(빈자리에 앉다)

3) ________________ 으려다가/려다가 1년 더 공부하기 싫어서 합격한 대학교에
(재수하다)
다니기로 했어요.

4) ________________ 으려다가/려다가 매운 음식을 못 먹는 친구가 있어서
(닭갈비를 만들다)
불고기를 만들었어요.

2 Complete the dialogue as shown in the example.

보기 와 같이 대화를 완성하십시오.

> **보기**
> 가: 어제 왜 전화 안 했어? 기다렸는데...
> 나: 전화하려다가~~으려다가/려다가~~ 시간이 너무 늦어서 안 했어.

1) 가: 오늘 모임에 피터는 왜 안 불렀어?

   나: ________________ 으려다가/려다가 ________________

2) 가: 보통 콘택트렌즈를 끼지 않아요? 왜 오늘은 안경을 꼈어요?

   나: ________________ 으려다가/려다가 ________________

3) 가: 왜 카메라를 새것으로 사지 않고 중고품으로 샀어요?

   나: ________________________________

4) 가: 피자를 왜 한 판만 시켰어? 양이 적을 것 같은데...

   나: ________________________________

■■ -어/아/여 죽겠다

3 As shown in the example, complete the sentence by connecting the appropriate expressions.

보기 와 같이 알맞은 표현을 연결하여 문장을 완성하십시오.

보기 물 한 잔만 줘. •	• 덥다
1) 에어컨 좀 켜도 돼? •	• 지겹다
2) 그 노래는 그만 듣자. •	• 시끄럽다
3) 티브이 소리 좀 줄여 줄래? •	• 목이 마르다
4) 집에 갈 때는 택시를 타자. •	• 다리가 아프다

> **보기**
> 물 한 잔만 줘. 목이 말라~~어/아/여~~ 죽겠어.

1) 에어컨 좀 켜도 돼? ______________________ 어/아/여 죽겠어.

2) 그 노래는 그만 듣자. ______________________ 어/아/여 죽겠어.

3) 티브이 소리 좀 줄여 줄래? ______________________

4) 집에 갈 때는 택시를 타자. ______________________

4 Complete the dialogue as shown in the example.

보기 와 같이 대화를 완성하십시오.

> **보기**
> 가: 한국어 말하기 시험은 끝났어요?
> 나: 아니요, 30분 후에 시험인데 긴장돼~~어/아/여~~ 죽겠어요.

1) 가: 이번 학기에 듣는 수업들은 재미있어?
   나: 아니, 하나같이 재미없고 ______________________ 어/아/여 죽겠어.

2) 가: 밥을 먼저 먹을까? 쇼핑을 먼저 할까?
   나: 밥부터 먹자. ______________________ 어/아/여 죽겠어.

3) 가: 이따가 저녁에 같이 집 청소를 하자.
   나: 오늘 말고 주말에 하면 안 될까? 오늘은 정말 ______________ 어/아/여 죽겠거든.

4) 가: 일기 예보를 보니까 내일은 오늘보다 더 추울 거라고 해.
   나: 지금도 ______________________ 어/아/여 죽겠는데 내일 더 춥다고?

4과 02 김 박사님 환자가 많은가 봐요

어휘

■ **Choose the correct vocabulary and write it inside the (　　) parentheses.**
알맞은 어휘를 골라 (　　) 안에 쓰십시오.

박사　　이유　　환절기　　편찮다　　어지럽다

보기 대학교 선배가 올해 (박사) 논문을 끝내고 대학원을 졸업한다.

1) 할머니께서 많이 (　　　　)으셔서/셔서 걱정돼요.
2) 놀이 기구를 많이 타서 (　　　　)은데/ㄴ데 벤치에 앉아서 잠깐 쉬자.
3) 가끔 룸메이트가 (　　　　) 없이 화를 낼 때가 있어서 이해하기 힘들다.
4) 요즘 겨울에서 봄으로 넘어가는 (　　　　)이어서/여서 감기를 조심해야 한다.

-기도 하다

1 As shown in the example, complete the sentence by connecting the appropriate expressions.
보기 와 같이 알맞은 표현을 연결하여 문장을 완성하십시오.

보기 학교 앞 •	• 싸다 •	• 빠르다
1) 동생 •	• 주말이다 •	• 오래되다
2) 대중교통 •	• 게임을 하다 •	• 빌려주다
3) 와이셔츠 •	• 색이 변하다 •	• 날씨가 춥다
4) 시간이 있을 때 •	• 옷을 빌려 입다 •	• 드라마를 보다

보기 오늘은 주말이기도 하고 날씨가 춥기도 해서 학교 앞이 한산하네.

1) 저는 동생한테 __________ 기도 하고 __________ 기도 해요.
2) 대중교통은 __________ 기도 하고 __________ 기도 해서 많은 사람들이 이용합니다.
3) 이 와이셔츠는 __________ 기도 했고 __________ 기도 해서 버려야겠어.
4) 저는 시간이 있을 때 __________ 기도 하고 __________ 기도 해요.

2 Complete the dialogue as shown in the example.

보기 와 같이 대화를 완성하십시오.

> **보기**
> 가: 너는 도서관에 자주 가던데 도서관에서 뭘 해?
> 나: 보통은 과제를 하는데 과제가 안 바쁠 때는 책을 읽기도 해.

1) 가: 룸메이트하고 잘 지내고 있어요?

나: 네, 대체로 잘 지내는 편인데 가끔은 ______________________ 기도 해요.

2) 가: 한국에서 외국인으로 생활하는 게 어때요?

나: ______________ 기도 하고 ______________________ 기도 해요.

3) 가: 내일이 졸업식인데 기분이 어때?

나: ____

4) 가: 어린 동생이 있어서 귀엽고 좋지?

나: 음... ____

02 -나/은가/ㄴ가 보다

3 Rewrite the sentence as shown in the example.

보기 와 같이 문장을 바꿔 쓰십시오.

> **보기**
> 오늘 공기가 안 좋아요.
> → 오늘 공기가 안 좋은가~~나/은가/ㄴ가~~ 봐요.

1) 백화점에서 세일을 해요.

→ ______________________________ 나/은가/ㄴ가 봐요.

2) 리에 씨 집이 멀어요.

→ ______________________________ 나/은가/ㄴ가 봐요.

3) 마이클한테 오늘 중요한 일이 있어요.

→ ____

4) 윤아가 감기에 걸렸어요.

→ ____

4 Complete the dialogue as shown in the example.

보기 와 같이 대화를 완성하십시오.

> **보기**
> 가: 평일인데 영화를 보러 온 사람이 정말 많군요.
> 나: 이 영화가 재미있나~~나/은가/ㄴ가~~ 봐요.

1) 가: 피터는 매일 저녁 친구들하고 약속이 있네.

   나: ______________________________ 나/은가/ㄴ가 봐.

2) 가: 저기 걸어오는 수영 씨 좀 보세요. 얼굴이 빨개요.

   나: ______________________________ 나/은가/ㄴ가 봐요.

3) 가: 학교 앞 커피숍에서 아르바이트하는 학생하고 친해졌어요.

   나: ______________________________

4) 가: 유리 씨 기분이 안 좋아 보여요.

   나: ______________________________

5과 01 작년 여름에 갔던 동해 바다가 기억에 남아

어휘

■ **Choose the correct vocabulary and write it inside the (   ) parentheses.**
알맞은 어휘를 골라 (   ) 안에 쓰십시오.

단풍 마치 유난히 잊다 생각나다

보기 산의 경치가 너무 아름다워서 (마치) 한 폭의 그림 같았어요.

1) 가을이 되면 산에 있는 나무에 빨갛고 노란 (   )이/가 든다.
2) 나를 보고 반갑게 인사하는 사람의 이름이 (   )지 않아서 당황했다.
3) 너한테 빌린 책을 깜빡 (   )고 안 가져왔는데 다음에 돌려줘도 될까?
4) 오늘 밤에는 공기가 깨끗해서 하늘에 있는 별들이 (   ) 밝게 보이네요.

-었던/았던/였던

1 Fill in the table below and complete the dialogue as shown in the example.
아래 표를 채우고 보기 와 같이 대화를 완성하십시오.

기억에 남는 경험	
보기 최고의 여행지	작년에 미국 샌프란시스코에 갔다.
1) 좋은 숙박 시설	전주에 갔을 때 한옥 호텔에서 잤다.
2) 재미있는 볼거리	베이징 여행 중에 동물원에서 판다를 봤다.
3) 맛있는 먹거리	
4) 기억에 남는 사람	

가: 최근에 여행 갔던 곳 중에서 어디가 제일 좋았어?

나: 보기 작년에 갔던~~었던/았던/였던~~ 미국 샌프란시스코에 또 가 보고 싶어.

가: 그럼 여행 가서 묵었던 곳 중에서는 어디가 좋았어?

나: 1) ____________________ 었던/았던/였던 한옥 호텔이 아름답고 지내기도 편했어.

너도 얼마 전에 중국 여행을 다녀왔잖아. 재미있는 볼거리가 있었어?

가: 응. 2) ____________ 었던/았던/였던 동물원이 제일 기억에 남아.

나: 그럼 지금까지 여행지에서 먹은 음식 중에서는 뭐가 제일 맛있었어?

가: 3) ____________ 었던/았던/였던 ________ 이/가 최고였어.

식당 직원이 친절해서 음식이 더 맛있게 느껴졌던 것 같아.

너는 여행 다니면서 만난 사람 중에 기억에 남는 사람이 있어?

나: 응. 4) ________________________________.

2 Look at the following and complete the dialogue as shown in the example.

다음을 보고 보기 와 같이 대화를 완성하십시오.

보기

가: 중학교 때 친구들하고 무슨 음식을 자주 먹었어?

나: 내가 중학교 때 제일 많이 먹었던~~었던/았던/였던~~ 음식은 떡볶이야.

1)

가: 무슨 음악을 찾고 있어?

나: 피터가 ________ 었던/았던/였던 노래 제목이 뭐야?

2)

가: 이 옷 어디에서 본 것 같은데...

나: ________________ 었던/았던/였던 옷이잖아.

3)

가: 어느 커피숍에 갈까?

나: ________________________________

4)

가: 이 사진 속의 사람들은 누구야?

나: ________________________________

02 이라면/라면

3 Choose the correct option from the following and complete the dialogue as shown in the example.
다음 중에서 알맞은 것을 골라 보기 와 같이 대화를 완성하십시오.

팬   공연   여자 친구   사랑하는 사람   잘 보이는 자리

가: 캐서린 씨는 가수 김윤호를 좋아한다고 했지요? 김윤호의 모든 노래를 외우고 있네요.

나: 보기 팬이라면~~이라면/라면~~ 좋아하는 가수가 부르는 노래 정도는 다 외워야지요.

가: 그럼 콘서트도 자주 보러 가요?

나: 김윤호 1) ________ 이라면/라면 바빠도 시간을 내서 꼭 가요.

가: 콘서트 표가 비싸지 않아요? 특히 앞자리는 값이 더 비싸잖아요.

나: 김윤호가 2) ________ 이라면/라면 아무리 비싸도 사야지요.

가: 그런데 요즘 김윤호한테 여자 친구가 생겨서 팬들이 화가 났는데 캐서린 씨는 괜찮아요?

나: 김윤호가 3) ________ 이라면/라면 축하해 줘야지요.

가: 그래도 부럽지 않아요?

나: 당연히 부럽죠. 제가 김윤호 4) ________ 이라면/라면 얼마나 행복할까요?

4 Complete the dialogue as shown in the example.
보기 와 같이 대화를 완성하십시오.

보기
가: 주말에 같이 오페라를 보러 갈래?
나: 뮤지컬이라면~~이라면/라면~~ 몰라도 오페라는 재미없어서 보고 싶지 않은데...

1) 가: 무슨 음식을 좋아해요?
나: 저는 ________ 을/를 너무 좋아해서 ________ 이라면/라면 자다가도 일어나서 먹어요.

2) 가: 나는 커피를 즐겨 마시는데 여러 나라 커피 중에서 에티오피아 커피가 제일 맛있어.
나: 맞아. ________ 이라면/라면 ________

3) 가: 오늘이 휴일이라면 뭘 하고 싶어?
나: ________

4) 가: 서울을 여행하고 싶은데 어디에 가면 역사적인 볼거리가 있어?
나: ________

5과 02 나는 겨울에 갔는데 한국보다 따뜻하더라고

어휘

■ **Choose the correct vocabulary and write it inside the (　　) parentheses.**
알맞은 어휘를 골라 (　　) 안에 쓰십시오.

매력　인생　지방　빼놓다　추천하다

보기 콘서트에서 김윤호를 처음 봤던 때가 내 (인생)에서 제일 행복했던 순간이다.

1) 요즘 내가 아무리 바빠도 어떻게 나만 (　　　　)고 파티를 할 수 있어?
2) 한국어 선생님께서 내가 쉽게 읽을 수 있는 한국어 책을 (　　　　)어/아/여 주셨다.
3) 요즘은 멋있고 잘생긴 배우보다 자신만의 (　　　　)을/를 가진 배우들이 인기가 많다.
4) 방학 때 한국 곳곳을 여행했는데 (　　　　)마다 언어와 음식이 달라서 새로운 경험을 할 수 있었다.

-어서/아서/여서 그런지

1 As shown in the example, complete the sentence by connecting the appropriate expressions.
보기 와 같이 알맞은 표현을 연결하여 문장을 완성하십시오.

보기 어제 저녁을 많이 먹었다. •	• 친구가 많다.
1) 성격이 밝다. •	• 글을 잘 쓴다.
2) 책을 많이 읽는다. •	• 즐거워 보인다.
3) 이따가 데이트가 있다. •	• 운동을 잘한다.
4) 아버지가 축구 선수였다. •	• 아직도 배가 부르다.

보기 어제 저녁을 많이 먹어서~~어서/아서/여서~~ 그런지 아직도 배가 불러요.

1) 엠마는 ________________ 어서/아서/여서 그런지 ________________
2) 윤아는 ________________ 어서/아서/여서 그런지 ________________
3) 피터는 ________________ 어서/아서/여서 그런지 ________________
4) 친구는 ________________ 어서/아서/여서 그런지 ________________

2 Complete the dialogue as shown in the example.

보기 와 같이 대화를 완성하십시오.

> 보기
> 가: 왜 자꾸 하품을 해?
> 나: 감기약을 먹어서~~어서/아서/여서~~ 그런지 졸리네.

1) 가: 어제 잠을 못 잤어? 피곤해 보여.

 나: ________________어서/아서/여서 그런지 잠이 안 오더라고.

2) 가: 요즘 피부도 좋아지신 것 같고 건강해 보여요.

 나: ________________어서/아서/여서 그런지 몸이 좋아졌어요.

3) 가: 너 감기에 걸렸어? 목소리가 이상하네.

 나: ________________________________

4) 가: 제니가 요즘 동아리 모임에 안 나오네.

 나: ________________________________

02 -더라고요

3 Choose the appropriate expression from the following and complete the dialogue as shown in the example.

다음 중에서 알맞은 표현을 골라 보기 와 같이 대화를 완성하십시오.

많다	크다	있다	닮았다	어려 보이다

가: 어제 길에서 수지 씨를 만났는데 동생하고 같이 보기 있더라고요.

나: 그래요? 수지 씨 동생은 어떻게 생겼어요?

가: 수지 씨랑 하나도 안 1) ________ 더라고요.

 수지 씨는 키가 작은데 동생은 키가 2) ________ 더라고요.

나: 그럼 성격은 수지 씨랑 비슷해 보여요?

가: 아니요, 수지 씨는 말이 없는 편인데 동생은 말이 3) ________ 더라고요.

나: 신기하네요. 수지 씨 동생이 몇 살인데요?

가: 23살이라고 하는데 나이보다 4) ________ 더라고요.

4 Complete the dialogue as shown in the example.

보기 와 같이 대화를 완성하십시오.

> **보기**
> 가: 제임스 씨 못 봤어요?
> 나: 아까 봤는데 화장실에 가더라고요.

1) 가: 윤아 씨가 중국에서 잠깐 살았다고 해요.

   나: 아, 그래서 그런지 ______________________ 더라고요.

2) 가: 새로 문을 연 백화점에 가 봤어요?

   나: 네, ______________________ 더라고요.

3) 가: 어제 본 영화가 어땠어요?

   나: ______________________

4) 가: 오랜만에 다시 제주도에 가 보니까 어땠어요?

   나: ______________________

복습 1~5과

말하기

1 【Introducing 소개하기】

Introduce a hometown holiday or national holiday.
고향의 명절이나 국경일을 소개하십시오.

- What is the significance of that day?
- What do people do on that day?
- Is there any special food eaten on that day?

- 그날은 어떤 의미가 있는 날이에요?
- 그날 사람들이 무엇을 해요?
- 그날 특별히 먹는 음식이 있어요?

2 【Introducing 소개하기】

Introduce a school facility you frequently use.
자주 이용하는 학교 시설을 소개하십시오.

- Where is it?
- What can you do there?
- What do you like about that place?

- 그곳이 어디에 있어요?
- 거기에서 무엇을 할 수 있어요?
- 그곳의 어떤 점이 좋아요?

3 【Sharing Experiences 경험 말하기】

Tell about a time when you were seriously injured or sick and went to the hospital.
크게 다쳤거나 아파서 병원에 갔던 경험을 이야기하십시오.

- When were you seriously injured or in pain?
- What were your symptoms?
- Have you ever had surgery or been hospitalized?

- 언제 크게 다치거나 아팠어요?
- 증상이 어땠어요?
- 수술을 받거나 입원을 한 경험이 있어요?

쓰기

I [1-4] Choose the correct option from the example and write the corresponding number.
<보기> 중에서 알맞은 것을 골라 번호를 쓰십시오.

보기 ① 맞다 ② 재다 ③ 추천하다 ④ 부족하다

1 좋은 보고서를 쓰려면 이 자료들로는 (　　　)어요/아요/여요.

2 제가 선물로 사 준 옷이 친구에게 잘 (　　　)어서/아서/여서 다행이에요.

3 무거운 짐은 비행기에 타기 전에 따로 부쳐야 하니까 무게를 (　　　)어/아/여 보세요.

4 저보다 3개월 먼저 한국에 온 룸메이트가 외국인들이 편하게 이용할 수 있는 병원을 (　　　)어/아/여 줬어요.

II [5-7] Choose the correct answer to fill in the blank.
(　　)에 들어갈 알맞은 것을 고르십시오.

5 가: 머리가 깨질 것 같이 아파요.

나: 이 (　　　　　)을/를 한번 드셔 보세요.

① 소화제　② 수면제　③ 영양제　④ 진통제

6 가: 오늘 날씨가 참 좋네.

나: 그럼 빨래를 해서 밖에다가 옷을 (　　　　　).

① 짜자　② 말리자　③ 다림질하자　④ 드라이클리닝하자

7 가: 저는 대학교를 졸업한 후에 은행에서 일하고 싶어요.

나: 그럼 방학 때 은행에서 하는 (　　　　　　　)에 참여해 보는 게 어때요?

① 인턴십　② 자격증　③ 어학연수　④ 자원봉사

III [8-10] Among the following two sentences, mark 'O' next to the correct one.
다음 두 문장 중에서 맞는 것에 O 표시하십시오.

8 ① 작년에 갔던 여행지에 다시 한번 가고 싶어요. (　　)

② 작년에 가던 여행지에 다시 한번 가고 싶어요. (　　)

9 ① 제가 하는 일이 여러 사람에게 도움이 되려고 해요. ( )

② 제가 하는 일이 여러 사람에게 도움이 되었으면 해요. ( )

10 ① 외국 인터넷 쇼핑몰에서 주문한 물건이 배송되려면 10일쯤 걸려요. ( )

② 외국 인터넷 쇼핑몰에서 주문한 물건이 배송하려면 10일쯤 걸려요. ( )

Ⅳ [11-14] Choose the correct answer to fill in the blank.

( )에 들어갈 가장 알맞은 것을 고르십시오.

11 고향에 소포를 보낼 때 보험에 ( ) 별일 없을 것 같아서 안 들었어요.

① 드니까 ② 들다가 ③ 들려다가 ④ 들어 가지고

12 내가 세탁기를 ( ) 너도 빨래할 옷이 있으면 줘.

① 돌리고 ② 돌려서 ③ 돌릴 테니까 ④ 돌리기 때문에

13 환절기라서 병원에 환자가 ( ) 전화로 미리 예약했어요.

① 많으면 ② 많을 때 ③ 많아도 ④ 많을까 봐

14 계절 학기 수업을 ( ) 갑자기 여행 계획이 생겨서 취소했어요.

① 신청했다가 ② 신청하려고 ③ 신청하는 데 ④ 신청해서 그런지

Ⅴ [15-18] Choose the correct answer to fill in the blank.

( )에 들어갈 가장 알맞은 것을 고르십시오.

15 가: 이 옷이 아주 좋아 보이는데 비싸게 샀겠어요.

나: 비싸게 ( ) 인터넷 쇼핑몰에서 반값 세일을 할 때 아주 싸게 샀어요.

① 사기는요. ② 사도 돼요. ③ 산 편이에요. ④ 사게 됐어요.

16 가: 캐서린이 오늘 기침을 많이 하네요.

나: 요즘 유행하는 독감에 ( )

① 걸렸나요? ② 걸려야지요. ③ 걸렸나 봐요. ④ 걸려 죽겠어요.

17 가: 이번 연휴에 뭘 할 거야?

나: 오랜만에 극장에서 영화를 보고 싶은데 표가 (   ).

① 있잖아　② 있기는 해　③ 있기도 해　④ 있을지 모르겠어

18 가: 저는 일주일에 세 번 정도 도서관에 가요.

나: 도서관에 자주 (   ).

① 가는군요　② 가거든요　③ 가더라고요　④ 갈 것 같아요

VI Using the words and grammar you've learned, write a text with the following title (10 sentences or more).

배운 단어와 문법을 사용해서 다음 제목으로 글을 쓰십시오. (10문장 이상)

19

오늘은 날씨가 좋습니다. (X)　오늘은 날씨가 좋아요. (X)
오늘은 날씨가 좋아. (X)　오늘은 날씨가 좋다. (O)

Title: A Memorable Trip
제목: 기억에 남는 여행

듣기

MP3_21

[1-2] Listen and choose the correct answer based on the response.
듣고 이어지는 대답으로 알맞은 것을 고르십시오.

1 ( )

① 고향에 가서 친척들을 만나는군요.
② 고향에 가서 친척들을 만나기는요.
③ 고향에 가서 친척들을 만나더라고요.
④ 고향에 가서 친척들을 만나려고 해요.

2 ( )

① 옷이 안 맞을까 봐 걱정이에요.
② 옷을 사러 백화점에 가려다가 인터넷으로 샀어요.
③ 인터넷으로 사거나 백화점에 직접 가서 사면 돼요.
④ 인터넷 쇼핑몰에 옷이 많을 테니까 걱정하지 마세요.

[3-4] Choose the answer that describes what it is talking about.
무엇에 대해서 이야기하고 있는지 고르십시오.

3 ( )

① 배낭여행 ② 신혼여행 ③ 국내 여행 ④ 단체 관광

4 ( )

① 배편 ② 보험 ③ 국제 특급 ④ 배송 조회

[5-6] Listen to the following and answer the questions.
다음을 듣고 질문에 답하십시오.

5 **Choose the answer that matches what you heard. ( )**
들은 내용과 같은 것을 고르십시오.

① 여기는 병원이다.
② 이 사람은 눈이 나쁘다.
③ 이 사람은 지금 약을 살 수 없다.
④ 처방전이 없어도 약을 살 수 있다.

6 **Choose the answer that is different from what you heard. ( )**
들은 내용과 다른 것을 고르십시오.

① 세탁비는 지금 내야 한다.
② 내일 운동화를 찾을 수 있다.
③ 운동화 세탁은 하루쯤 걸린다.
④ 손님은 운동화 세탁을 맡기려고 한다.

[7-8] Listen to the following and answer the questions.
다음을 듣고 질문에 답하십시오.

7 **Choose the option that is not true about this person. ( )**
이 사람에 대해서 맞지 않는 것을 고르십시오.

① 이 사람은 한국 생활에 익숙하다.
② 이 사람은 한국말을 잘하지 못한다.
③ 이 사람은 지금 자원봉사를 하고 있다.
④ 이 사람은 내일 자원봉사 센터에 갈 것이다.

8 **Choose the answer that matches what you heard. ( )**
들은 내용과 같은 것을 고르십시오.

① 이 사람은 고향에서 자원봉사를 한 적이 있다.
② 서울 시 자원봉사 프로그램은 한국말을 잘해야 한다.
③ 서울 시 자원봉사 프로그램은 인터넷으로 신청해야 한다.
④ 이 사람의 친구가 서울 시 자원봉사 센터를 소개해 주었다.

[9-10] Listen to the following and answer the questions.
다음을 듣고 질문에 답하십시오.

9 **Choose the option that these people did not talk about. ( )**
이 사람들이 이야기하지 않은 것을 고르십시오.

① 연체료
② 대출 기간
③ 연장 기간
④ 반납 장소

10 **Choose the answer that matches what you heard. ( )**
들은 내용과 같은 것을 고르십시오.

① 책은 한 달까지 빌릴 수 있다.
② 대출 기간은 한 번만 연장할 수 있다.
③ 책을 찾을 때 직원에게 부탁해야 한다.
④ 이 사람은 책을 반납하려고 도서관에 왔다.

[11-13] Listen to the following and answer the questions.
다음을 듣고 질문에 답하십시오.

11 **Where is this? ( )**
여기는 어디입니까?

① 병원
② 약국
③ 학교
④ 수지 집

12 **Choose the option that does not relate to Suji's life so far. ( )**
지금까지 수지가 한 생활로 맞지 않는 것을 고르십시오.

① 잠을 잘 자지 못했다.
② 운동을 너무 많이 했다.
③ 식사를 잘 할 수 없었다.
④ 공부 때문에 힘들어했다.

13 Choose the answer that matches what you heard. (　　)
들은 내용과 같은 것을 고르십시오.

① 선희는 수지의 의사 선생님을 만났다.
② 수지와 선희는 3일 후에 다시 만날 것이다.
③ 수지는 선희에게 주스를 사다가 달라고 했다.
④ 수지는 입원한 후에도 몸이 좋아지지 않았다.

읽기

[1-3] Read the following and answer the questions.
다음을 읽고 질문에 답하십시오.

나는 오늘 친구들과 농구를 하다가 넘어졌다. 너무 아파서 걷기도 힘들었다. 친구는 그렇게 아플 때는 한의원에 가서 침을 맞는 게 좋다고 했다. 나는 침이라는 말을 처음 들어서 친구에게 침이 뭐냐고 물어봤다. 친구는 침은 바늘같이 생긴 것인데 아픈 곳에 침을 맞으면 빨리 나을 수 있다고 했다. 그 친구도 작년에 스키장에서 스키를 타다가 넘어졌을 때 한의원에 가서 침을 맞고 나았다고 했다. 친구는 학교 근처에 있는 (㉠) 한의원에 같이 가 보지 않겠냐고 했다.

나는 친구 말을 듣고 같이 한의원에 갔다. 한의사 선생님은 어떻게 하다가 (㉡) 물어보시고 발목을 (㉢) 보셨다. 한의사 선생님은 나에게 발목을 삐었으니까 침을 맞아야 한다고 하셨다. 그리고 발목이 많이 부었으니까 찜질도 하라고 하셨다. 내가 약은 안 먹어도 되냐고 물어보니까 약은 안 먹어도 되고 침만 몇 번 더 맞으면 된다고 하셨다. 그리고 며칠 동안은 많이 걷지 말고 쉬라고 하셨다.

나는 침을 맞기 전에 긴장을 많이 했는데 (㉣) 침을 맞을 때 별로 아프지 않았다. 30분쯤 지나니까 덜 아픈 것 같았다. 아주 신기했다.

1 Choose what the person did not do today. (　　)
이 사람이 오늘 한 일이 아닌 것을 고르십시오.

① 농구를 했다.
② 침을 맞았다.
③ 약을 먹었다.
④ 한의원에 갔다.

2 Choose the words said by the friend in the text above. (　　)
윗글에서 친구가 한 말을 고르십시오.

① "침을 맞는 게 좋니?"
② "침이 뭐야?"
③ "내 친구도 침을 맞고 나았어."
④ "한의원에 같이 가 보지 않을래?"

3 Choose the correct answers to fill in ㉠ ~ ㉣ in the text above. (　　)
윗글의 ㉠ ~ ㉣에 들어갈 알맞은 것을 고르십시오.

① ㉠ 유행한
② ㉡ 다쳤는지
③ ㉢ 수술해
④ ㉣ 갑자기

Ⅱ [4-6] Read the following and answer the questions.
다음을 읽고 질문에 답하십시오.

나는 한국의 여러 곳을 구경하고 학교에서 배운 한국말을 연습하기 위해서 한국에서 2주일 동안 여행을 한 적이 있다. 자유롭게 여행을 하고 싶어서 계획을 세우지 않고 배낭 하나만 메고 혼자 여행을 떠났다.

한국에서 혼자 하는 여행이어서 긴장이 됐는데 여행지 사람들은 모두 친절했다. 사람들은 내 서투른 한국말을 잘 들어주고 길도 잘 가르쳐 줬다.

나는 가끔 돈을 (㉠) 지나가는 차를 얻어 타기도 했다. 어느 날 나는 차를 얻어 타려고 30분 정도 기다리고 있었는데 어떤 트럭 아저씨가 지나가다가 차를 세우고 타라고 하셨다. 그 아저씨는 시원한 음료수도 사 주시고 내가 가고 싶었던 곳까지 데려다 주셨다.

또 하나 기억에 남는 일은 동해에 갔을 때 어떤 학생을 만난 일이다. 그 한국 대학생은 부산 사람인데 군대에 가기 전에 혼자 여행을 하고 싶어서 왔다고 했다. 우리는 동해 바닷가에 앉아서 파도 소리도 듣고 같이 술도 마셨다. 미국과 한국의 다른 점에 대한 이야기도 하고 우리의 미래에 대한 이야기도 했다. 지금 그 학생은 무엇을 하고 있을까? 가끔 생각이 난다.

4 **Choose the answer that does not relate to this persons' thought. (　　)**
이 사람이 한 생각으로 맞지 않는 것을 고르십시오.

① '미리 계획을 잘 짜서 여행을 갈 거야.'
② '나를 태워 주는 차가 있었으면 좋겠어.'
③ '사람들이 친절해서 생각보다 여행 다니기 편하네.'
④ '동해 바다에서 만난 대학생은 지금 뭘 하는지 궁금하다.'

5 **Choose the correct option to fill in the ㉠ of the text above. (　　)**
윗글의 ㉠에 들어갈 알맞은 것을 고르십시오.

① 벌려고　　② 내려고
③ 빌리려고　　④ 아끼려고

6 **Select all the answers that match the content you read. (　　,　　)**
읽은 내용과 같은 것을 모두 고르십시오.

① 이 사람은 한국말을 연습하려고 한국 여행을 했다.
② 이 사람은 트럭 아저씨에게 고마워서 음료수를 드렸다.
③ 이 사람이 만난 학생은 군대에 가기 전에 바다로 여행을 왔다.
④ 이 사람은 동해에서 만난 한국 학생과 음악도 듣고 술도 마셨다.

III [7-10] Read the following and answer the questions.
다음을 읽고 질문에 답하십시오.

저는 한국에 온 지 두 달 됐습니다. 제가 다니는 학교는 한국에서 유명한 대학교 중 하나입니다. 우리 학교는 역사가 오래되었고 캠퍼스도 넓고 아름답습니다. 학교 안에는 학생들이 이용할 수 있는 시설이 많습니다. 학생회관에는 식당과 우체국, 은행이 있습니다. 환전을 하거나 소포를 보내야 할 때에도 학교 안에서 모든 일을 처리할 수 있어서 편합니다. 그리고 도서관에 가면 책을 읽거나 조용히 공부할 수 있습니다. 학생회관과 도서관이 가까이에 있어서 이용하기가 편리합니다.

저는 지금 이 학교의 한국어학당에서 한국어를 배우고 있습니다. 한국어학당에 있으면 세계를 여행하는 것 같습니다. 여러 나라 학생들이 한 반에서 같이 공부하기 때문에 다양한 친구들을 사귈 수 있으니까요. 한국어 수업이 끝난 후에는 함께 도서관에 가서 숙제를 하거나 책을 읽습니다. 날씨가 좋으면 학교 운동장에서 친구들과 같이 농구를 하거나 커피숍에서 이야기를 나누기도 합니다. 저는 한국에서 친구들과 함께 공부도 하고 운동도 하면서 재미있게 지내고 있습니다.

7 What is this about? (　　)
무엇에 대한 이야기입니까?

① 유학 생활　② 학교 시설
③ 어학당 친구　④ 한국어 공부

8 What did this person not do? (　　)
이 사람이 하지 않는 것은 무엇입니까?

① 도서관에서 책을 읽습니다.
② 학교에서 친구들과 운동을 합니다.
③ 학교 안에 있는 은행에서 일합니다.
④ 다양한 나라에서 온 친구들을 만납니다.

9 Choose the option that is different from the content of the text. (　　)
읽은 내용과 다른 것을 고르십시오.

① 도서관 근처에 학생회관이 있습니다.
② 이 사람이 다니는 학교는 오래 전에 지어졌습니다.
③ 한국어학당에 다니면 여러 나라를 여행하는 것 같습니다.
④ 이 사람이 다니는 학교는 한국에서 제일 유명한 대학교입니다.

Ⅳ [10-12] Read the following and answer the questions.
다음을 읽고 질문에 답하십시오.

10월 22일 토요일 흐림

다음 주 금요일까지 내야 하는 보고서가 있어서 아침에 친구와 같이 학교 도서관에 갔다. 시험 기간이 아니어서 도서관에는 학생들이 별로 많지 않았다. 우선 2층 자료실에 가서 인터넷으로 필요한 자료를 (㉠). 그런데 학교 도서관에는 원하는 자료가 조금밖에 없었다. 내가 걱정을 하니까 친구가 국립중앙도서관 사이트에 들어가 보라고 했다. 국립중앙도서관 사이트에서 자료를 찾아보니까 내가 보고 싶었던 자료가 아주 많았다. 그래서 나는 지하철을 타고 국립중앙도서관으로 갔다.

국립중앙도서관에 들어갈 때 이용증이 필요해서 나는 외국인 등록증을 보여 주고 하루 동안 사용할 수 있는 이용증을 받았다. 그리고 도서관 안으로 들어가서 먼저 컴퓨터로 자료가 있는 곳을 확인한 후 자료실로 갔다. 책을 빌리고 싶었지만 국립중앙도서관에서는 책을 (㉡) 수 없고 자료실 안에서만 볼 수 있었다.

도서관이 문을 닫는 시간까지 찾은 자료들을 열심히 봤지만 볼 게 너무 많아서 다 볼 수 없었다. 내일 다시 가서 오늘 보지 못한 자료를 다 봐야겠다.

10 Choose the words to fill in the blanks for ㉠ and ㉡ in this text. ( )
이 글의 ㉠과 ㉡에 들어갈 말을 고르십시오.

① ㉠ 검색했다 ㉡ 대출할
② ㉠ 예약했다 ㉡ 열람할
③ ㉠ 검색했다 ㉡ 연장할
④ ㉠ 예약했다 ㉡ 반납할

11 Why does this person want to go to the National Library again? ( )
이 사람은 왜 국립중앙도서관에 다시 가려고 합니까?

① 시험공부를 해야 하기 때문에
② 오늘 자료를 못 찾았기 때문에
③ 봐야 할 자료를 다 보지 못했기 때문에
④ 빌린 자료를 다시 돌려줘야 하기 때문에

12 Choose the option that matches the content of the text. ( )
읽은 내용과 같은 것을 고르십시오.

① 이 사람은 이번 주까지 보고서를 다 써야 한다.
② 오늘 받은 국립중앙도서관 이용증은 내일도 사용할 수 있다.
③ 국립중앙도서관보다 학교 도서관에 필요한 자료가 더 많았다.
④ 이 사람은 오늘 학교 도서관에 갔다가 국립중앙도서관에 갔다.

6과 01 지하철역에서 가까울수록 출근하기 편할 것 같아요

어휘

■ **Choose the correct vocabulary and write it inside the (   ) parentheses.**
알맞은 어휘를 골라 (   ) 안에 쓰십시오.

전망　직장　보증금　역세권　지나가다

보기 우리 집 1층 상가에는 맛집이 많아서 (지나가)는 길에 항상 뭘 사 먹게 된다.

1) 새로 이사 갈 집은 한강이 보이는 아파트 20층이어서 (   )이/가 아주 좋다.
2) 어머니는 집 바로 앞에 있는 학교 선생님이어서 (   )까지 걸어서 출근하신다.
3) (   )에 있는 집은 지하철역도 가깝지만 근처에 편의 시설도 모여 있어서 살기가 편하다.
4) 한국에서 지하철을 이용할 때 교통 카드가 없으면 (   )을/를 내고 일회용 교통 카드를 사야 합니다.

-을수록/ㄹ수록

1 Choose the correct option from the following and complete the sentence as shown in the example.
다음 중 알맞은 것을 골라서 보기 와 같이 문장을 완성하십시오.

가다　보다　만나다　크다　높다

보기 레오 씨는 만날수록~~을수록/ㄹ수록~~ 괜찮은 사람인 것 같아요.

1) 사과는 ____________ 을수록/ㄹ수록 맛있어요.

2) 아름다운 경치는 ____________ 을수록/ㄹ수록 기분이 좋아져요.

3) 한국에서는 층이 ____________ 을수록/ㄹ수록 아파트값이 비싸요.

4) 해가 ____________ 을수록/ㄹ수록 공기가 나빠지고 있어서 걱정이에요.

2 Connect appropriately to complete the sentence as shown in the example.

보기 와 같이 알맞게 연결하여 문장을 완성하십시오.

보기 골동품	닦다	좋다
1) 걸레	신다	비싸다
2) 신발	적다	어렵다
3) 실수	공부하다	편해지다
4) 외국어	오래되다	더러워지다

보기 골동품은~~은/는~~ 오래되면~~으면/면~~ 오래될수록~~을수록/ㄹ수록~~ 비싸다.

1) ________ 은/는 ________ 으면/면 ________ 을수록/ㄹ수록 ________

2) ________ 은/는 ________ 으면/면 ________ 을수록/ㄹ수록 ________

3) ________

4) ________

이든지/든지

3 Choose the correct option from the following and complete the sentence as shown in the example.

다음 중 알맞은 것을 골라서 보기 와 같이 문장을 완성하십시오.

누구 무엇 어디 언제 얼마

보기 제품에 이상이 있으면 언제든지~~이든지/든지~~ 가지고 오세요.

1) 어머니가 만드신 음식은 ________ 이든지/든지 다 맛있어요.

2) 사랑하는 사람과 함께라면 ________ 이든지/든지 가고 싶어요.

3) 한국에 여행 와서 우리 집에서 지내고 싶으면 ________ 이든지/든지 있어도 돼.

4) 한국에 6개월 이상 체류한 외국인이라면 ________ 이든지/든지 건강 보험에 가입할 수 있습니다.

4 Connect appropriately to complete the dialogue as shown in the example.

보기 와 같이 알맞게 연결하여 대화를 완성하십시오.

보기 필요하다 •	• 뭐
1) 한식이다 •	• 누구
2) 방학 중이다 •	• 어디
3) 회사에서 가깝다 •	• 언제
4) 우리 학교 학생이다 •	• 얼마

보기

가: 이 관광 지도 좀 가져가도 돼요?

나: 네, 필요하면~~으면/면~~ 얼마든지~~이든지/든지~~ 가져가세요.

1) 가: 저녁때 뭘 먹을까요?

나: ______________으면/면 __________이든지/든지 좋아요.

2) 가: 시간이 있으면 같이 놀이공원에 갈래요?

나: 네, 좋아요. 저는 ______________으면/면 __________이든지/든지 갈 수 있어요.

3) 가: 어떤 집에서 살고 싶어요?

나: ______________으면/면 __________이든지/든지 괜찮아요.

4) 가: 사진 동아리에는 누가 들어갈 수 있나요?

나: ______________으면/면 __________이든지/든지 들어갈 수 있어요.

6과 02 중요한 물건은 미리 싸 놓는 게 나아

어휘

■ **Choose the correct vocabulary and write it inside the (　) parentheses.**
알맞은 어휘를 골라 (　) 안에 쓰십시오.

아무　원래　낫다　모자라다　정리하다

보기 시험 때 지각을 해서 시험 볼 시간이 (모자랐다)~~었다/았다/였다~~.

1) 내 룸메이트는 아침에 일어나면 침대부터 보기 좋게 (　　　　)는다/ㄴ다.
2) 한수지 씨는 (　　　　) 가수였는데 요즘은 노래를 부르지 않고 배우로만 활동한다.
3) 오늘 한국어 수업 때 너무 긴장을 해서 선생님의 질문에 (　　　　) 대답도 못 했다.
4) 발표는 누구든 한 번씩 다 해야 하니까 학기 초에 빨리 끝내는 게 (　　　　)어/아/여.

-는/은/ㄴ/을/ㄹ 줄 알다

1 Rewrite the sentence as shown in the example.
보기 와 같이 문장을 바꿔 쓰십시오.

보기 슈테판 씨 집이 멀다고 생각했는데 가까웠어요.
→ 슈테판 씨 집이 먼~~는/은/ㄴ/을/ㄹ~~ 줄 알았어요.

1) 룸메이트가 잔다고 생각했는데 누워서 휴대 전화를 보고 있었어요.

→ ____________________ 는/은/ㄴ/을/ㄹ 줄 알았어요.

2) 마이클 씨 부모님이 한국 사람이라고 생각했는데 중국 사람이었어요.

→ ____________________ 는/은/ㄴ/을/ㄹ 줄 알았어요.

3) 수업이 끝났다고 생각하고 교실 문을 열었는데 수업 중이었어요.

→ ____________________ 는/은/ㄴ/을/ㄹ 줄 알았어요.

4) 비행기표가 비쌀 거라고 생각했는데 싸요.

→ ____________________ 는/은/ㄴ/을/ㄹ 줄 알았어요.

2 Complete the dialogue as shown in the example.

보기 와 같이 대화를 완성하십시오.

> 보기
> 가: 저분이 내가 듣는 생물학 수업 교수님이야.
> 나: 정말? 너무 어려 보이셔서 학생인~~는/은/ㄴ/을/ㄹ~~ 줄 알았어.

1) 가: 방학에는 늦게까지 공부하지 않아도 되니까 커피를 안 마실래.

   나: 너 원래 커피 안 좋아해? 날마다 마셔서 ________는/은/ㄴ/을/ㄹ 줄 알았어.

2) 가: 화장품을 바꿨는데 내 얼굴색하고 안 맞아서 마음에 안 들어.

   나: 그랬구나. 오늘 네 얼굴이 너무 하얘서 ________는/은/ㄴ/을/ㄹ 줄 알았어.

3) 가: 이 영화는 벌써 봤으니까 다른 걸 보자.

   나: 이 영화를 벌써 봤다고? 나는 네가 이 영화를 ________________

4) 가: 오늘 날씨도 맑은데 왜 우산을 들고 다녀?

   나: 일기예보를 잘못 봤나 봐. ________________

-어/아/여 놓다

3 Choose the correct option from the following and complete the sentence as shown in the example.

다음 중 알맞은 것을 골라서 보기 와 같이 문장을 완성하십시오.

열다　적다　끝내다　세우다　차리다

> 보기
> 음식 냄새가 나니까 창문을 좀 열어~~어/아/여~~ 놓을게요.

1) 교과서에 제 이름을 ________어/아/여 놓았어요.

2) 지하 주차장에 차를 ________어/아/여 놓고 올라와.

3) 기말시험을 보기 전에 보고서를 미리 ________어/아/여 놓자.

4) 친구들이 도착하면 바로 식사를 시작하려고 상을 다 ________어/아/여 놓았어요.

4 Complete the dialogue as shown in the example.
보기 와 같이 대화를 완성하십시오.

가: 여름 방학에 유럽 여행을 간다고 했지? 준비는 다 됐어?

나: 응. 비행기표랑 기차표를 다 보기 예매해~~어/아/여~~ 놓았어.

가: 여름에 유럽으로 여행 가는 사람이 많아서 숙소를 찾기가 힘들 거야.

나: 걱정하지 마. 호텔도 벌써 1) ____________ 어/아/여 놓았어.

가: 잘했어. 식당하고 구경할 곳도 알아봤어?

나: 그럼. 미리 2) ____________ 어/아/여 놓았지.

가: 그리고 카드를 사용하기 어려울 수도 있으니까 현금도 챙겨 가.

나: 지난주에 은행에 가서 3) ____________________.

가: 여행 갈 때 가지고 갈 큰 가방은 있어?

나: 쓰던 가방이 고장 나서 새로 하나 4) ____________________.

7과 01 등산을 제일 많이 한대

어휘

■ **Choose the correct vocabulary and write it inside the (   ) parentheses.**
알맞은 어휘를 골라 (   ) 안에 쓰십시오.

여가　　예전　　세대　　상관없이　　험하다

보기 우리 할머니는 (여가) 시간에 정원을 가꾸신다.

1) 떡은 나이에 (   ) 누구나 좋아하는 한국의 전통 음식이에요.
2) 그 산은 (   )어서/아서/여서 어린아이가 등산하기는 어려워요.
3) 요즘은 젊은 (   )도 바둑이나 등산 같은 취미를 많이 즐긴대요.
4) 아직 새집으로 주소를 바꿔 놓지 않아서 우편물이 (   ) 집 주소로 배송됐어요.

❶ -자마자

1 Complete the sentence as shown in the example.
보기 와 같이 문장을 완성하십시오.

보기

수업이 끝나자마자 학생들이 나갔어요.

1)

______________ 자마자 ______________

2) 

______________________ 자마자 ______________________

3) 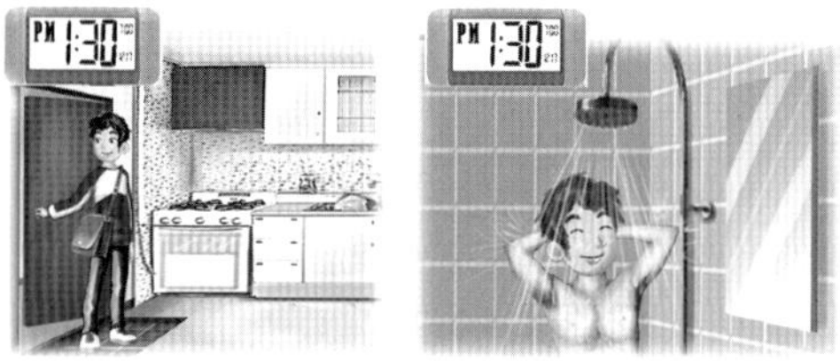

____

4) 

____

2 Complete the dialogue as shown in the example.

보기 와 같이 대화를 완성하십시오.

> **보기**
> 가: 누가 전화를 했는데 그렇게 빨리 끊었어요?
> 나: 모르겠어요. 제가 전화를 받자마자 전화가 끊겼어요.

1) 가: 오랜만에 어머니를 만났지요?

   나: 네, 제가 어머니를 __________자마자 울어서 어머니가 놀라셨어요.

2) 가: 오늘 시험이 끝나면 같이 점심을 먹을래요?

   나: 미안해요. 시험이 __________자마자 아르바이트를 하러 가야 해요. 다음에 먹어요.

3) 가: 어제 집에 가서 뭘 했어요?

   나: ____

4) 가: 지난 방학에 뭘 했어요?

   나: ____

-는대요/ㄴ 대요/대요

3 Look at the following and complete the dialogue as shown in the example.

다음을 보고 보기 와 같이 대화를 완성하십시오.

보기 다음 수요일 오후 다섯 시에 동아리 모임이 있습니다.

1) 모임 장소는 동아리 방입니다.

2) 중요한 문제에 대해서 이야기를 하니까 모두 참석하세요.

3) 모임이 끝난 후에 같이 저녁을 먹읍시다.

4) 그날 못 오는 사람들은 미리 저에게 연락해 주세요.

수영: 핸드폰이 고장 나서 메시지를 못 읽었는데 회장이 무슨 이야기를 했어요?

유리: 보기 다음 수요일 오후 다섯 시에 동아리 모임이 있대요.

1) ______________________________

2) ______________________________

3) ______________________________

4) ______________________________

4 Look at the following and complete the dialogue as shown in the example.
다음을 보고 보기 와 같이 대화를 완성하십시오.

케빈에게

한국 여행 준비는 잘하고 있어? 지난번에 한국의 산 중에서 유명한 산이 어디냐고 했지? 보기 설악산이 제일 유명해. 1) 한국 사람들이 가장 즐겨 찾는 산이 설악산이야. 설악산은 단풍이 든 가을에도 아름답지만 눈이 쌓인 2) 겨울에 더 아름다워. 등산도 할 수 있고 겨울 바다와 온천까지 즐길 수 있어. 또 설악산은 서울에서 3) 고속버스로 세 시간 정도면 갈 수 있어서 교통이 편리해. 더 자세한 것을 알고 싶으면 4) 언제든지 연락해. 빨리 네가 한국에 왔으면 좋겠다. 또 연락하자.

한국에서
제임스

유카: 케빈, 한국 여행 계획은 다 세웠어?

케빈: 응, 내 취미가 등산이잖아. 그래서 제임스한테 한국에서 유명한 산이 어디냐고 물어 보니까 보기 설악산이 제일 유명하대. 1) ________________

그래서 설악산에 가기로 했어. 설악산은 가을에도 아름답지만 2) ________________

____

유카: 설악산? 설악산은 서울에서 멀지 않아?

케빈: 아니, 서울에서 3) ________________

유카: 제임스가 한국에 있으니까 이것저것 물어볼 수 있어서 참 편하네.

케빈: 맞아. 더 자세한 것을 알고 싶으면 4) ________________

7과 02 하마터면 신청 기간을 놓칠 뻔했어

어휘

■ **Choose the correct vocabulary and write it inside the (   ) parentheses.**
알맞은 어휘를 골라 (   ) 안에 쓰십시오.

관심 　 당장 　 합창 　 오히려 　 일어서다

보기 평소 랩에 (관심이)~~이/가~~ 많아서 음악 방송을 자주 봐요.

1) 아직도 집이야? 시간이 없으니까 (   ) 출발해!
2) 많은 팬들이 자리에서 (   )어서/아서/여서 박수를 쳤다.
3) 약속 시간에 늦은 친구가 사과를 하지 않고 (   ) 화를 냈어요.
4) 저는 고등학교 때 (   ) 동아리에서 친구들과 노래를 불렀습니다.

-었더니/았더니/였더니

1 Connect appropriately to complete the sentence as shown in the example.
보기 와 같이 알맞게 연결하여 문장을 완성하십시오.

보기 여행을 같이 갔습니다. • ———	• 친구와 더 가까워졌어요.
1) 가격을 비교해 봤습니다. •	• 한국어 실력이 좋아졌어요.
2) 친구에게 사과를 했습니다. •	• 별로 차이가 안 나네요.
3) 매운 음식을 많이 먹었습니다. •	• 친구가 용서해 줬어요.
4) 언어 교환 친구와 말하기 연습을 했어요. •	• 배가 아파요.

보기 여행을 같이 갔더니~~었더니/았더니/였더니~~ 친구와 더 가까워졌어요.

1) ____________________ 었더니/았더니/였더니 ____________________
2) ____________________ 었더니/았더니/였더니 ____________________
3) ____
4) ____

2 Complete the dialogue as shown in the example.

보기 와 같이 대화를 완성하십시오.

> 보기
>
> 가: 한국어 실력이 많이 늘었네요.
>
> 나: 주말마다 한국 드라마를 봤더니~~었더니/았더니/였더니~~ 듣기 실력이 늘었어요.

1) 가: 왜 안 드세요?

   나: ____________ 었더니/았더니/였더니 입맛이 없네요.

2) 가: 어머니께 생신 선물을 드렸어요?

   나: 네, ____________ 었더니/았더니/였더니 좋아하셨어요.

3) 가: 어제 머리가 아프다고 했잖아요. 지금은 좀 어때요?

   나: ________________________________

4) 가: 김 부장님이 무슨 일로 화를 내셨어요?

   나: ________________________________

01 -을/ㄹ 뻔하다

3 **Complete the sentence as shown in the example.**
보기 와 같이 문장을 완성하십시오.

> 보기
> 스키를 타다가 크게 다칠~~을/ㄹ~~ 뻔했어요.

1) 운전 중에 전화를 하다가 ______________ 을/ㄹ 뻔했어요.

2) 아침에 늦게 일어나서 하마터면 ______________ 을/ㄹ 뻔했어요.

3) 길이 미끄러워서 하마터면 ______________________________

4) 달력을 안 봤으면 아버지 생신을 ______________________________

4 **Complete the dialogue as shown in the example.**
보기 와 같이 대화를 완성하십시오.

> 보기
> 가: 오늘은 평소보다 좀 늦게 왔네요.
> 나: 네, 학교 앞에서 사고가 나서 차가 많이 밀렸어요.
> 하마터면 학교에 못 올~~을/ㄹ~~ 뻔했어요.

1) 가: 학생회 행사 준비는 다 끝냈어요?
나: 네, 리에 씨가 많이 도와줬어요.
리에 씨가 도와주지 않았으면 ______________________ 을/ㄹ 뻔했어요.

2) 가: 제임스 씨! 이거 제임스 씨 지갑 아니에요?
나: 맞아요. 고마워요. 하마터면 ______________________ 을/ㄹ 뻔했네요.

3) 가: 어제 비행기는 잘 탔어요?
나: 네, 그런데 공항에 사람들이 많아서 수속을 할 때 시간이 오래 걸렸어요.
하마터면 ______________________________________

4) 가: 설날에 고향 가는 기차표를 사셨어요?
나: 네, 서두르지 않았으면 ______________________________________

8과 01 내일 아침에도 전화해서 깨워 주실 수 있죠?

어휘

■ **Choose the correct vocabulary and write it inside the ( ) parentheses.**
알맞은 어휘를 골라 ( ) 안에 쓰십시오.

식성 꾸준히 이르다 상쾌하다 자극적이다

보기 아침에 운동을 하니까 기분이 정말 (상쾌하군요)~~는군요/군요~~.

1) 맵고 ( )는/은/ㄴ 음식은 건강에 좋지 않다.
2) 고기만 좋아하던 아이의 ( )이/가 하루아침에 바뀌었다.
3) 아니, 이렇게 ( )은/ㄴ 아침에 무슨 일로 전화를 하셨어요?
4) 외국어 공부는 어려워도 포기하지 않고 ( ) 노력하는 것이 중요하다.

-는데도/은데도/ㄴ데도

1 **Connect appropriately to complete the sentence as shown in the example.**
보기 와 같이 알맞게 연결하여 문장을 완성하십시오.

보기 오늘은 평일입니다.	백화점에 사람이 많습니다.
1) 그 물건은 비쌉니다.	참 잘해요.
2) 뉴스를 날마다 봅니다.	친구가 오지 않아요.
3) 약속 시간이 지났습니다.	사는 사람이 많습니다.
4) 유리 씨는 수영을 배운 지 한 달밖에 안 되었습니다.	듣기 실력이 좋아지지 않네요.

보기 오늘은 평일인데도~~는데도/은데도/ㄴ데도~~ 백화점에 사람이 많습니다.

1) ________ 는데도/은데도/ㄴ데도 ________

2) ________ 는데도/은데도/ㄴ데도 ________

3) ________

4) ________

2 Complete the dialogue as shown in the example.

보기 와 같이 대화를 완성하십시오.

> **보기**
> 가: 영주 씨, 왜 화가 났어요?
> 나: 친구가 약속 장소에 한 시간이나 늦게 왔는데도~~는데도/은데도/ㄴ데도~~ 저에게 사과를 하지 않았어요.

1) 가: 학교 옆에 사니까 날마다 학교에 일찍 오지요?

   나: 아니요, ______________ 는데도/은데도/ㄴ데도 ______________

2) 가: 기침을 많이 하네요. 약은 먹었어요?

   나: 네, ______________ 는데도/은데도/ㄴ데도 ______________

3) 가: 한국에 오래 살았으니까 한국말을 아주 잘하겠어요.

   나: 아니요. ______________

4) 가: 웬 햄버거예요? 아까 점심을 먹지 않았어요?

   나: ______________

사동

빈칸에 알맞은 사동사를 쓰십시오.

-이-	끓다	녹다	먹다	붙다	속다	죽다	
-히-	눕다	앉다	읽다	입다			
-리-	살다	알다	울다				
-기-	남다	맡다	숨다	신다	씻다	웃다	벗다
-우-	깨다	서다	자다	타다	차다		
-추-	낮다	늦다	맞다				

3 Look at the picture and complete the sentence as shown in the example.
그림을 보고 보기 와 같이 문장을 완성하십시오.

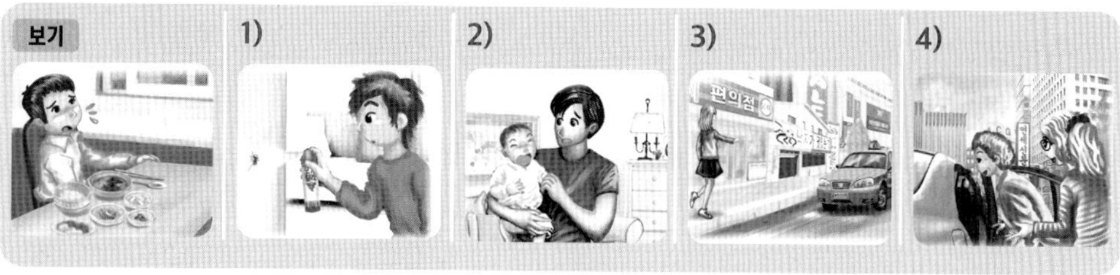

보기 동생이 음식을 남겼어요었어요/았어요/였어요.

1) 영수가 모기를 ____________ 어요/아요/여요.

2) 아빠가 아기를 ____________ 었어요/았어요/였어요.

3) 수지가 택시를 ____________ 으려고/려고 해요.

4) 올가 씨가 할머니를 차에 ____________ 고 있어요.

4 Complete the sentence as shown in the example.
보기 와 같이 문장을 완성하십시오.

보기 시험을 볼 때 다른 사람의 시험지를 보면 안 돼요.
다른 사람한테 자신의 시험지를 보여어/아/여 주는 것도 안 됩니다.

1) 동생이 혼자서 옷을 못 입어서 동생에게 옷을 ____________ 어/아/여 주었다.

2) 라면을 먹고 싶으면 먼저 물을 ____________ 으세요/세요.
물이 끓으면 라면과 수프를 넣으세요.

3) 어제 동생이 잠을 적게 자서 피곤해해요.
그래서 오늘은 일찍 ____________ 으려고/려고 해요.

4) 아이가 밥을 안 먹는다고요?
그럴 때마다 엄마가 아이를 따라다니면서 아이에게 밥을 ____________ 어/아/여 주는 것은 좋지 않습니다.

8과 02 좋은 생활 습관을 가지고 있으면 건강은 저절로 따라오는 것입니다

어휘

■ **Choose the correct vocabulary and write it inside the (   ) parentheses.**
알맞은 어휘를 골라 (   ) 안에 쓰십시오.

영양	장수하다	저절로	섭취하다	불규칙하다

보기 신나는 음악을 들으면 나도 모르게 몸이 (저절로) 움직인다.

1) 수면 습관이 (   )으면/면 건강을 유지하기가 어렵습니다.
2) 감기에 걸렸을 때 비타민을 (   )으면/면 도움이 됩니다.
3) 아이들은 계란이나 우유와 같이 (   )이/가 풍부한 음식을 먹어야 한다.
4) 규칙적인 생활 습관을 가진 노인들이 (   )는다는/ㄴ다는 조사 결과가 있다.

-는/은/ㄴ 데다가

1 Rewrite the sentence as shown in the example.
보기 와 같이 문장을 바꿔 쓰십시오.

보기 민수 씨는 재미있어요. / 공부도 잘해요.
→ 민수 씨는 재미있는~~는/은/ㄴ~~ 데다가 공부도 잘해요.

1) 서준 씨는 농구를 잘해요. / 테니스도 잘 쳐요.
→ 서준 씨는 ____________ 는/은/ㄴ 데다가 ____________

2) 인터넷으로 쇼핑을 하면 물건 값이 싸요. / 배송도 해 주니까 편리해요.
→ 인터넷으로 쇼핑을 하면 ____________ 는/은/ㄴ 데다가 ____________

3) 오늘은 주말입니다. / 날씨도 좋아서 놀이공원에 온 사람들이 많네요.
→ ____________ 는/은/ㄴ 데다가 ____________

4) 감기에 걸렸습니다. / 배탈도 나서 하루 종일 기운이 없어요.
→ ____________ 는/은/ㄴ 데다가 ____________

2 Complete the dialogue as shown in the example.

보기 와 같이 대화를 완성하십시오.

> 보기
> 가: 어디가 아프세요?
> 나: 네, 목이 아픈~~는/은/ㄴ~~ 데다가 기침도 나요.

1) 가: 오늘 날씨가 어때요?

   나: ____________ 는/은/ㄴ 데다가 ____________

2) 가: 어제는 많이 바빴어요?

   나: 네, ____________ 는/은/ㄴ 데다가 ____________

3) 가: 학교 앞 커피숍에 자주 가네요.

   나: 네, 그 커피숍은 ____________

4) 가: 엠마 씨 고향은 어떤 곳이에요?

   나: ____________

-는/은/ㄴ 것이다

3 Complete the sentence as shown in the example.

보기 와 같이 문장을 완성하십시오.

> 보기
> 저는 비빔밥을 처음 먹어 보는데요. 어떻게 먹는~~는/은/ㄴ~~ 거예요? (먹다)

1) 아직도 드라마를 보고 있어? 몇 시간 동안 ____________ 는/은/ㄴ 거야? (보다)

2) 여기에 있는 액세서리가 요즘 ____________ 는/은/ㄴ 것들이에요. (인기가 많다)

3) 오늘 숙제는 배운 단어를 써서 대화를 ____________ 는/은/ㄴ 거예요. (만들다)

4) 조금 전에 수지 씨가 왜 ____________ 는/은/ㄴ 거예요? (화를 내다)

4 Complete the dialogue as shown in the example.

보기 와 같이 대화를 완성하십시오.

> **보기**
> 가: 요즘 저 배우가 텔레비전에 자주 나오네요. 인기가 많은가 봐요.
> 나: 제 생각에 저 배우의 매력은 연기가 자연스러운~~는/은/ㄴ~~ 거예요.

1) 가: 올해 목표가 있으면 말씀해 주세요.

   나: 올해 저의 목표는 ______________________ 는/은/ㄴ 거예요.

2) 가: 기숙사 생활을 하면서 제일 불편한 점이 뭐예요?

   나: 기숙사 생활의 불편한 점은 ______________________ 는/은/ㄴ 거예요.

3) 가: 이 책은 구하기 어려운 책인데 어떻게 사셨어요?

   나: 산 거 아니에요. 도서관에서 ______________________

4) 가: 대학교에 다니는 동안 꼭 해 보고 싶은 일이 있어요?

   나: 네, 제가 대학교에 다니는 동안 꼭 해 보고 싶은 일은 ______________________

9과 01 하숙집을 옮겼다면서요?

어휘

■ **Choose the correct vocabulary and write it inside the (　　) parentheses.**
알맞은 어휘를 골라 (　　) 안에 쓰십시오.

운　정　분위기　드물다　활발하다

보기 요즘 할머니 건강이 나빠지셔서 집안 (분위기가)~~이/가~~ 별로 안 좋다.

1) 웹툰을 보는 사람이 많아서 종이 만화책을 빌려주는 만화방은 (　　　　).
2) 식당에 손님이 많았는데 (　　　　)이/가 좋게 마지막으로 남은 자리에 앉았다.
3) 가수 박지원 씨는 새 앨범을 발표한 뒤 여러 방송에서 (　　　　)게 활동하고 있다.
4) 고등학교 졸업식 때 그동안 (　　　　)이/가 든 친구들하고 헤어지는 게 슬퍼서 많이 울었다.

-는다면서요/ㄴ다면서요/다면서요?

1 Read the following and complete the dialogue as shown in the example.
다음을 읽고 보기 와 같이 대화를 완성하십시오.

올가: 에릭 씨, 주말에 뭘 하셨어요?
에릭: 저는 토요일 저녁에 유카 씨하고 같이 보기 국립 극장에 갔어요.
올가: 극장에요? 무슨 공연을 보러 갔어요?
에릭: 유카 씨가 **1)** 오페라를 좋아해서 같이 **2)** '마술피리'를 보고 왔어요.
올가: 그래요? 재미있었어요?
에릭: 네, 전에도 오페라를 본 적이 있지만 어제 공연은 특히 더 재미있었어요.
올가: 공연을 보고 뭘 했어요?
에릭: 유카 씨하고 극장 근처에 있는 **3)** 남산을 산책했어요.
올가: 밤에 남산에 가면 어때요?
에릭: 사람도 많지 않고 **4)** 야경도 아름다워서 아주 좋았어요.

올가: 유카 씨, 어제 에릭 씨하고 같이 **보기** 국립 극장에 갔다면서요?~~는다면서요/ㄴ다면서요/다면서요?~~

유카: 네, 오페라를 보러 갔어요.

올가: 유카 씨가 1) ________________ 는다면서요/ㄴ다면서요/다면서요?

유카: 네, 아주 좋아해서 두 달에 한 번은 꼭 공연을 보러 가요.

올가: 어제는 2) ________________ 는다면서요/ㄴ다면서요/다면서요?

유카: 네, 정말 재미있었어요.

올가: 오페라를 보고 3) ________________ 는다면서요/ㄴ다면서요/다면서요?

유카: 네, 사람이 많지 않아서 산책하기 좋았어요.

올가: 4) 남산은 ________________ 는다면서요/ㄴ다면서요/다면서요?

유카: 네, 다음에는 올가 씨도 같이 가요.

2 Complete the dialogue as shown in the example.

보기 와 같이 대화를 완성하십시오.

> **보기**
> 가: 요즘 바쁘다면서요?~~는다면서요/ㄴ다면서요/다면서요?~~
> 나: 네, 일을 새로 시작해서 할 게 많아요.

1) 가: ________________ 는다면서요/ㄴ다면서요/다면서요?

   나: 네, 지난주부터 피터 씨랑 사귀고 있어요.

2) 가: ________________ 는다면서요/ㄴ다면서요/다면서요?

   나: 네, 그래서 지난주에 수업에 못 가고 기숙사에서 쉬었어요.

3) 가: 오늘이 ________________

   나: 아니요, 제 생일은 다음 달인데요.

4) 가: 어제 연세 백화점에 쇼핑하러 갔어요.

   나: 요즘 세일 중이어서 ________________

03 -을/ㄹ 걸 그랬다

3 Look at the following and complete the sentence as shown in the example.
다음을 보고 보기 와 같이 문장을 완성하십시오.

오늘 인턴 면접시험이 있었다. 보기 지하철을 타려다가 택시를 탔는데 차가 밀려서 10분 정도 늦었다. 면접장에 가니까 면접을 보러 온 사람들이 모두 정장을 입고 있었다. 1) 나도 정장을 입었으면 더 단정해 보였을 것 같았다. 내 순서를 기다리고 있는데 갑자기 배가 아프기 시작했다. 긴장한 데다가 2) 아침을 급하게 먹었더니 배탈이 난 것 같다. 힘들게 면접을 보러 들어갔는데 면접관이 어려운 한국어로 질문을 해서 대답을 잘 못했다. 3) 한국어 공부를 더 열심히 했어야 하는데…. 그리고 나하고 같이 면접을 본 다른 사람들은 이 회사에 대한 정보를 많이 알고 있는 것 같았는데 나만 4) 회사에 대해서 미리 알아보지 않은 것 같다. 다음 인턴 면접은 잘 준비해서 봐야겠다.

보기 지하철을 탈을/ㄹ 걸 그랬다.

1) ______________________ 을/ㄹ 걸 그랬다.

2) ______________________ 을/ㄹ 걸 그랬다.

3) ______________________

4) ______________________

4 Complete the dialogue as shown in the example.

보기 와 같이 대화를 완성하십시오.

> **보기**
> 가: 이 근처에 화장실이 하나도 없네요.
> 나: 이럴 줄 알았으면 아까 화장실에 미리 갈을/ㄹ 걸 그랬어요.

1) 가: 다음 주말에 뉴욕에 가는 비행기표가 매진됐는데 어떡하지?

   나: ______________________________ 을/ㄹ 걸 그랬어.

2) 가: 이 차는 작아서 5명이 타고 여행하기에는 좀 불편하겠는데.

   나: ______________________________ 을/ㄹ 걸 그랬어.

3) 가: 어제 본 영화가 아주 재미있었어요.

   나: 그래요? ______________________________

4) 가: 너는 평소에 일찍 자는데 왜 오늘은 아직도 안 자?

   나: 오늘 커피를 세 잔이나 마셨더니 잠이 안 와. ______________________________

9과 02 동아리 회의 장소가 어디라고 했지?

어휘

■ **Choose the correct vocabulary and write it inside the (   ) parentheses.**
알맞은 어휘를 골라 (   ) 안에 쓰십시오.

회의　회식　정신없다　붙다　타다

보기 오늘 (회의)에서는 다음번 행사 계획에 대해서 이야기했다.

1) 어제 (   ) 때 회사에 새로 들어온 직원들의 환영회도 같이 했다.
2) 저는 아르바이트를 안 하고 부모님께 용돈을 (   )어서/아서/여서 써요.
3) 친구들 모두 가고 싶어 하는 대학원에 꼭 (   )었으면/았으면/였으면 좋겠다.
4) 예술 전공 4학년 학생들은 졸업 발표회를 사흘 앞두고 있어서 오늘 하루 종일 (   )었다/았다/였다.

-지?

1 Rewrite the sentence as shown in the example.
보기 와 같이 문장을 바꿔 쓰십시오.

보기 내일 모임에 모두 몇 명이 와?
→ 내일 모임에 모두 몇 명이 오지?

1) 다음 올림픽이 언제야?
→ ______________________________ 지?

2) 여기서 하와이까지 비행기로 얼마나 걸려?
→ ______________________________ 지?

3) 캐서린이 무슨 음식을 좋아해?
→ ______________________________

4) '봄날'을 누가 불렀어?
→ ______________________________

2 Complete the dialogue as shown in the example.

보기 와 같이 대화를 완성하십시오.

> 보기
> 가: 한국 친구 결혼식에 초대받았는데 뭘 입고 가지?
> 나: 정장을 입고 가는 게 좋아.

1) 가: ______________________________ 지?
   나: 조지 워싱턴(George Washington)이잖아.

2) 가: ______________________________ 지?
   나: 음력 8월 15일이야.

3) 가: ______________________________
   나: 저기 책상 위에 있잖아.

4) 가: ______________________________
   나: 너 오늘 아이스크림을 세 개나 먹었잖아.

접속사

3 Choose the correct option from the following and rewrite the sentence as shown in the example.

다음 중에서 알맞은 것을 골라 보기 와 같이 문장을 바꿔 쓰십시오.

그래도	그래서	그러니까	그런데	그리고

> 보기
> 우리 고향은 경치가 아름답고 녹차가 유명합니다.
> → 우리 고향은 경치가 아름다워요. 그리고 녹차가 유명합니다.

1) 숙제를 하기 싫어도 해야 해요.
   → 숙제를 하기 싫어요. __________ 해야 해요.

2) 비가 올 것 같으니까 우산을 가지고 가세요.
   → 비가 올 것 같아요. __________ 우산을 가지고 가세요.

3) 요리법을 찾아보고 만들었는데 맛이 별로 없어요.
   → 요리법을 찾아보고 만들었어요. __________ 맛이 별로 없어요.

4) 제가 사는 원룸은 지하철역과 가까워서 다른 곳보다 조금 비싸요.
   → 제가 사는 원룸은 지하철역과 가까워요. __________ 다른 곳보다 조금 비싸요.

4 Choose the correct answer as shown in the example.

보기 와 같이 알맞은 것을 고르십시오.

> **보기**
> 저는 요리하기를 좋아합니다. (그래서, (그렇지만) 그리고) 설거지는 싫어합니다.

1) 좀 피곤해요. (그래도, 그래서, 그리고) 약속을 했으니까 가야 해요.

2) 주말에는 교통이 복잡해요. (그래서, 그러니까, 그리고) 좀 일찍 출발합시다.

3) 학교에 학생들이 많지 않아요. (그래서, 그런데, 왜냐하면) 지금 방학 중이거든요.

4) 그 가수는 노래를 아주 잘해요. (그러니까, 그런데, 그리고) 왜 인기가 없을까요?

10과 01 말 못 할 고민이 있을지도 모르잖아요

어휘

■ **Choose the correct vocabulary and write it inside the (　　) parentheses.**
알맞은 어휘를 골라 (　　) 안에 쓰십시오.

본인　　표정　　무시하다　　이해하다　　속이 깊다

보기 밤길을 걸을 때 모르는 사람이 말을 걸면 (무시하)고 그냥 간다.

1) 오늘 엠마 (　　　　)이/가 밝은 걸 보니까 좋은 일이 있나 봐.

2) 이제 한국어가 많이 늘어서 한국 친구들이 하는 말을 대부분 (　　　　)는다/ㄴ다.

3) 피터에 대해서 알고 싶은 게 있으면 나한테 묻지 말고 (　　　　)한테 직접 물어봐.

4) 동생은 (　　　　)어서/아서/여서 힘든 일이 있어도 가족들이 걱정할까 봐 말을 안 한다.

-어/아/여 버리다

1 **Choose the correct option from the following and complete the sentence as shown in the example.**
다음 중에서 알맞은 것을 골라 보기 와 같이 문장을 완성하십시오.

끊다　　울다　　자르다　　지우다　　찢다

3년 동안 사귀던 친구가 전화로 헤어지자고 했다. 그 말을 듣고 큰 소리로 보기 울어 ~~어/아/여~~ 버렸다. 그리고 화가 나서 그동안 받은 편지와 같이 찍은 사진들을 모두 1) ________어/아/여 버렸다. 휴대 전화에 있던 사진과 문자 메시지도 전부 2) ________어/아/여 버렸다. 기분을 바꿔 보려고 미용실에 가서 머리도 짧게 3) ________어/아/여 버렸다. 그런데 며칠 뒤에 그 친구가 전화해서 괜찮냐고 했다. 나는 대답도 안 하고 전화를 4) ________어/아/여 버렸다.

2 Complete the dialogue as shown in the example.

보기 와 같이 대화를 완성하십시오.

> **보기**
> 가: 이 옷은 손빨래해야 하는 거 아니야?
> 나: 진짜? 모르고 세탁기에 넣고 돌려~~어/아/여~~ 버렸어.

1) 가: 오늘 약속이 있다고 하지 않았어? 왜 이렇게 일찍 들어와?

   나: 친구가 연락도 없이 약속 장소에 안 나와서 그냥 ________ 어/아/여 버렸어.

2) 가: 딸기 케이크 작은 거 있어요?

   나: 어떡하죠? 벌써 ________ 어/아/여 버렸어요.

3) 가: 안 읽는 책들을 어떻게 정리했어?

   나: ________

4) 가: 식탁 위에 있던 피자가 안 보이네.

   나: ________

02 -을지도/ㄹ지도 모르다

3 Complete the dialogue as shown in the example.

다음을 보고 보기 와 같이 대화를 완성하십시오.

> **보기**
> 가: 야구 경기 당일에도 표를 살 수 있어?
> 나: 응. 그런데 표가 매진될지도~~을지도/ㄹ지도~~ 모르니까 예매해 놓는 게 좋아.

1) 가: 오늘 집에 일찍 들어오면 같이 영화를 볼까?

   나: 오늘은 ________ 을지도/ㄹ지도 모르니까 기다리지 마.

2) 가: 외국에서도 쓸 수 있는 신용 카드가 있으니까 환전은 안 해도 되겠지?

   나: 해외에서는 ________ 을지도/ㄹ지도 모르니까 현금도 좀 가져가.

3) 가: 집들이를 할 때 닭갈비하고 김치찌개를 만들까?

   나: ________

4) 가: 치킨을 한 마리만 시키면 될까?

   나: ________

4 Complete the dialogue as shown in the example.

보기 와 같이 대화를 완성하십시오.

유카: 왜 우산을 가지고 왔어요?

서준: 보기 비가 올지도~~을지도/ㄹ지도~~ 몰라서 가지고 왔어요.

유카: 덥지 않아요? 왜 이렇게 두꺼운 옷을 입고 왔어요?

서준: 1) ________ 을지도/ㄹ지도 몰라서 두꺼운 옷을 입고 왔어요.

유카: 지도는 왜 가지고 왔어요?

서준: 2) ________ 을지도/ㄹ지도 몰라서 가지고 왔어요.

유카: 이건 다 뭐예요?

서준: 3) ________ 을지도/ㄹ지도 몰라서 먹을 것을 좀 사 왔어요.

유카: 진통제도 있네요.

서준: 등산하다가 4) ________ 을지도/ㄹ지도 몰라서 가지고 왔어요.

10과 02 밤새 통화하느라고 아무것도 못 했어

어휘

■ **Choose the correct vocabulary and write it inside the (   ) parentheses.**
알맞은 어휘를 골라 (   ) 안에 쓰십시오.

거의　대충　여태　아무거나　번거롭다

보기 집 앞 편의점에 갈 때는 옷을 (대충) 입고 나간다.

1) 나는 (　　　　) 좋으니까 네가 보고 싶은 영화를 보자.
2) 아침부터 계속 수업이 있어서 (　　　　) 점심도 못 먹었어.
3) (　　　　) 다 왔으니까 조금만 기다려 줘. 3분 안에 도착할 거야.
4) 김치는 만들기가 (　　　　)은/ㄴ 음식이라서 사 먹는 사람들이 많다.

❶ -느라고

1 Connect the appropriate options and write them as shown in the example.
보기 와 같이 알맞은 것을 연결하여 쓰십시오.

보기 요즘 밤에 아르바이트를 하다 / 피곤합니다.
→ 요즘 밤에 아르바이트를 하느라고 피곤합니다.

1) 밀린 집안일을 하다 / 힘들었어요.
→ ________________ 느라고 ________________

2) 시험공부를 하다 / 밤을 새웠어요.
→ ________________ 느라고 ________________

3) 발표 자료를 찾다 / 도서관에 있었다.
→ ________________

4) 저녁을 먹다 / 메시지가 온 걸 몰랐어요.
→ ________________

2 Complete the dialogue as shown in the example.

보기 와 같이 대화를 완성하십시오.

> **보기**
> 가: 뭘 그렇게 열심히 해?
> 나: 말 시키지 마. 지금 게임하느라고 아주 바빠.

1) 가: 왜 이렇게 늦게 들어와?

   나: ______________________ 느라고 늦었어.

2) 가: 매튜한테 무슨 일이 있어? 얼굴을 볼 수가 없네.

   나: 요즘 ________________ 느라고 정신없어.

3) 가: 어제 왜 하루 종일 연락이 안 됐어?

   나: ____

4) 가: 요즘 많이 피곤해 보여요.

   나: ____

02 -게 하다

3 Rewrite the sentence as shown in the example.

보기 와 같이 문장을 바꿔 쓰십시오.

> **보기**
> 제가 어렸을 때 여러 가지 악기를 배웠어요.
> → 어머니는 제가 어렸을 때 여러 가지 악기를 배우게 하셨어요.

1) 동생이 제 옷을 못 입어요.
   → 저는 ____________________________ 게 해요.

2) 제가 초등학교 때 날마다 한 시간씩 책을 읽었어요.

   → 아버지께서는 ____ 게 하셨어요.

3) 강아지가 정해진 장소에서만 밥을 먹어요.

   → 우리 가족은 ____

4) 아이들이 먼저 비행기에 탔어요.

   → 항공사 직원은 ____

4 Complete the dialogue as shown in the example.

보기 와 같이 대화를 완성하십시오.

보기
가: 네 기숙사 방에서 라면을 끓여 먹어도 돼?
나: 안 돼. 우리 기숙사에서는 방에서 음식을 못 만들게 해.

1) 가: ______________ 게 해서 미안해요.
   나: 괜찮아요. 저도 방금 전에 도착해서 얼마 안 기다렸어요.

2) 가: 고등학교 때도 밤늦게까지 게임을 했어?
   나: 아니, 엄마가 밤 9시 이후에는 ______________ 게 하셨어.

3) 가: 너는 학기 중에도 아르바이트를 하네.
   나: 아버지께서 용돈은 ______________

4) 가: 왜 어렸을 때 할머니 댁에 가는 걸 좋아했어요?
   나: 할머니는 먹고 싶은 걸 ______________

복습 6~10과

말하기

1 【Delivering Information 정보 전달하기】
What should you do to stay healthy? Talk about something you saw on the Internet, in the news, or heard from others.
건강을 유지하려면 어떻게 해야 한대요? 인터넷, 뉴스에서 보거나 다른 사람들에게 들은 내용을 이야기하십시오.

- What kind of exercise is good for your health?
- How should you eat?
- What are the things you should/shouldn't do for your health?

- 어떤 운동을 어떻게 하는 것이 건강에 좋대요?
- 식사를 어떻게 해야 한대요?
- 건강을 위해서 해야 하는 것/하지 말아야 하는 것이 뭐래요?

2 【Sharing Experiences 경험 말하기】
Talk about your leisure activities.
자신의 여가 생활에 대해서 이야기하십시오.

- What do you usually do when you have time? Why do you do it? What are the benefits of doing it?
- Is there anything you want to try in your free time in the future?
- Discuss leisure activities that many people from your hometown enjoy.

- 시간이 있을 때 보통 뭘 해요? 왜 그것을 해요? 그것을 하면 좋은 점이 뭐예요?
- 앞으로 여가 시간에 해 보고 싶은 것이 있어요?
- 고향 사람들이 많이 하는 여가 활동에 대해서 이야기해 보세요.

3 【Refusing a Request 부탁 거절하기】
Have a conversation where you decline a friend's request in one of the following situations:
다음 중 하나의 상황에서 친구의 부탁을 거절하는 대화를 해 보세요.

- A friend asked to stay at your house for a few days.
- A friend suddenly asked you to lend them a large sum of money.

- 친구가 며칠 동안 우리 집에서 지내게 해 달라고 부탁했다.
- 친구가 갑자기 큰돈을 빌려 달라고 부탁했다.

쓰기

Ⅰ [1-4] Choose the correct option from the example and write the corresponding number.
<보기> 중에서 알맞은 것을 골라 번호를 쓰십시오.

보기 ① 낫다 ② 붙다 ③ 번거롭다 ④ 유지하다

1 들어주기 어려운 부탁은 빨리 거절하는 것이 ( )어요/아요/여요.

2 인기가 많은 동아리는 면접에 ( )어야/아야/여야 들어갈 수 있어요.

3 내 룸메이트는 친절하고 성격이 활발해서 여러 사람들과 좋은 관계를 ( )고 있다.

4 이삿짐을 싸는 것이 ( )은데/ㄴ데 포장 이사를 이용하면 편하게 이사할 수 있다.

Ⅱ [5-7] Choose the correct answer to fill in the blank.
( )에 들어갈 알맞은 것을 고르십시오.

5 가: 나는 싫어해서 먹지 않는 채소가 많아.
나: ( )은/는 건강에 안 좋으니까 음식을 골고루 먹어.
① 과식 ② 소식 ③ 편식 ④ 폭식

6 가: 한국 사람들은 뭐든지 빨리하는 걸 좋아해요.
나: 맞아요. ( )은/ㄴ 사람들이 많은 것 같아요.
① 정이 많다 ② 차분하다 ③ 소극적이다 ④ 성격이 급하다

7 가: 저는 넓은 마당이 있는 집에서 강아지를 세 마리쯤 키우고 싶어요.
나: 그럼 돈을 많이 벌어서 큰 ( )에서 살아야겠네요.
① 원룸 ② 아파트 ③ 오피스텔 ④ 단독 주택

Ⅲ [8-10] Among the following two sentences, mark 'O' next to the correct one.
다음 두 문장 중에서 맞는 것에 O 표시하십시오.

8 ① 자기 전에 알람을 맞추지 않아도 아침에 일찍 일어날 수 있어요. ( )
② 자기 전에 알람을 맞히지 않아도 아침에 일찍 일어날 수 있어요. ( )

9 ① 요즘 친한 친구하고 사이가 나빠졌어요. 그런데 동아리 행사 준비를 할 때 의견이 달라서 크게 싸웠거든요. (　　)

② 요즘 친한 친구하고 사이가 나빠졌어요. 왜냐하면 동아리 행사 준비를 할 때 의견이 달라서 크게 싸웠거든요. (　　)

10 ① 좋아하는 농구 팀 경기가 열리면 표를 미리 사 놓아요. (　　)

② 좋아하는 농구 팀 경기가 열리면 표를 미리 사 있어요. (　　)

Ⅳ [11-14] Choose the correct answer to fill in the blank.
(　　)에 들어갈 가장 알맞은 것을 고르십시오.

11 나이가 (　　　) 몸의 근육이 빠지기 쉬우니까 운동을 열심히 해야 한다.

① 들어도　② 들수록　③ 들었더니　④ 들어서 그런지

12 새로 이사한 집은 전망이 (　　　) 지하철역하고도 가까워서 아주 마음에 들어요.

① 좋으면　② 좋으니까　③ 좋은데도　④ 좋은 데다가

13 전에는 사람들이 직장에서 퇴근 시간이 (　　　) 나오는 것을 예의에 어긋나는 일이라고 생각했어요.

① 되는데　② 되자마자　③ 될까 봐　④ 될 테니까

14 요즘 밤늦게까지 (　　　) 잠을 못 자서 건강이 나빠졌어요.

① 공부하려면　② 공부했다가　③ 공부하는 데　④ 공부하느라고

Ⅴ [15-18] Choose the correct answer to fill in the blank.
(　　)에 들어갈 가장 알맞은 것을 고르십시오.

15 가: 오늘 동아리 회식에 몇 명이 (　　　)

나: 모두 열 명이 모이기로 했잖아.

① 오지?　② 온다면서?　③ 오나 봐.　④ 오더라고.

16 가: 한국에서 윗사람과 한국어로 대화하는 게 어렵지 않아요?

나: 네, 한국의 언어 예절을 배우지 않았으면 (　　　).

① 실수했대요　② 실수해 버렸어요　③ 실수할 뻔했어요　④ 실수하기도 했어요

17 가: 제니는 왜 너한테 화가 났어?

나: 내가 제니와 한 약속을 깜빡 잊어버려서 한 시간이나 (　　　).

① 기다려야 해　② 기다리게 했어　③ 기다릴지도 몰라　④ 기다린 줄 알았어

18 가: 무슨 약을 먹는 거야? 어디 아파?

나: 어젯밤에 치킨을 많이 먹고 잤더니 배가 아파. 조금만 (　　　).

① 먹은 거야　② 먹었으면 해　③ 먹기도 했어　④ 먹을 걸 그랬어

VI Using the words and grammar you've learned, write a text with the following title (10 sentences or more).

배운 단어와 문법을 사용해서 다음 제목으로 글을 쓰십시오. (10문장 이상)

19

오늘은 날씨가 좋습니다. (X)　오늘은 날씨가 좋아요. (X)
오늘은 날씨가 좋아. (X)　오늘은 날씨가 좋다. (O)

Title: Cultural Differences
제목: 문화 차이

듣기

MP3_22

[1-2] Listen and choose the correct answer based on the response.
듣고 이어질 대답으로 알맞은 것을 고르십시오.

1 (　)

① 나는 뭐든지 좋아.　② 나는 어디든지 좋아.
③ 나는 누구든지 좋아.　④ 나는 언제든지 좋아.

2 (　)

① 그래요? 선생님께는 존댓말을 쓸 걸 그랬어요.
② 그래요? 저도 반 친구한테 반말을 할지도 몰라요.
③ 그래요? 반 친구한테는 반말을 해도 되는 줄 알았어요.
④ 그래요? 저도 한국어를 잘 못할 때 선생님께 반말을 해 버렸어요.

[3-4] Choose the answer that describes what it is talking about.
무엇에 대해서 이야기하고 있는지 고르십시오.

3 (　)

① 여가　② 운동　③ 문화　④ 동아리

4 (　)

① 고민　② 부탁　③ 거절　④ 조언

[5-6] Listen to the following and answer the questions.
다음을 듣고 질문에 답하십시오.

5 **Choose the answer that matches what you heard. (　)**
들은 내용과 같은 것을 고르십시오.

① 새로 이사한 집이 조용하다.　② 새로 이사한 집은 방이 크다.
③ 새로 이사한 집이 마음에 든다.　④ 새로 이사한 집이 학교 근처에 있다.

6 **Choose the answer that is different from what you heard. (　)**
들은 내용과 다른 것을 고르십시오.

① 이나 씨는 아파서 운동을 못 한다.
② 남자는 이나 씨가 아프다고 생각했다.
③ 스트레스를 풀려면 규칙적으로 운동해야 한다.
④ 이나 씨는 시험 때문에 스트레스를 많이 받는다.

[7-8] Listen to the following and answer the questions.
다음을 듣고 질문에 답하십시오.

7 **What is this about? ( )**
무엇에 대한 이야기입니까?

① 전화를 걸고 끊는 방법
② 전화할 때 쓰는 인사말
③ 전화기를 사용하는 순서
④ 전화할 때 지켜야 하는 예절

8 **Choose something you cannot say after hearing this story. ( )**
이 이야기를 듣고 할 수 있는 말이 아닌 것을 고르십시오.

① 전화할 때 나쁜 말을 하지 말아야 해.
② 이른 아침에는 전화를 하지 않는 것이 좋아.
③ 친구에게는 점심시간에 전화를 하는 것이 좋아.
④ 할아버지께서 전화를 끊으신 다음에 전화를 끊어야 해.

V [9-10] Listen to the following and answer the questions.
다음을 듣고 질문에 답하십시오.

9 **Choose the answer that is different from what you heard. ( )**
들은 내용과 다른 것을 고르십시오.

① 지민은 운전을 할 수 있다.
② 지민은 민수의 부탁을 거절했다.
③ 민수는 지민에게 차가 있는 걸 몰랐다.
④ 민수는 나중에 지민을 도와주고 싶어 한다.

10 **What will Minsu do next weekend? ( )**
민수는 다음 주말에 무엇을 하겠습니까?

① 택시를 예약할 것이다.
② 오피스텔을 알아볼 것이다.
③ 지민에게 밥을 사 줄 것이다.
④ 이사할 때 필요한 차를 살 것이다.

[7-8] Listen to the following and answer the questions.
다음을 듣고 질문에 답하십시오.

11 **Choose a lifestyle habit that this person did not change after coming to Korea. ( )**
이 사람이 한국에 온 후에 바뀐 생활 습관이 아닌 것을 고르십시오.

① 식습관 ② 수면 습관 ③ 운동 습관 ④ 공부 습관

12 **Choose the answer that matches what you heard. ( )**
들은 내용과 같은 것을 고르십시오.

① 이 사람은 요즘 규칙적인 생활을 하고 있다.
② 이 사람은 요즘 친구를 자주 만나지 않는다.
③ 이 사람은 고향에서 살을 빼려고 운동을 했다.
④ 이 사람은 이번 토요일에 일찍 일어날 것이다.

13 **Choose the answer that is not related to the merits of hiking that this person's friend mentioned. (　　)** 이 사람의 친구가 말한 등산의 좋은 점이 아닌 것을 고르십시오.

① 건강에 좋다.
② 자연을 즐길 수 있다.
③ 쉽게 살을 뺄 수 있다.
④ 아침에 하면 하루를 더 일찍 시작할 수 있다.

읽기

I [1-3] Read the following and answer the questions.
다음을 읽고 질문에 답하십시오.

요즘 건강에 대한 한국인의 관심이 커지면서 아침저녁으로 운동을 하는 사람들을 많이 볼 수 있다. 그러나 한국인의 식습관에는 아직 여러 가지 문제가 있다.

한국 사람들은 언제나 바쁘다. 음식을 먹는 것만 봐도 알 수 있는데 아침 일찍 학교에 가거나 출근을 하느라고 식사를 하지 않는 사람이 많다. 그리고 점심때에도 시간이 없어서 밥을 급하게 빨리 먹는다. 이렇게 하루 종일 식사를 제대로 못 했기 때문에 저녁에 한 번에 많이 먹게 되는 데다가 식사할 때 술을 같이 마시기도 한다. 또 다른 문제는 한국 음식 중에 맵고 짠 음식이 많다는 것이다. 이렇게 자극적인 음식을 좋아하는 식성 때문에 많은 한국인들이 병원을 찾는다.

건강을 (㉠) 가장 중요한 것이 바로 식습관이다. 건강을 위해서는 무엇보다도 좋은 식습관을 가져야 한다. 하루 세 번 규칙적인 식사를 하고 자극적인 음식을 자주 먹지 말아야 한다. 또 식사를 할 때 천천히 즐거운 마음으로 음식을 먹는 것이 좋다.

1 **Choose the most appropriate reason for writing this text. (　　)**
이 글을 쓴 이유로 가장 알맞은 것을 고르십시오.

① 술을 적게 마시게 하려고
② 잘못된 식습관을 바꾸게 하려고
③ 규칙적으로 운동을 하게 하려고
④ 아플 때 병원에 가서 치료를 받게 하려고

2 **Choose the correct answer to fill in the blank for ㉠. (　　)**
㉠에 들어갈 알맞은 것을 고르십시오.

① 만드는 데　② 줄이는 데　③ 키우는 데　④ 유지하는 데

3 **Choose the option that is different from the content of the text. (　　)**
읽은 내용과 다른 것을 고르십시오.

① 즐겁게 식사하는 것은 건강에 도움이 된다.
② 한국 사람은 바쁜 생활 때문에 저녁에 폭식을 한다.
③ 한국 사람은 운동을 열심히 하지 않아서 건강하지 않다.
④ 한국 사람 중에는 식습관 때문에 몸이 아픈 사람들이 많다.

III [4-6] Read the following and answer the questions.
다음을 읽고 질문에 답하십시오.

요즘 피터 얼굴을 볼 때마다 어떻게 해야 할지 모르겠다. 전에도 그렇게 친한 사이는 아니었지만 지난번에 피터를 좋아한다는 내용의 문자 메시지를 다른 친구에게 보내려다가 실수로 피터에게 보낸 후부터 사이가 더 멀어진 것 같다.

더 큰 문제는 엠마도 피터를 좋아하게 된 것이다. 엠마는 내 마음도 모르고 자꾸만 나에게 본인의 고민을 (㉠). 어떻게 하면 피터와 가까워질 수 있겠냐고 조언을 구하기도 한다.

그런데 어제 아침에 학교에 가는 길에 엠마와 피터가 같이 걸어가는 걸 봤다. 둘 다 신촌역 앞에서 파는 커피를 들고 있는 걸 보니까 거기서부터 학교까지 같이 온 것 같다. 두 사람은 사는 동네도 다른데 아침 일찍 커피숍에서 만난 걸까? 두 사람이 언제 이렇게 가까워진 걸까? 이러다가 어느 날 갑자기 엠마가 피터한테 고백해 버려서 둘이 사귀게 될까 봐 걱정이다. 하지만 지금 내 마음을 이야기하면 두 사람 모두를 잃을지도 모른다. 제임스의 조언대로 메시지를 잘못 보냈을 때 바로 피터에게 사귀자고 할 걸 그랬다. 나는 이제 어떡하면 좋을까?

4 Choose the correct answer to fill in the blank for ㉠. (　　)
㉠에 들어갈 알맞은 것을 고르십시오.

① 걱정한다　　② 충고한다
③ 해결한다　　④ 털어놓는다

5 Select all the answers that match the content you read. (　,　)
읽은 내용과 같은 것을 모두 고르십시오.

① 엠마와 피터는 집이 가까워서 친해졌다.
② 피터는 이 사람이 자신을 좋아하는 걸 알고 있다.
③ 이 사람은 엠마에게 자신의 고민을 이야기한 적이 있다.
④ 이 사람은 어제 엠마와 피터를 본 후에 고민이 더 깊어졌다.

6 Choose the advice that you should not give to this person. (　　)
이 사람에게 할 수 있는 조언으로 알맞지 않은 것을 고르십시오.

① "엠마 씨에게 나도 피터를 좋아한다고 털어놔 보세요."
② "너무 걱정하지 말고 피터 씨에게 사귀자고 해 보세요."
③ "두 사람 모두하고 멀어질 수도 있으니까 피터 씨를 포기하세요."
④ "이미 피터 씨와 엠마 씨가 사귀고 있으니까 피터 씨를 잊으세요."

III [7-9] Read the following and answer the questions.
다음을 읽고 질문에 답하십시오.

드디어 그렇게 오고 싶었던 이 도시에 여행을 왔다. 비행기가 공항에 도착했을 때는 눈물이 날 정도로 기뻤다. 하지만 공항에서 버스를 타고 시내로 가는 길에 도시의 풍경을 보니까 좀 답답했다. 찻길을 달리는 자동차들은 하나같이 비슷한 크기에 비슷한 색깔이었고, 창밖으로는 똑같이 생긴 아파트들이 붙어 있는 게 보였다. 그런 데다가 거리를 걸어 다니는 사람들 모두 비슷한 옷을 입고 비슷한 머리 스타일을 하고 있었다.

시내를 돌아다니다가 배가 고파져서 점심을 먹을 식당을 찾았는데 거리에는 똑같은 음식을 파는 식당들이 모여 있었다. 어느 곳에 들어가야 할지 몰라서 계속 왔다 갔다 하다가 사람들이 줄을 서 있는 식당이 보여서 나도 뒤에 따라 섰다. 기다리는 사람들 말로는 이곳이 티브이 프로그램에 나와서 유명해졌는데 여기에서 음식 먹는 사진을 찍어서 에스엔에스에 올리는 것이 요즘 유행이라고 한다. 앞으로 한 시간쯤 더 기다려야 한다고 해서 대신 옆에 있는 식당에 가기로 했다. 내가 점심을 먹은 식당은 손님이 별로 없어서 음식이 금방 나왔는데 아주 맛있었다. 줄을 서지 말고 처음부터 이 식당에 올 걸 그랬다고 생각했다. 이렇게 맛있는 음식을 빨리 먹을 수 있는데 왜 다들 저렇게 기다리고 있는 걸까? 이상하다는 생각이 들었다.

7 What is this about? (　　)
무엇에 대한 이야기입니까?

① 도시 생활　　② 문화 차이
③ 여행 정보　　④ 음식 문화

8 What did this person not do?(　　)
이 사람이 하지 않은 일은 무엇입니까?

① 음식을 먹을 때 사진을 찍었다.
② 공항에서 버스를 타고 시내에 갔다.
③ 여행 간 곳의 사람들과 이야기를 했다.
④ 사람이 많은 식당에 들어가려고 줄을 섰다.

9 Choose the option that is different from the content of the text. (　　)
읽은 내용과 다른 것을 고르십시오.

① 이 사람은 여행을 오기 전에 기대를 많이 했다.
② 이 도시 사람들은 유행을 따르는 것을 좋아한다.
③ 이 사람은 손님이 없는 식당에 간 것을 후회했다.
④ 이 사람은 여행 간 곳의 문화를 잘 이해할 수 없었다.

Ⅳ [10-12] Read the following and answer the questions.
다음을 읽고 질문에 답하십시오.

영국인들의 취미 중 가장 인기 있는 것은 정원 가꾸기이다. 영국인들은 꽃과 채소를 심고 가꾸는 것을 좋아해서 작은 집에도 집집마다 정원이 있다. 영국은 흐리고 비가 자주 와서 밖에서 여가 활동을 즐기기 어렵다. (㉠) 집 안에서 더 열심히 정원을 가꾼다. 그렇게 아름답게 가꾼 정원에서 차를 마시거나 파티를 하면서 즐거운 시간을 보낸다.

호주는 날씨가 좋고 자연환경도 아름다워서 야외 활동을 즐기는 사람들이 많다. 특히 강이나 바다에서 낚시를 하는 사람들을 많이 볼 수 있다. 잡은 물고기는 집에 가져가서 가족들과 요리를 해서 먹기도 한다. (㉡) 잡은 물고기를 모두 가지고 갈 수 있는 것은 아니다. 어린 물고기는 다시 놓아 주어야 한다. 또 수영을 하거나 바비큐 파티를 하는 사람들도 많이 볼 수 있다.

한국인이 즐겨 하는 취미는 등산이다. 전국 곳곳에 쉽게 등산할 수 있는 산이 많기 때문이다. 서울에서는 주말 아침에 등산하러 가는 사람들을 흔히 볼 수 있다. 회사마다 등산 동호회가 없는 곳이 없을 정도로 등산을 좋아하는 사람이 많다.

취미 생활을 통해서 사람들은 다음 날을 살아가는 힘을 얻고 더욱 활기찬 생활을 할 수 있다.

10 Choose the most appropriate title for this text. (　　)
이 글의 제목으로 알맞은 것을 고르십시오.

① 동호회와 취미 활동　　② 세계인의 여가 생활
③ 여가 생활의 좋은 점　　④ 야외에서 할 수 있는 취미

11 Choose the words to fill in the blanks for ㉠ and ㉡ in this text. (　　)
이 글의 ㉠과 ㉡에 들어갈 말을 고르십시오.

① ㉠ 그래서　㉡ 그렇지만
② ㉠ 그러니까　㉡ 그리고
③ ㉠ 그렇지만　㉡ 그런데
④ ㉠ 그리고　㉡ 그런데

12 Choose the option that matches the content of the text. (　　)
읽은 내용과 같은 것을 고르십시오.

① 영국에는 작은 집이 많아서 정원이 있는 집이 별로 없다.
② 정원 가꾸기는 날씨가 좋을 때 즐길 수 있는 여가 활동이다.
③ 호주 사람들은 집 안에서 즐길 수 있는 취미 활동을 많이 한다.
④ 한국 사람들은 회사에서 같이 일하는 사람과 등산을 가기도 한다.

memo 메모

memo 메모

memo 메모

대학생을 위한 연세한국어

YONSEI KOREAN

for college students

202

부록

KOREAN LANGUAGE INSTITUTE

YONSEI UNIVERSITY PRESS

대학생을 위한 연세한국어

YONSEI KOREAN

for college students

202

부록

KOREAN LANGUAGE INSTITUTE

YONSEI UNIVERSITY PRESS

부록

모범답안

1과 휴일과 방학

01. 인사동으로 사진을 찍으러 가려고 해요

▶ **어휘 연습**

1) 명절로
2) 음력
3) 개천절
4) 국경일

▶ **문법 연습**

1. 1) 시험공부를 하려고 합니다.
2) 공항에 가려고 합니다.
3) 선물을 사려고 합니다.
4) 대사관에 가서 비자를 신청하려고 합니다.

2. 1) 다 하기는요.
2) 재미있기는요.
3) 잘하기는요. 아직 멀었어요.
4) 돈을 모으기는요. 학교 다닐 때 은행에서 빌린 돈도 다 못 갚았어요.

▶ **읽어 봅시다**

1. 가족과 관련된 특별한 날
2. 소중한 사람들에게 감사하는 마음을 전하는 기념일이라는 점에서 비슷합니다.
3. ②

▶ **들어 봅시다**

1. 경비도 아낄 수 있고 더 즐거운 시간을 보낼 수 있습니다.
2. ① ③ ⑤ ②
3. 1) X　　2) ○　　3) ○

02. 음식을 나누어 드리는 일이 힘들지는 않았나요?

▶ **어휘 연습**

1) 자격증을 취득하고
2) 계절 학기를 수강하고
3) 인턴십 프로그램에 참여하고
4) 자원봉사 활동을 하고

▶ **문법 연습**

1. 1) 이름을 썼다가 지웠습니다.
2) 옷을 입었다가 벗으셨습니다.
3) 창문을 열었다가 닫았습니다.
4) 컴퓨터를 껐다가 켰습니다.

2. 1) 파티를 언제 하나요?
2) 학교에서 가까운 지하철역이 어디인가요?
3) 무슨 음식을 먹었나요?
4) 몇 명이 같이 가기로 했나요?

▶ **읽어 봅시다**

1. 6월 5일부터 9일까지 서울특별시 홈페이지에서 신청해야 합니다.
2. 1) X　　2) ○　　3) X
3. 1) 사회 경험　　2) 체험할

▶ **들어 봅시다**

1. 자원봉사
2. 자기가 배우는 것이 더 많고 보람도 클 것 같다고 말했습니다.
3. 1) X　　2) X　　3) ○

2과 의생활

01. 백화점은 물건이 좋기는 하지만 비싸잖아

▶ **어휘 연습**

1) 장바구니
2) 교환
3) 무료 배송
4) 구매 후기

▶ **문법 연습**

1. 1) 칠 수 있기는, 잘 치지는 못해요.
2) 재미있기는, 어려워요.
3) 예쁘기는 하지만 너무 비싸요.
4) 네, 좋아하기는 하지만 자주 못 봐요.

2. 1) 음식이 상할까 봐 냉장고에 넣었어요.
2) 시험을 못 볼까 봐 밤을 새워서 공부했어요.
3) 아침에 늦게 일어날까 봐 알람을 여러 개 맞췄어요.
4) 중요한 약속을 잊어버릴까 봐 휴대폰에 저장했습니다.

▶ **읽어 봅시다**

1. 영수증

2. ①

3. 1) ○ 2) X 3) ○

▶ **들어 봅시다**

1. 1) 졸업식 2) 한복을

2. ①

3. ②

02. 토요일까지 해 드릴 테니까 그때 오세요

▶ **어휘 연습**

1. 1) 물세탁을 하지
2) 140~160도로 다림질하십시오.
3) 짜지
4) 옷걸이에 걸어서 말리십시오.

▶ **문법 연습**

1. 1) 내가 청소를 할 테니까 너는 쓰레기를 버려.
2) 다음 주에 갚을 테니까 십만 원만 빌려 주세요.
3) 내가 영화표를 살 테니까 같이 가자.
4) 오후에 비가 올 테니까 우산을 가지고 가세요.

2. 1) 약속 시간을 바꿨으면 합니다.
2) 집을 떠나서 혼자 살았으면 합니다.
3) 새해에는 운동을 시작했으면 합니다.
4) 무역 회사 영업부에서 일했으면 합니다.

▶ **읽어 봅시다**

1. 빨래방

2. 1) ○ 2) ○ 3) X

3. 1) 단 2) 단 3) 장 4) 장

▶ **들어 봅시다**

1. 블라우스 두 벌과 스웨터 한 벌

2. ③

3. 1) X 2) ○ 3) X

3과 학교 시설

01. 필요한 자료가 다 있을지 모르겠어요

▶ **어휘 연습**

1) 열람실이
2) 대출하려면
3) 반납해야
4) 연체료를

▶ **문법 연습**

1. 1) ① 2) ②
3) ① 4) ①

2. 1) 좋은 회사에 취직할 수 있을지 모르겠어요.
2) 그 사람이 저를 좋아할지 모르겠어요.
3) 2시까지 도착할 수 있을지 모르겠어요.
4) 음식이 친구들 입맛에 맞을지 모르겠어요.

▶ **읽어 봅시다**

1. 새 건물이어서 깨끗하고 이용하기가 편리하다. 다양한 시설이 있다.

2. 1) X 2) ○ 3) X

3. 1) 언어 교환
2) 영화 감상이다.
3) 학교 도서관
4) 영화를

▶ **들어 봅시다**

1. 서울에 있는 유명한 도서관

2. 1) ① 2) ② 3) ③ 4) ②

3. 1) ○ 2) ○ 3) X

02. 생각보다 비싸지 않군요

▶ **어휘 연습**

1) 당일 특급
2) 택배
3) 배송 조회
4) 항공편으로

▶ **문법 연습**

1. 1) 같이 쇼핑을 하거나 커피숍에 가서 이야기를 해요.
2) 따뜻한 우유를 마시거나 조용한 음악을 들어요.
3) 이야기를 재미있게 하거나 게임을 잘하는 친구들이 인기가 있어요.
4) 좋아하는 가수의 노래를 듣거나 공연을 보면 행복해요.

2. 1) 음식이 참 맛있군요.
2) 영화를 자주 보는군요.

3) 노래를 정말 잘하는군요.
4) 학교에서 집까지 좀 멀군요.

▶ **읽어 봅시다**

1. 여러 나라에서 온 학생들이 많아서 다양한 친구들을 사귈 수 있기 때문에

2. 1) ○ 2) X 3) X

3. 1) ② 2) ① 3) ③ 4) ④

▶ **들어 봅시다**

1. 여러 가지 일을 해서(은행하고 비슷한 일을 해서) 우체국이 더 복잡해졌습니다.

2. ④

3. 1) X 2) ○ 3) ○

4과 병원과 약국

01. 아파 죽겠다고 해서 왔어요

▶ **어휘 연습**

1) 진통제 2) 소독약
3) 수면제 4) 피부 연고
5) 영양제

▶ **문법 연습**

1. 1) 대학교를 졸업하고 대학원에 가려다가 회사에 취직했다.
2) 회사 일이 힘들어서 그만두려다가 그냥 다니기로 했다.
3) 집을 사려다가 갑자기 집값이 올라서 못 샀다.
4) 사귀던 사람과 결혼하려다가 결혼식 바로 전에 헤어졌다.

2. 1) 아파
2) 피곤해
3) 배불러
4) 졸려

▶ **읽어 봅시다**

1. ②

2. 편의점

3. 1) O 2) X 3) O

▶ **들어 봅시다**

1. 1) 찬 콜라(음료수)를 많이 마셔서 배탈이 났다.
2) 설사를 했다.

2. 화장실에 못 가서 배가 아프다.

3. 1) O 2) X

02. 김 박사님 환자가 많은가 봐요

▶ **어휘 연습**

1) 진단서를
2) 입원해, 문병을 갔어요
3) 수술을
4) 처방

▶ **문법 연습**

1. 1) 직접 요리하기도
2) 밖에서 친구를 만나기도
3) 컴퓨터로 보는데 가끔은 극장에 가기도 해요.
4) 문자 메시지를 보내는데 가끔은 영상 통화를 하기도 해요.

2. 1) 배가 고픈가 봐요.
2) 자나 봐요.
3) 선희 씨를 좋아하나 봐요.
4) 열심히 공부했나 봐요.

▶ **읽어 봅시다**

1. 침을 맞았다.

2. 집에서 찜질을 자주 하고 며칠 동안은 많이 걷지 말고 쉬어야 한다.

3. ①

▶ **들어 봅시다**

1. ①

2. 1) 응급실 2) 시간이 늦어서

3. ③

5과 여행

01. 작년 여름에 갔던 동해 바다가 기억에 남아

▶ **어휘 연습**

1) 1박 2일 2) 먹거리를
3) 왕복으로 4) 여행자 보험

5) 숙박 시설

▶ **문법 연습**

1. 1) 입었던　　2) 들었던
3) 작았던　　4) 친했던

2. 1) 닭갈비라면
2) 한옥 구경이라면
3) 벚꽃 구경이라면 진해가 제일 좋아.
4) 지금이 방학이라면 다 가 볼 수 있는데 아쉽네.

▶ **읽어 봅시다**

1. 자유롭게 여행하려고 계획을 세우지 않았다.

2. 군대에 가기 전에 혼자 여행을 온 대학생

3. 1) O　　2) X　　3) O

▶ **들어 봅시다**

1. 기차

2. 1) X　　2) O　　3) O

3. 1) 두꺼운 옷
2) 밤에 날씨가 추워져서

02. 나는 겨울에 갔는데 한국보다 따뜻하더라고

▶ **어휘 연습**

1) 영동　　2) 영남
3) 호남　　4) 남해

▶ **문법 연습**

1. 1) 토요일이어서/근처에서 큰 행사가 열려서/비가 와서, 길이 많이 막히네요.
2) 시설이 좋아서/교통이 편리해서/새로 지어서, 비싸요.
3) 스트레스를 많이 받아서/술을 많이 마셔서/일이 많아서, 피곤해 보여요.
4) 음식 값이 싸서/학교에서 가까워서/직원들이 친절해서, 사람이 많아요.

2. 1) 귀엽더라고요
2) 아파서 집에 가더라고요
3) 식당에서 일하더라고요
4) 화가 많이 났더라고요

▶ **읽어 봅시다**

1. 두바이, 한국, 브라질, 스페인, 페루, 인도

2. 교통사고가 나서 병원에 입원했다.

3. 1) O　　2) O　　3) X

▶ **들어 봅시다**

1. 1) 싱가포르
2) 저녁에 배를 타고 바다에서 야경을 감상할 수 있다.

2. 1) 사이판
2) 스노클링 체험도 하고 넓고 조용한 리조트에서 편안한 시간도 보낼 수 있다.

3. 1) 영국, 프랑스, 스위스, 이탈리아, 독일
2) 10일

6과 이사

01. 지하철역에서 가까울수록 출근하기 편할 것 같아요

▶ **어휘 연습**

1) 부동산 소개소
2) 냉방
3) 공부방을
4) 계약을
5) 마당이

▶ **문법 연습**

1. 1) 배울수록
2) 가벼울수록
3) 잘수록
4) 시간이 많을수록

2. 1) 뭐든지 잘 먹어요.
2) 어디든지 좋아요.
3) 얼마든지 드셔도 돼요.
4) 누구든지 갈 수 있어요.

▶ **읽어 봅시다**

1. 하숙집을 구하는 데 필요한 정보를 알려 주려고 이 메일을 썼다.

2. (가) 하숙집을 찾는 방법
(나) 하숙비
(다) 하숙집의 장단점
(라) 끝인사

3. 1) X　　2) O　　3) X

▶ **들어 봅시다**

1. ②
2. ③
3. ②

02. 중요한 물건은 미리 싸 놓는 게 나아

▶ **어휘 연습**

1) 짐을 옮겨
2) 짐을 싸고
3) 짐을 정리하는
4) 이사 비용이
5) 사다리차를

▶ **문법 연습**

1. 1) 회사에 다니는
2) 모임이 없는
3) 결혼을 안 하신
4) 어려울

2. 1) 청소해 2) 준비해
3) 만들어 4) 전화해

▶ **읽어 봅시다**

1. 1) 학교 근처 원룸
2) 방이 크고 조용하다. 그리고 교통편도 좋고 월세도 싸다.

2. 친구들의 도움을 받아서 콜택시로 짐을 옮겼다.

3. 1) X 2) O 3) X

▶ **들어 봅시다**

1. 새로 이사한 하숙집이 밤에도 조용한 줄 알았다.
2. 아파트 2층에도 엘리베이터가 서는 줄 알았다.
3. 이사한 원룸이 낮에 햇빛이 잘 들어오는 줄 알았다.

7과 여가 생활

01. 등산을 제일 많이 한대

▶ **어휘 연습**

1) 인터넷 2) 휴양지
3) 관람 4) 감상

▶ **문법 연습**

1. 1) 월급을 받자마자 다 썼어요.
2) 우산을 사서 쓰자마자 비가 그쳤어요.
3) 이번 학기가 끝나자마자 아르바이트를 하려고 해요.
4) 아이가 의사를 보자마자 울기 시작했어요.

2. 1) 한국 영화를 좋아한대요.
2) 극장 앞에서 만나재요.
3) 예매할 거래요.
4) 사지 말래요.

▶ **읽어 봅시다**

1. 1) 공원에서 운동하기
2) 야외 활동
3) 등산

2. 1) X 2) ○ 3) X

3. ①

▶ **들어 봅시다**

1. 한국 청소년들의 취미 활동 (한국 청소년들이 즐겨 하는 취미 활동)

2. 1) ○ 2) ○ 3) X

3. 1) 음악 감상
2) 운동으로

02. 하마터면 신청 기간을 놓칠 뻔했어

▶ **어휘 연습**

1) 탈춤 동아리 / 국악 동아리
2) 합창 동아리 / 밴드 동아리
3) 등산 동아리
4) 봉사 동아리

▶ **문법 연습**

1. 1) 주말에 쉬지 못했더니 오늘 피곤해요.
2) 친구에게 여행을 가자고 했더니 좋다고 했어요.
3) 매일 20분씩 한국어 뉴스를 들었더니 듣기 실력이 좋아졌어요.
4) 룸메이트에게 밤에는 조용히 해 달라고 했더니 알겠다고 했어요.

2. 1) 사고가 날 뻔했어요.
2) 늦을 뻔했어요.
3) 잊어버릴 뻔했어.
4) 큰일 날 뻔했어요.

▶ **읽어 봅시다**

1. 교류하기, 국제 교류 동아리

2. 환영 파티, 신입생 환영회, 한옥 체험, 세계 요리 축제

3. ③

▶ **들어 봅시다**

1. 이웃을 사랑하는 사람들의 모임

2. 한 달에 두 번 노인들과 아이들을 위해 봉사 활동을 합니다.

3. 동아리 신입 회원이 적은 것을 걱정하고 있다.

4. ①

8과 건강

01. 내일 아침에도 전화해서 깨워 주실 수 있죠?

▶ **어휘 연습**

1) 근육이
2) 스트레스가
3) 체중이
4) 전신 운동이어서

▶ **문법 연습**

1. 1) 밤에 잘 자는데도 피곤해요.
2) 신발이 많은데도 또 샀어.
3) 열심히 공부했는데도 시험을 못 봤어요.
4) 방학인데도 학생들이 열심히 공부하네요.

2. 1) 끓여서 2) 먹여
3) 벗기고 4) 입히고

▶ **읽어 봅시다**

1. ②

2. ④

3. ④

▶ **들어 봅시다**

1. 공부하다가 피곤할 때 의자에 앉아서 할 수 있는 스트레칭

2. 학생

3. ② ➜ ③ ➜ ① ➜ ④

02. 좋은 생활 습관을 가지고 있으면 건강은 저절로 따라오는 것입니다

▶ **어휘 연습**

1) 불규칙해서
2) 폭식이나
3) 편식을
4) 규칙적인

▶ **문법 연습**

1. 1) 선생님이 친절하신, 설명도 자세하게 해 주셔서 좋아요.
2) 시험공부를 안 한, 문제도 어려워서 성적이 나쁩니다.
3) 휴일인 데다가 날씨도 좋아서 공원에 사람이 많아요.
4) 지민 씨는 영어를 잘하는 데다가 일본어도 잘해요.

2. 1) 일본 드라마를 보는
2) 한자어가 많은
3) 산
4) 가지고 온

▶ **읽어 봅시다**

1. ②

2. 1) X 2) ○ 3) X

3. 감기에는 특별한 치료 방법이 없다.

▶ **들어 봅시다**

1. 장수의 비결

2. 충분한 수면, 규칙적인 식사, 콩으로 만든 식품 섭취, 고기 섭취

3. ③

9과 문화 차이

01. 하숙집을 옮겼다면서요?

▶ **어휘 연습**

1) 차분하다
2) 성격이 급하다
3) 소극적이다
4) 정이 많다

▶ **문법 연습**

1. 1) 보스턴에는 유명한 학교들이 많다면서요?
2) 영화배우 벤 애플렉이 보스턴 사람이라면서요?
3) 보스턴에서는 미식축구하고 농구가 인기가 많다면서요?
4) 보스턴은 도시 역사가 오래되었다면서요?

2. 1) 좋아하는 친구에게 고백할
2) 적성에 맞는 전공을 선택할
3) 좀 더 어렸을 때 유학을 갈 걸 그랬다.
4) 대학원에 들어오지 말 걸 그랬다.

▶ **읽어 봅시다**

1. 유행을
2. 답답하다, 이상하다
3. 1) O 2) X 3) X

▶ **들어 봅시다**

1. 식사 예절
2. 너 한국 사람 다 됐네.
3. 1) X 2) O 3) X

02. 동아리 회의 장소가 어디라고 했지?

▶ **어휘 연습**

1) 예의가 있는/예의가 바른
2) 예절을 지키는
3) 실례가 될/예의에 어긋날
4) 식사 예절

▶ **문법 연습**

1. 1) 어느 나라에 여왕이 있었지?
2) 신라의 수도가 어디지?
3) 조선 시대가 언제부터 언제까지지?
4) 누가 한글을 만들었지?

2. 1) 그렇지만 리사의 노래는 듣기가 힘들었다.
2) 그래서 감기에 걸렸다.
3) 그리고 식당에서 한식을 먹었다.
4) 그런데 냉장고가 비어 있었다.

▶ **읽어 봅시다**

1. 교통 약자
2. ④
3. 급하게 타지 않고 다음 열차를 기다린다.

▶ **들어 봅시다**

1. 1) 몇 년생이에요?
2) 나이가 어떻게 되세요?
2. 1) 나이와 2) 관계 3) 상황
3. ②

10과 친구 관계

01. 말 못 할 고민이 있을지도 모르잖아요

▶ **어휘 연습**

1) 의논을 2) 털어놓으면
3) 걱정을 4) 해결했어요.

▶ **문법 연습**

1. 1) 끝내 2) 마셔
3) 써 4) 꺼

2. 1) 지갑을 잃어버릴지도
2) 네가 잘지도
3) 일찍 도착하셨을지도
4) 문을 닫았을지도

▶ **읽어 봅시다**

1. 친구도 좋아한다.
2. 사귀자고 해, 피터도 너를 좋아하고 있을지도
3. 1) O 2) X 3) X

▶ **들어 봅시다**

1. 학교 성적, 친구 관계
2. 친구, 어머니
3. 1) O 2) O 3) X

02. 밤새 통화하느라고 아무것도 못 했어

▶ **어휘 연습**

1) 부탁을 거절하는
2) 부탁을 받았다.
3) 부탁을 들어주신다.
4) 거절을 당했다.

▶ **문법 연습**

1. 1) 친구와 이야기하느라고 숙제를 못 했다.

2) 드라마를 보느라고 밤에 잠을 못 잤다.
3) 샤워하느라고 부모님께 온 전화를 못 받았다.
4) 보고서를 쓰느라고 친구와 만나기로 한 약속을 못 지켰다.

2. 1) 어렸을 때 어머니께서 피시방에 가지 못하게 하셨다.
2) 어머니께서 날마다 운동을 하게 하셨다.
3) 초등학교 때 선생님께서 날마다 일기를 쓰게 하셨다.
4) 중학교 다닐 때 학교에서 학생들에게 염색을 하지 못하게 했다.

▶ 읽어 봅시다

1. 음식물 쓰레기를 줄입시다.
2. 1) 일회용 종이컵 2) 머그 컵
3. 1) X 2) O 3) O

▶ 들어 봅시다

1. 노트북 컴퓨터를 빌려
2. 자기도 주말에 보고서를 쓰기 위해 노트북이 필요해서
3. 기차 안
4. 1) X 2) O 3) O

1과 휴일과 방학

01. 인사동으로 사진을 찍으러 가려고 해요

▶ 어휘

1) 세우지만 2) 볼거리와
3) 연휴여서 4) 설날이라고

▶ 문법

-으려고/려고 하다

1. 1) 백화점에서 옷을 사려고 합니다.
2) 도서관에서 책을 읽으려고 합니다.
3) 조용한 음악을 들으려고 합니다.
4) 다음 달부터 서울에서 살려고 합니다.
2. 1) 제주도에 가려고
2) 부산에 가려고
3) 이번 주말에 가려고 해요.
4) 회를 먹으려고 해요.

-기는요

3. 1) 잘 쉬기는요. 2) 잘 그리기는요.
3) 맛있기는요. 4) 예쁘게 쓰기는요.
4. 1) 어렵기는요
2) 잘하기는요
3) 괜찮기는요. 정말 별로였어요.
4) 잘 치기는요. 배운 지 한 달밖에 안 됐어요.

02. 음식을 나누어 드리는 일이 힘들지는 않았나요?

▶ 어휘

1) 내내 2) 부족해서
3) 일손이 4) 급식을

▶ 문법

-었다가/았다가/였다가

1. 1) 예약을 했다가 취소했습니다.
2) 가방을 샀다가 바꿨습니다.
3) 메시지를 썼다가 지웠습니다.
4) 모자를 잃어버렸다가 찾았습니다.
2. 1) 에어컨을 켰다가 너무 추워서 껐어요.
2) 노트북 컴퓨터를 새로 샀다가 무거워서 바꿨어요.
3) 옷을 입었다가 더워서 벗었어요.
4) 창문을 열었다가 바람이 불어서 닫았어요.

-나요/은가요/ㄴ가요?

3. 1) 학교에 어떻게 오나요?
2) 질문이 있나요?
3) 한국 친구가 많은가요?
4) 오늘 날씨가 추운가요?
5) 한국말 공부하기가 어떤가요?
6) 어제 몇 시에 주무셨나요?
7) 이분이 고향 친구인가요?
4. 1) 영어를 잘해야 하나요?
2) 근무 시간은 몇 시부터 몇 시까지인가요?
3) 월급은 얼마인가요?/월급은 어떻게 되나요?
4) 회사는 어디에 있나요?

2과 의생활

01. 백화점은 물건이 좋기는 하지만 비싸잖아

▶ 어휘

1) 실제로 2) 따라가면
3) 정가 4) 당황했어요.

▶ 문법

-기는 하다

1. 1) 그 사람을 알기는 하는데 별로 친하지는 않아요.
2) 피아노를 배우기는 했지만 잘 치지는 못합니다.
3) 그 식당 음식이 맛있기는 한데 좀 비쌉니다.
4) 여행을 가서 돈을 많이 쓰기는 했지만 정말 재미있었어요.
2. 1) 일이 많기는
2) 주차장이 있기는
3) 네, 자주 보기는 하는데 무슨 말인지 이해하지 못할 때가 많아요.
4) 예쁘기는 한데 너무 비싸요.

-을까/ㄹ까 봐

3. 1) 길이 막힐까, 다른 길로 왔어요.
2) 친구가 실망할까, 말을 하지 않았어요.
3) 시험에 떨어질까 봐 열심히 공부했어요.
4) 오늘 파티 때 음식이 부족할까 봐 양을 넉넉하게 준비했어요.
4. 1) 넘어질까
2) 빠질까
3) 교통이 복잡할까 봐 집에서 일찍 출발했어요.

4) 어려울까 봐 걱정이 돼서 시험공부를 일찍 시작했어.

02. 토요일까지 해 드릴 테니까 그때 오세요

▶ 어휘

1) 얼룩은 2) 단골
3) 그대로여서 4) 비교적

▶ 문법

-을/ㄹ 테니까

1. 1) 배가 고플, 먼저 드세요.
2) 그 길은 복잡할, 다른 길로 갑시다.
3) 곧 갈 테니까 잠깐만 기다려 주시겠어요?
4) 제가 청소를 할 테니까 제임스 씨는 설거지를 해 주세요.

2. 1) 교통이 복잡할
2) 사람이 많을
3) 표를 예매할 테니까 너는 커피를 사.
4) 케이크를 살 테니까 윤아 씨는 꽃다발을 사 가지고 오세요.

-었으면/았으면/였으면 하다

3. 1) 월세가 쌌으면 해요.
2) 학생들에게 도움이 되었으면 합니다.
3) 제 발표 날짜를 리사 씨와 바꿨으면 합니다.
4) 제 결혼식에 와 주셨으면 합니다.

4. 1) 책을 많이 읽었으면
2) 유학을 갔으면
3) 한국 친구를 많이 사귀었으면 해요.
4) 좋은 사람과 가족을 이루어서 행복하게 살았으면 해요.

3과 학교 시설

01. 필요한 자료가 다 있을지 모르겠어요

▶ 어휘

1) 제출하면 2) 제목이
3) 자료실 4) 검색해

▶ 문법

하다 / 되다

1. 1) 집 정리가 잘 됐어요.
2) 여행 준비가 다 됐어요.
3) 화장을 자연스럽게 했어요.
4) 보고서는 오늘 안으로 완성이 될 거예요.

2. 1) 잘 치료됐어요.
2) 시작했어요.
3) 확인을 했어요.
4) 걱정이 돼요.

-을지/ㄹ지 모르겠다

3. 1) 모임에 올지 2) 입맛에 맞을지
3) 이해할 수 있을지 4) 날씨가 좋을지

4. 1) 인기가 많은 공연이어서 표가 있을지
2) 길이 막혀서 제시간에 도착할 수 있을지
3) 일이 많아서 다 끝낼 수 있을지 모르겠어요.
4) 요즘 비가 자주 와서 내일 등산을 갈 수 있을지 모르겠어요.

02. 생각보다 비싸지 않군요

▶ 어휘

1) 드세요. 2) 대부분은
3) 올려놓으세요. 4) 예를 들면

▶ 문법

-거나

1. 1) 오후에는 도서관에서 공부하거나 친구들과 같이 이야기를 합니다.
2) 심심하면 만화책을 읽거나 컴퓨터 게임을 합니다.
3) 시간이 있으면 미술관에 가거나 등산을 합니다.
4) 고향에서 친구가 오면 같이 쇼핑을 하거나 서울 시내를 구경합니다.

2. 1) 아르바이트를 하거나 계절 학기 수업을 들어요.
2) 인터넷으로 검색을 하거나 선배에게 물어봐요.
3) 걸어가거나 버스를 타요.
4) 좋아하는 음악을 듣거나 친구들과 게임을 해요.

-는군요/군요

3. 1) 복잡하군요. 2) 좋아하시는군요.
3) 멀지 않군요 4) 거는군요.

4. 1) 아주 크군요. 2) 많군요.
3) 잘 타는군요. 4) 넘었군요.

4과 병원과 약국

01. 아파 죽겠다고 해서 왔어요

▶ 어휘

1) 열이 2) 나았으면
3) 지어 4) 독감

▶ 문법

-으려다가/려다가

1. 1) 팁을 적게 주려다가
2) 빈자리에 앉으려다가
3) 재수하려다가
4) 닭갈비를 만들려다가

2. 1) 피터를 부르려다가 요즘 너무 바빠 보여서 안 불렀어.
2) 렌즈를 끼려다가 눈이 좀 피곤해서 안경을 꼈어요.
3) 새 카메라를 사려다가 너무 비싸서 중고품을 샀어요.
4) 두 판을 시키려다가 남을 것 같아서 한 판만 시켰어.

-어/아/여 죽겠다

3. 1) 더워
2) 지겨워
3) 시끄러워 죽겠어.
4) 다리가 아파 죽겠어.

4. 1) 지루해
2) 배고파
3) 피곤해
4) 추워

02. 김 박사님 환자가 많은가 봐요

▶ 어휘

1) 편찮으셔서 2) 어지러운데
3) 이유 4) 환절기여서

▶ 문법

-기도 하다

1. 1) 옷을 빌려 입기도, 빌려주기도
2) 싸기도, 빠르기도
3) 색이 변하기도, 오래되기도
4) 게임을 하기도, 드라마를 보기도

2. 1) 싸우기도
2) 힘들기도, 재미있기도
3) 좋기도 하고 아쉽기도 해.
4) 귀엽기도 하고 귀찮기도 해.

-나/은가/ㄴ가 보다

3. 1) 백화점에서 세일을 하나
2) 리에 씨 집이 먼가
3) 마이클한테 오늘 중요한 일이 있나 봐요.
4) 윤아가 감기에 걸렸나 봐요.

4. 1) 친구들한테 인기가 많은가
2) 더운가
3) 그 커피숍에 자주 가나 봐요.
4) 시험을 못 봤나 봐요.

5과 여행

01. 작년 여름에 갔던 동해 바다가 기억에 남아

▶ 어휘

1) 단풍이 2) 생각나지
3) 잊고 4) 유난히

▶ 문법

-었던/았던/였던

1. 1) 전주에 갔을 때 잤던
2) 베이징 여행 중에 판다를 봤던
3) 하노이에서 먹었던 쌀국수가
4) 바르셀로나를 여행할 때 만났던 배낭여행객들이 기억에 남아.

2. 1) 노래방에서 불렀던
2) 동아리 공연 때 입었던
3) 지난번에 갔던 커피숍에 가자.
4) 고등학교 때 같은 반이었던 친구들이야.

이라면/라면

3. 1) 공연이라면
2) 잘 보이는 자리라면
3) 사랑하는 사람이라면
4) 여자 친구라면

4. 1) 떡볶이, 떡볶이라면
2) 커피라면 에티오피아 커피가 최고지.
3) 오늘이 휴일이라면 집에서 푹 쉬고 싶어.
4) 서울의 역사적인 볼거리라면 역시 경복궁이지.

02. 나는 겨울에 갔는데 한국보다 따뜻하더라고

▶ **어휘**

1) 빼놓고 2) 추천해
3) 매력을 4) 지방

▶ **문법**

-어서/아서/여서 그런지

1. 1) 성격이 밝아서, 친구가 많아요.
2) 책을 많이 읽어서, 글을 잘 써요.
3) 이따가 데이트가 있어서, 즐거워 보여요.
4) 아버지가 축구 선수여서, 운동을 잘해요.

2. 1) 어제 오후 늦게 커피를 마셔서
2) 영양제를 챙겨 먹어서
3) 주말에 콘서트장에 가서 너무 소리를 질러서 그런지 오늘 목소리가 안 나오네.
4) 이번 학기에 수업을 많이 들어서 그런지 바쁜 것 같아.

-더라고요

3. 1) 닮았더라고요.
2) 크더라고요.
3) 많더라고요.
4) 어려 보이더라고요.

4. 1) 중국어를 잘하더라고요.
2) 물건이 비싸더라고요.
3) 배우들이 연기를 잘하더라고요.
4) 커피숍이랑 식당이 많이 생겼더라고요.

복습(1-5과)

>> 말하기

1. 우리 고향의 큰 명절 중 하나는 추수 감사절이에요. 11월 넷째 주 목요일인데 봄부터 농사를 지어서 가을에 먹을 것을 얻은 것에 대해서 감사하는 날이에요. 보통 추수 감사절 전날인 수요일부터 일요일까지 쉬기 때문에 가족들과 긴 연휴를 보낼 수 있어요. 저희 집에서는 칠면조와 호박 파이를 직접 만들어서 먹어요. 그리고 추수 감사절 다음 날인 금요일에 가게에서 큰 세일을 해서 사람들이 쇼핑을 많이 해요.

2. 저는 학교 피트니스 센터를 자주 이용해요. 기숙사 지하에 있어서 운동하러 다니기가 편하고 운동 기구들이 새것이라서 좋아요. 그리고 기숙사에 사는 학생들은 거기를 무료로 이용할 수 있어요. 저는 일주일에 세 번쯤 피트니스 센터에 가서 운동을 하고 가끔 옆에 있는 수영장에서 수영도 해요. 피트니스 센터에서 운동을 한 후부터 몸이 아주 건강해졌어요.

3. 저는 작년에 스키를 타다가 넘어져서 다리를 크게 다쳤어요. 병원에 가니까 의사 선생님이 수술을 받아야 한다고 하셨어요. 그래서 병원에 입원해서 수술을 받고 일주일을 지냈어요. 수술을 받은 후에도 오랫동안 다리를 움직일 수 없어서 너무 불편하고 답답했어요. 의사 선생님과 간호사 선생님들이 친절하기는 했지만 빨리 퇴원하고 싶었어요.

>> 쓰기

Ⅰ **1.** ④ **2.** ① **3.** ② **4.** ③
Ⅱ **5.** ④ **6.** ② **7.** ①
Ⅲ **8.** ① **9.** ② **10.** ①
Ⅳ **11.** ③ **12.** ③ **13.** ④ **14.** ①
Ⅴ **15.** ① **16.** ③ **17.** ④ **18.** ①
Ⅵ **19.** 나는 작년 여름에 친구들과 제주도로 3박 4일 여행을 다녀왔다. 한국 친구에게 방학에 어디로 여행을 가면 좋겠냐고 물어봤는데 국내 여행이라면 제주도가 최고라고 해서 제주도에 가게 되었다. 우리는 처음에 호텔을 예약하려다가 숙박비가 더 싸고 제주도의 집밥도 먹어 볼 수 있는 민박에서 묵기로 했다.
제주도 공항에 도착했을 때 날씨가 좀 덥기는 했지만 시원한 바람이 많이 불어서 기분이 좋았다. 민박 집 주인아저씨가 차로 공항까지 데리러 와 주셔서 편하게 숙소에 갈 수 있었다. 아저씨가 아주 친절하셨고 음식도 맛있어서 다른 친구들에게도 이 민박 집을 추천하고 싶다.
우리는 다음 날 한라산에 올랐다. 등산하는 날 날씨가 안 좋을까 봐 걱정을 많이 했는데 다행히 날씨가 아주 맑았다. 올라갈 때는 힘들었는데 산 위에서 보는 제주도 경치가 마치 그림 같아서 힘들었던 것을 다 잊을 수 있었다.
남은 이틀 동안에는 유명한 식당과 카페를 찾아다녔다. 너무 즐거워서 서울에 돌아가기가 싫을 정도였다. 이번 제주도 여행은 내 인생에서 가장 기억에 남는 여행 중의 하나이다.

>> 듣기

I 1. ④

추석 연휴에 뭘 하실 건가요?
What are you going to do during the Chuseok holiday?

2. ④

인터넷에서 저한테 어울리는 옷을 찾을 수 있을지 모르겠어요.
I'm not sure if I can find clothes that suit me on the Internet.

II 3. ②

남자: 미나 씨, 결혼식이 5월이라고 했지요? 여행은 어디로 가요?
여자: 스위스에 가기로 했어요.
남자: 정말 좋겠네요. 사랑하는 남편과 아름다운 곳을 여행하면 정말 행복하겠어요.
A: Mina, you said the wedding is in May, right? Where are you going on your trip?
B: We've decided to go to Switzerland.
A: That sounds wonderful. Traveling to a beautiful place with your beloved husband must be so blissful.

4. ③

여자: 이 소포를 급하게 미국으로 보내야 해요. 2, 3일 안에 도착했으면 하는데요.
직원: 우편 요금이 비싸지만 아주 빨리 보낼 수 있는 방법이 있어요. 그걸로 하실래요?
여자: 네, 그렇게 하겠습니다.
A: I need to send this package to the United States urgently. I'd like for it to arrive in 2 or 3 days.
B: The postage is expensive, but there's a way to send it very quickly. Would you like to do that?
A: Yes, I'll go with that option.

III 5. ③

남자: 아침에 일어나니까 눈이 빨갛고 많이 부었는데 약 좀 주세요.
약사: 눈병인 것 같은데 병원에서 처방전을 받아 오셔야 약을 사실 수 있어요.
남자: 그래요? 여기서 바로 약을 살 수는 없나요?
Customer (man): When I woke up this morning, my eyes were red and swollen. Please give me some medicine.
Pharmacist (woman): It seems like an eye disease. You'll need to get a prescription from the hospital to buy medicine.
Customer (man): Really? Can't I buy the medicine right here?

6. ①

여자: 운동화를 세탁하고 싶은데요. 가능한가요?
직원: 그럼요. 오늘 맡기시면 내일 오전쯤 찾으실 수 있습니다.
여자: 돈은 어떻게 내나요?
직원: 찾아 가실 때 주시면 됩니다.
Customer (woman): I'd like to clean my sneakers. Is that possible?
Employee (man): Of course. If you drop them off today, you can pick them up tomorrow morning.
Customer: How do I pay?
Employee: You can pay when you come to pick them up.

IV 7. ③ **8.** ④

7-8
저는 한국 생활에 많이 익숙해지기는 했지만 지금까지 특별히 하는 일 없이 방학을 보내고 있었어요. 방학을 의미 있게 보내고 싶었지만 잘되지 않아서 답답했어요. 오늘 기숙사 친구에게 이런 이야기를 하니까 서울 시 자원봉사 센터에 대해서 이야기해 주었어요. 친구는 요즘 도서관에서 책을 빌려주는 자원봉사를 하고 있다고 했어요. 저는 고향에서도 자원봉사를 해 본 적이 없고 아직 한국말도 잘 못해서 걱정이 됐지만 인터넷에서 자원봉사에 대한 정보를 한번 찾아봤어요. 어르신들에게 점심을 나눠 드리는 일도 있고 아이들에게 영어를 가르치는 일도 있었는데 한국말이 서투른 저도 할 수 있을 것 같아 보였어요. 자원봉사는 어려운 사람들을 도와주기 위해서 하는 일이지만 저도 배울 수 있는 것이 많고 서로 나누는 보람도 클 것 같아요. 그래서 내일은 서울 시 자원봉사 센터에 가서 제가 할 수 있는 봉사 활동을 알아보고 신청하려고 해요.
Although I have gotten used to life in Korea, I have been spending my vacation without doing anything special. I wanted to spend my vacation meaningfully, but I was frustrated because it hadn't been going well. Today, when I was talking about this to my dorm friend, she told me about the Seoul City Volunteer Center. My friend said that she is currently volunteering to lend books at the library.

I had never volunteered in my hometown and was worried because I'm not very proficient in Korean yet, but I looked up information about volunteering on the Internet. There were programs like serving lunch to the elderly or teaching children English, and even though my Korean is limited, I felt like I could manage these tasks. While volunteering is about helping those in need, I believe there is a lot I can learn, and it will be very fulfilling to share with each other. So, tomorrow I'm going to visit the Seoul City Volunteer Center and find out what volunteer work I can do and apply.

9. ④ **10.** ②

9-10

미선: 한국 역사에 대한 책을 빌리려고 하는데 몇 층으로 가면 됩니까?
직원: 컴퓨터로 검색을 한 후에 직접 책을 찾으시면 돼요.
미선: 얼마 동안 빌릴 수 있나요?
직원: 대출 기간은 2주일입니다.
미선: 더 보고 싶으면 대출 기간을 연장할 수 있나요?
직원: 네, 일주일 더 연장할 수 있는데 연장은 한 번밖에 안 됩니다. 그리고 반납 날짜를 꼭 지키셔야 합니다.
미선: 연체하면 책을 못 빌리나요?
직원: 네, 연체한 기간만큼 책을 빌릴 수 없고 연체료도 내셔야 합니다.
미선: 연체료는 얼마입니까?
직원: 하루에 100원입니다.
미선: 네, 알겠습니다.
Miseon (woman): I want to borrow a book about Korean history. Which floor should I go to?
Employee (man): You can search on the computer and then find the book yourself.
Miseon: How long can I borrow it for?
Employee: The load period is 2 weeks.
Miseon: If I want to keep it longer, can I extend the load period?
Employee: Yes, you can extend it for another week, but it can only be extended once. Make sure to follow the return date.
Miseon: If I'm overdue, am I not able to borrow books?
Employee: Yes, you cannot borrow books for the duration of the overdue period, and you will also have to pay a late fee.
Miseon: How much is the late fee?
Employee: It's 100 won per day.
Miseon: Okay, I understand.

11. ① **12.** ② **13.** ②

11-13

선희: 수지야, 입원했다는 연락을 받고 깜짝 놀랐어. 좀 어때?
수지: 많이 좋아졌어. 이렇게 문병을 와 줘서 정말 고마워.
선희: 주스하고 과일 좀 사 왔어.
수지: 그냥 와도 되는데…. 잘 먹을게.
선희: 그런데 의사 선생님은 뭐라고 하셨어?
수지: 공부 때문에 스트레스를 심하게 받고 잠을 못 자서 병이 났다고 하셨어.
선희: 쉬지 않고 공부만 해서 병이 났구나.
수지: 응, 그리고 요즘 시험이랑 보고서 때문에 너무 바빠서 운동도 못 하고 밥도 잘 못 먹었거든.
선희: 빨리 나아서 학교에 나왔으면 좋겠다.
수지: 의사 선생님이 사흘 후에는 퇴원할 수 있을 거라고 하셨어.
선희: 그럼 그날 와서 퇴원하는 걸 도와줄게.
Seonhee (woman): Suji, I was surprised to hear that you were hospitalized. How are you feeling?
Suji (woman): I've gotten much better. Thank you so much for coming to visit me.
Seonhee: I brought some juice and fruits.
Suji: You didn't have to... I'll enjoy them.
Seonhee: By the way, what did the doctor say?
Suji: She said I got sick because I was too stressed out from studying and couldn't sleep.
Seonhee: You got sick from studying too hard without any breaks.
Suji: Yes, and lately, I've been so busy with exams and reports that I couldn't exercise or eat properly.
Seonhee: I hope you recover quickly and come back to school.
Suji: The doctor said I might be discharged from the hospital in three days.
Seonhee: Then I'll come and help you with your discharge that day.

>> 읽기

I **1.** ③ **2.** ④ **3.** ②

나는 오늘 친구들과 농구를 하다가 넘어졌다. 너무 아파서 걷기도 힘들었다. 친구는 그렇게 아플 때는 한의원에 가서 침을 맞는 게 좋다고 했다. 나는 침이라는 말을 처음 들어서 친구에게 침이 뭐냐고 물어봤다. 친구는 침은 바늘같이 생긴 것인데 아픈 곳에 침을 맞으면 빨리 나을 수 있다고 했다. 그 친구도 작년에 스키장에서 스키를 타다가 넘어졌을 때 한의원에 가서 침을 맞고 나았다고 했다. 친구는 학교 근처에 있는 (㉠) 한의원에 같이 가 보지 않겠냐고 했다.
나는 친구 말을 듣고 같이 한의원에 갔다. 한의사 선생님은 어떻게 하다가 (㉡) 물어보시고 발목을 (㉢) 보셨다. 한의사 선생님은 나에게 발목을 삐었으니까 침을 맞아야 한다고 하셨다. 그리고 발목이 많이 부었으니까 찜질도 하라고 하셨다. 내가 약은 안 먹어도 되냐고 물어보니까 약은 안 먹어도 되고 침만 몇 번 더 맞으면 된다고 하셨다. 그리고 며칠 동안은 많이 걷지 말고 쉬라고 하셨다.
나는 침을 맞기 전에 긴장을 많이 했는데 (㉣) 침을 맞을 때 별로 아프지 않았다. 30분쯤 지나니까 덜 아픈 것 같았다. 아주 신기했다.
I fell down playing basketball with my friends today. It hurt so much that it was hard to walk. My friend said that when I'm in that much pain, it's better to go to a Korean medical clinic and get acupuncture. I had never heard of acupuncture before, so I asked my friend what it was. He explained that it looks like a needle, and if someone inserts it where you feel pain, it will heal you. He also shared that last year he fell while skiing at a ski resort, and recovered quickly after getting acupuncture at a Korean medical clinic. He asked if I would like to go with him to a (㉠) clinic near school.
After listening to my friend, I went to the Korean medical clinic with him. The Korean medicine doctor asked about how I got (㉡) and (㉢) my ankle. He told me that I need acupuncture treatment because I sprained my ankle. He also said that since my ankle is very swollen, I should use an ice pack. When I asked if I needed to take any medication, he said that I didn't need to take medication, just a few more acupuncture sessions. He also advised me to not walk too much and rest for a few days.
I was very nervous before getting acupuncture, but (㉣) it didn't hurt much. After about 30 minutes, it seemed to hurt less. It was fascinating.

Ⅱ 4. ① **5.** ④ **6.** ①, ③

나는 한국의 여러 곳을 구경하고 학교에서 배운 한국말을 연습하기 위해서 한국에서 2주일 동안 여행을 한 적이 있다. 자유롭게 여행을 하고 싶어서 계획을 세우지 않고 배낭 하나만 메고 혼자 여행을 떠났다.
한국에서 혼자 하는 여행이어서 긴장이 됐는데 여행지 사람들은 모두 친절했다. 사람들은 내 서투른 한국말을 잘 들어주고 길도 잘 가르쳐 줬다.
나는 가끔 돈을 (㉠) 지나가는 차를 얻어 타기도 했다. 어느 날 나는 차를 얻어 타려고 30분 정도 기다리고 있었는데 어떤 트럭 아저씨가 지나가다가 차를 세우고 타라고 하셨다. 그 아저씨는 시원한 음료수도 사 주시고 내가 가고 싶었던 곳까지 데려다 주셨다.
또 하나 기억에 남는 일은 동해에 갔을 때 어떤 학생을 만난 일이다. 그 한국 대학생은 부산 사람인데 군대에 가기 전에 혼자 여행을 하고 싶어서 왔다고 했다. 우리는 동해 바닷가에 앉아서 파도 소리도 듣고 같이 술도 마셨다. 미국과 한국의 다른 점에 대한 이야기도 하고 우리의 미래에 대한 이야기도 했다. 지금 그 학생은 무엇을 하고 있을까? 가끔 생각이 난다.
I once traveled in Korea for two weeks to explore various places and practice the Korean I learned in school. I wanted to travel freely, so I went on the trip alone with only a backpack, without making any plans. I was nervous because I was traveling alone in Korea, but fortunately the people I met at the travel destinations were all friendly. They listened to my poor Korean and helped me with directions.
Sometimes, to (㉠) money, I even got rides from passing cars. One day, I was waiting for about 30 minutes to get a ride, and a truck driver that was passing by stopped the car and offered me a lift. He bought me a cool drink and took me to the place I wanted to go.
Another memorable experience was when I met a student during my visit to Donghae. He was from Busan and mentioned that he wanted to travel on his own before entering the military. We sat by the sea, listened to the waves, and drank together. We talked about the differences between the United States and Korea and discussed our future plans. I wonder what that student is doing now? I think about him sometimes.

Ⅲ 7. ② **8.** ③ **9.** ④

저는 한국에 온 지 두 달 됐습니다. 제가 다니는 학교는 한국에서 유명한 대학교 중 하나입니다. 우리 학교는 역사가 오래되었고 캠퍼스도 넓고 아름답습니다. 학교 안에는 학생들이 이용할 수 있는 시설이 많습니다. 학생회관에는 식당과 우체국, 은행이 있습니다. 환전을 하거나 소포를 보내야 할 때에도 학교 안에서 모든 일을 처리할 수 있어서 편합니다. 그리고 도서관에 가면 책을 읽거나 조용히 공부할 수 있습니다. 학생회관과 도서관이 가까이에 있어서 이용하기가 편리합니다.
저는 지금 이 학교의 한국어학당에서 한국어를 배우고 있습니다. 한국어학당에 있으면 세계를 여행하는 것 같습니다. 한국어를 공부하려고 여러 나라에서 온 다양한 친구들을 사귈 수 있기 때문입니다. 한국어 수업이 끝난 후에는 함께 도서관에 가서 숙제를 하거나 책을 읽습니다. 날씨가 좋으면 학교 운동장에서 친구들과 같이 농구를 하거나 커피숍에서 이야기를 나누기도 합니다. 저는 한국에서 친구들과 함께 공부도 하고 운동도 하면서 재미있게 지내고 있습니다.

It's been two months since I came to Korea. The school I attend is one of the famous universities in Korea. Our school has a long history, and the campus is large and beautiful. There are many facilities available to students within the school. The student union building has a cafeteria, post office, and bank. Even if you need to exchange money or send a package, everything can be handled within the school, which is convenient. And when you go to the library, you can read a book or study quietly. The student union building and the library are nearby, making it convenient to use.

Currently, I am learning Korean at the Korean Language Institute of this university. Being at the Korean Language Institute feels like traveling the world. This is because I can make friends from various countries who have come here to study Korean. After Korean language class, we go to the library together to do homework or read books. When the weather is nice, I play basketball with friends at the school field or chat at a coffee shop. I am having a great time studying and exercising with my friends in Korea.

Ⅳ **10.** ① **11.** ③ **12.** ④

10월 22일 토요일 흐림

다음 주 금요일까지 내야 하는 보고서가 있어서 아침에 친구와 같이 학교 도서관에 갔다. 시험 기간이 아니어서 도서관에는 학생들이 별로 많지 않았다. 우선 2층 자료실에 가서 인터넷으로 필요한 자료를 (㉠). 그런데 학교 도서관에는 원하는 자료가 조금밖에 없었다. 내가 걱정을 하니까 친구가 국립중앙도서관 사이트에 들어가 보라고 했다. 국립중앙도서관 사이트에서 자료를 찾아보니까 내가 보고 싶었던 자료가 아주 많았다. 그래서 나는 지하철을 타고 국립중앙도서관으로 갔다.

국립중앙도서관에 들어갈 때 이용증이 필요해서 나는 외국인 등록증을 보여 주고 하루 동안 사용할 수 있는 이용증을 받았다. 그리고 도서관 안으로 들어가서 먼저 컴퓨터로 자료가 있는 곳을 확인한 후 자료실로 갔다. 책을 빌리고 싶었지만 국립중앙도서관에서는 책을 (㉡) 수 없고 자료실 안에서만 볼 수 있었다.

도서관이 문을 닫는 시간까지 찾은 자료들을 열심히 봤지만 볼 게 너무 많아서 다 볼 수 없었다. 내일 다시 가서 오늘 보지 못한 자료를 다 봐야겠다.

October 22nd, Saturday, Cloudy

I have a report due next Friday, so I went to the school library with my friend in the morning. Since it's not exam period, there weren't many students in the library. First, we went to the second-floor data room to (㉠) the necessary materials on the Internet. However, the school library had only a few of the materials I needed. Because I was worried, my friend told me to check the National Library of Korea website. When I searched for the materials on the National Library website, there were a lot of materials I wanted to see. So I took the subway and went to the National Library.

To enter the National Library, you need to have a user card, so I showed my alien registration card and received a pass that could be used for one day. Then, I entered the library and first checked where the materials were located on the computer before going to the data room. I wanted to borrow a book, but I couldn't (㉡) books at the National Library, and could only read them in the data room.

I diligently looked at the materials I found until the library closed, but there was so much to see that I couldn't see it all. I will have to go back tomorrow and look at the materials I didn't get to today.

6과 이사

01. 지하철역에서 가까울수록 출근하기 편할 것 같아

▶ 어휘

1) 전망이　　2) 직장
3) 역세권　　4) 보증금을

▶ 문법

-을수록/ㄹ수록

1. 1) 클수록　　2) 볼수록
3) 높을수록　　4) 갈수록

2. 1) 걸레는 닦으면 닦을수록 더러워진다.
2) 신발은 신으면 신을수록 편해진다.

3) 실수는 적으면 적을수록 좋다.
4) 외국어는 공부하면 할수록 어렵다.

이든지/든지

3. 1) 무엇이든지
2) 어디든지
3) 얼마든지
4) 누구든지

4. 1) 한식이면 뭐든지
2) 방학 중이면 언제든지
3) 회사에서 가까우면 어디든지
4) 우리 학교 학생이면 누구든지

02. 중요한 물건은 미리 싸 놓는 게 나아

▶ **어휘**

1) 정리한다 2) 원래
3) 아무 4) 나아

▶ **문법**

-는/은/ㄴ/을/ㄹ 줄 알다

1. 1) 룸메이트가 자는
2) 마이클 씨 부모님이 한국 사람인
3) 수업이 끝난
4) 비행기표가 비쌀

2. 1) 좋아하는
2) 아픈
3) 안 본 줄 알았어.
4) 비가 올 줄 알았어.

-어/아/여 놓다

3. 1) 적어 2) 세워
3) 끝내 4) 차려

4. 1) 예약해 2) 알아봐
3) 환전해 놓았어. 4) 사 놓았어.

7과 여가 생활

01. 등산을 제일 많이 한대

▶ **어휘**

1) 상관없이 2) 험해서
3) 세대 4) 예전

▶ **문법**

-자마자

1. 1) 집에 들어가자마자 비가 왔어요.
2) 아이스크림을 받자마자 떨어뜨렸어요.
3) 집에 가자마자/오자마자 샤워를 해요.
4) 아침에 일어나자마자 물을 마셔요.

2. 1) 만나자마자
2) 끝나자마자
3) 집에 가자마자 잠을 잤어요.
4) 방학을 하자마자 고향에 갔어요.

-는대요/ㄴ대요/대요

3. 1) 모임 장소는 동아리 방이래요.
2) 중요한 문제에 대해서 이야기를 하니까 모두 참석하래요.
3) 모임이 끝난 후에 같이 저녁을 먹재요.
4) 그날 못 오는 사람들은 미리 회장에게 연락해 달래요.

4. 1) 한국 사람들이 가장 즐겨 찾는 산이 설악산이래.
2) 겨울에 더 아름답대.
3) 고속버스로 세 시간 정도면 갈 수 있어서 교통이 편리하대.
4) 언제든지 연락하래.

02. 하마터면 신청 기간을 놓칠 뻔했어

▶ **어휘**

1) 당장 2) 일어서서
3) 오히려 4) 합창

▶ **문법**

-었더니/았더니/였더니

1. 1) 가격을 비교해 봤더니 별로 차이가 안 나네요.
2) 친구에게 사과를 했더니 친구가 용서해 줬어요.
3) 매운 음식을 많이 먹었더니 배가 아파요.
4) 언어 교환 친구와 말하기 연습을 했더니 한국어 실력이 좋아졌어요.

2. 1) 점심을 많이 먹었더니
2) 백화점 상품권을 드렸더니
3) 약을 먹었더니 괜찮아졌어요.
4) 제가 보고서를 늦게 냈더니 화를 내셨어요.

-을/ㄹ 뻔하다

3. 1) 사고를 낼

2) 지각할
3) 넘어질 뻔했어요.
4) 잊어버릴 뻔했어요.

4. 1) 행사를 못 할
2) 잃어버릴
3) 비행기를 놓칠 뻔했어요.
4) 기차표를 못 살 뻔했어요.

8과 건강

01. 내일 아침에도 전화해서 깨워 주실 수 있죠?

▶ **어휘**

1) 자극적인 2) 식성이
3) 이른 4) 꾸준히

▶ **문법**

-는데도/은데도/ㄴ데도

1. 1) 그 물건은 비싼데도 사는 사람이 많습니다.
2) 뉴스를 날마다 보는데도 듣기 실력이 좋아지지 않네요.
3) 약속 시간이 지났는데도 친구가 오지 않아요.
4) 유리 씨는 수영을 배운 지 한 달밖에 안 되었는데도 참 잘해요.

2. 1) 학교 옆에 사는데도 날마다 지각해요.
2) 약을 먹었는데도 기침이 낫지 않아요.
3) 한국에 오래 살았는데도 아직 한국말을 잘 못해요.
4) 점심을 먹었는데도 배가 고프네요.

사동

-이-: 끓이다, 녹이다, 먹이다, 붙이다, 속이다, 죽이다
-히-: 눕히다, 앉히다, 읽히다, 입히다
-리-: 살리다, 알리다, 울리다
-기-: 남기다, 맡기다, 숨기다, 신기다, 씻기다, 웃기다, 벗기다
-우-: 깨우다, 세우다, 재우다, 태우다, 채우다
-추-:낮추다, 늦추다, 맞추다

3. 1) 죽여요. 2) 울렸어요.
3) 세우려고 4) 태우고

4. 1) 입혀 2) 끓이세요.
3) 재우려고 4) 먹여

02. 좋은 생활 습관을 가지고 있으면 건강은 저절로 따라오는 것입니다

▶ **어휘**

1) 불규칙하면 2) 섭취하면
3) 영양이 4) 장수한다는

▶ **문법**

-는/은/ㄴ 데다가

1. 1) 농구를 잘하는, 테니스도 잘 쳐요.
2) 물건 값이 싼, 배송도 해 주니까 편리해요.
3) 오늘은 주말인, 날씨도 좋아서 놀이공원에 온 사람들이 많네요.
4) 감기에 걸린, 배탈도 나서 하루 종일 기운이 없어요.

2. 1) 비가 오는, 바람도 불어요.
2) 수업이 늦게 끝난, 아르바이트도 했어요.
3) 분위기가 좋은 데다가 커피도 맛있어요.
4) 날씨가 따뜻한 데다가 사람들도 친절해요.

-는/은/ㄴ 것이다

3. 1) 보는
2) 인기가 많은
3) 만드는
4) 화를 낸

4. 1) 한국어를 열심히 공부하는
2) 룸메이트와 함께 사는
3) 빌린 거예요.
4) 여러 나라를 여행하는 거예요.

9과 문화 차이

01. 하숙집을 옮겼다면서요?

▶ **어휘**

1) 드물다. 2) 운이
3) 활발하게 4) 정이

▶ **문법**

-는다면서요/ㄴ다면서요/다면서요?

1. 1) 오페라를 좋아한다면서요?
2) '마술피리'를 봤다면서요?
3) 남산을 산책했다면서요?

4) 야경도 아름답다면서요?

2. 1) 피터 씨랑 사귄다면서요?
2) 아팠다면서요?
3) 생일이라면서요?
4) 물건이 아주 싸다면서요?

-을/ㄹ 걸 그랬어요

3. 1) 정장을 입을
2) 아침을 급하게 먹지 말
3) 한국어 공부를 더 열심히 할 걸 그랬다.
4) 회사에 대해서 미리 알아볼 걸 그랬다.

4. 1) 일찍 예매할
2) 더 큰 차를 빌릴
3) 저도 보러 갈 걸 그랬어요.
4) 커피를 많이 마시지 말 걸 그랬어.

02. 동아리 회의 장소가 어디라고 했지?

▶ 어휘

1) 회식 2) 타서
3) 붙었으면 4) 정신없었다

▶ 문법

-지?

1. 1) 다음 올림픽이 언제지?
2) 여기서 하와이까지 비행기로 얼마나 걸리지?
3) 캐서린이 무슨 음식을 좋아하지?
4) '봄날'을 누가 불렀지?

2. 1) 미국의 첫 번째 대통령이 누구지?
2) 추석이 언제지?
3) 내 전화가 어디에 있지?
4) 왜 이렇게 배가 아프지?

접속사

3. 1) 그래도
2) 그러니까
3) 그런데
4) 그래서

4. 1) 그래도
2) 그러니까
3) 왜냐하면
4) 그런데

10과 친구 관계

01. 말 못 할 고민이 있을지도 모르잖아요

▶ 어휘

1) 표정이 2) 이해한다.
3) 본인 4) 속이 깊어서

▶ 문법

-어/아/여 버리다

1. 1) 찢어 2) 지워
3) 잘라 4) 끊어

2. 1) 와
2) 다 팔려
3) 필요한 친구들한테 줘 버렸어.
4) 그거 내가 먹어 버렸어.

-을지도/ㄹ지도 모르다

3. 1) 늦을지도
2) 결제가 안 될지도
3) 사람들이 매운 음식을 못 먹을지도 모르니까 맵지 않은 음식도 만들자.
4) 부족할지도 모르니까 두 마리 시키자.

4. 1) 산 위는 추울지도
2) 산에서 길을 잃을지도
3) 배가 고플지도
4) 아플지도

02. 밤새 통화하느라고 아무것도 못 했어

▶ 어휘

1) 아무거나 2) 여태
3) 거의 4) 번거로운

▶ 문법

-느라고

1. 1) 밀린 집안일을 하느라고 힘들었어요.
2) 시험공부를 하느라고 밤을 새웠어요.
3) 발표 자료를 찾느라고 도서관에 있었다.
4) 저녁을 먹느라고 메시지가 온 걸 몰랐어요.

2. 1) 친구 생일 파티에 다녀오느라고
2) 졸업 논문을 쓰느라고
3) 아침부터 저녁까지 시험을 보느라고 바빴어.
4) 취직 준비를 하느라고 아주 피곤해요.

-게 하다

3. 1) 동생이 제 옷을 못 입게
2) 제가 초등학교 때 날마다 한 시간씩 책을 읽게
3) 강아지가 정해진 장소에서만 밥을 먹게 해요.
4) 아이들이 먼저 비행기에 타게 했어요.

4. 1) 기다리게
2) 게임을 하지 못하게
3) 직접 벌어서 쓰게 하셔.
4) 다 먹게 해 주셔서 좋아했어요.

복습(6-10과)

>> 말하기

1. 건강을 유지하려면 규칙적인 식사를 해야 한대요. 그리고 폭식이나 과식을 하지 않고 여러 가지 음식을 골고루 먹는 것이 중요하대요. 운동도 열심히 해야 하는데 특히 온몸을 움직이는 전신 운동을 하는 것이 좋대요. 또 일찍 자고 일찍 일어나는 수면 습관을 기르래요. 마지막으로 건강을 지키기 위해서는 담배를 피우거나 술을 너무 많이 마시지 말아야 한대요.

2. 제 취미는 그림 전시회를 관람하는 것이에요. 어렸을 때 부모님께서 한 달에 한 번씩 전시회를 관람하게 하셔서 그때부터 미술에 관심이 생겼어요. 좋은 그림은 보면 볼수록 사람을 기분 좋게 해요. 서울에서도 유명한 화가의 전시회가 열리면 어디든지 보러 가요. 전시회 표를 일찍 예매하면 할인을 많이 해 주기 때문에 저는 보통 표를 미리 사 놓아요.

3. 교사: 저기... 부탁할 게 있는데...
학생: 무슨 부탁이야?
교사: 다음 주에 새집으로 이사 가기 전까지 3일 동안 지낼 곳이 없는데 너희 집에 있어도 될까?
학생: 음... 우리 집이 좁아서 이삿짐을 놓을 곳이 없어.
교사: 이삿짐은 다른 곳에 맡길 수 있어.
학생: 그런데 다음 주에 중요한 시험이 있어서 집에서 조용히 공부를 해야 해. 미안하지만 부탁을 들어주기가 어려울 것 같아.
교사: 그렇구나. 신경 쓰게 해서 미안해.
교사: 저... 부탁할 게 있는데...
학생: 무슨 부탁이야?
교사: 얼마 전에 새 컴퓨터를 사느라고 돈을 다 써서 다음 달 월세를 낼 돈이 부족해. 미안하지만 50만 원 정도 빌려줄 수 있어?
학생: 음... 돈을 언제쯤 갚을 수 있는데?
교사: 2주 후에 아르바이트 월급을 타면 바로 갚을게.
학생: 미안하지만 나도 가지고 있는 돈이 많지 않아서 돈을 빌려주기가 힘들 것 같아.
교사: 그렇구나. 신경 쓰게 해서 미안해.

>> 쓰기

Ⅰ **1.** ① **2.** ② **3.** ④ **4.** ③
Ⅱ **5.** ③ **6.** ④ **7.** ④
Ⅲ **8.** ① **9.** ② **10.** ①
Ⅳ **11.** ② **12.** ④ **13.** ② **14.** ④
Ⅴ **15.** ① **16.** ③ **17.** ② **18.** ④
Ⅵ **19.** 한국에 온 지 얼마 안 됐을 때 한국 친구 부모님 댁에 초대를 받은 적이 있다. 친구 집에 도착했을 때 신발을 신고 그대로 집 안으로 들어갈 뻔했는데 친구 어머니께서 신발을 벗고 들어오라고 말씀해 주셨다. 한국에서도 단독 주택은 신발을 신고 들어가도 되는 줄 알았다. 그리고 밥을 먹을 때도 여러 가지 실수를 했는데 첫 번째는 친구 부모님보다 먼저 음식을 먹은 것이다. 나는 그때까지 한국 어른들하고 식사를 해 본 적이 없어서 윗사람이 먼저 수저를 드신 후에 식사를 시작해야 한다는 걸 몰랐다. 그런 데다가 밥을 다 먹은 후에 화장실에 가려고 먼저 일어섰더니 친구 부모님께서 조금 당황해하셨다. 처음에는 예의가 없는 사람이라고 생각하셨을지도 모른다. 하지만 내가 외국인이어서 그런지 잘 이해해 주시고 하나하나 친절하게 가르쳐 주셨다. 친구 부모님 덕분에 한국의 방문 예절에 대해서 잘 알게 되었다. 하지만 집에 돌아오는 길에 한국의 방문 예절을 미리 알아보고 친구 집에 갈 걸 그랬다고 후회했다.

>> 듣기

Ⅰ **1.** ①

다음 주말에 같이 연극을 보자. 특별히 보고 싶은 연극이 있어?
Let's go see a play together next weekend. Is there a play you particularly want to see?

2. ③

엠마 씨, 수업 시간에 앞에 나와서 이야기할 때는 친한 친구들 앞이어도 반말을 쓰면 안 돼요.
Emma, you are not allowed to use casual language during class discussions, even when talking to close friends.

Ⅱ 3. ①

남자: 저는 주말마다 등산을 즐기는데 제니 씨는 시간이 있을 때 보통 뭘 하세요?
여자: 저는 시간이 있을 때 영화 동아리 친구들과 같이 영화를 봐요.
A: I enjoy hiking every weekend. What do you usually do when you have time, Jenny?
B: When I have time, I watch movies with my film club friends.

4. ①

여자1: 한국 남자 친구가 생겼다면서?
여자2: 응. 그런데 부모님께서는 내가 한국 남자 친구를 사귀면 미국에 안 돌아갈까 봐 못 만나게 하셔. 어떻게 해야 할지 모르겠어.
A: I heard you have a Korean boyfriend?
B: Yes. But my parents won't let me meet a Korean boyfriend because they're afraid I won't return to the United States. I don't know what to do.

Ⅲ 5. ④

여자1: 새로 이사한 원룸은 어때요?
여자2: 학교에서 가깝기는 한데 방이 너무 작은 데다가 옆집 소리가 다 들려서 시끄러워요. 잘 알아보고 이사할 걸 그랬어요.
A: How is the new one-room apartment you moved into?
B: It's close to school, but the room is too small and I can hear everything from next door, so it's noisy. I should have looked into it carefully before moving.

6. ①

남자: 이나 씨, 어디 아파요?
여자: 아니요, 아프지는 않은데 요즘 너무 피곤해요. 시험과 과제가 많아서 스트레스도 많이 받는 데다가 운동도 거의 못 해서 건강이 나빠진 것 같아요.
남자: 그렇군요. 안색이 안 좋아서 아픈 줄 알았어요. 바빠도 규칙적으로 운동을 해야 건강도 좋아지고 스트레스도 풀릴 거예요.
A: Ina, are you sick?
B: No, I'm not sick, but I'm really tired these days. I am very stressed because I have a lot of exams and assignments, and I can barely exercise, so my health seems to have deteriorated.
A: I see. I thought you were sick because you didn't look well. Even if you are busy, exercising regularly will improve your health and relieve your stress.

Ⅳ 7. ④ **8.** ③

7-8

다른 사람에게 전화를 할 때에는 가능하면 식사 시간이 아닐 때 해야 합니다. 너무 이른 아침이나 늦은 밤에도 전화하지 않는 것이 좋습니다. 그리고 상대방이 보이지 않는다고 해서 심한 말을 하면 안 됩니다. 윗사람과 통화할 때는 윗사람이 전화를 끊은 후에 전화를 끊어야 합니다. 윗사람보다 먼저 전화를 끊는 것은 좋지 않습니다.
When calling someone, it's best to do it outside of mealtimes if possible. It's recommended not to call too early in the morning or late at night. Also, you shouldn't use harsh words just because you can't see the other person. When talking to your superior, you should end the call after they do. It's not a good idea to hang up before your superiors.

9. ② **10.** ③

9-10

민수: 지민아, 나 너한테 부탁할 일이 있는데….
지민: 응. 민수야. 무슨 일인데?
민수: 다음 주말에 학교 근처 오피스텔로 이사를 갈 건데 이사하는 걸 도와줄 수 있어?
지민: 그럼. 그리고 짐을 옮길 차를 아직 못 구했으면 내 차를 써도 돼. 아침에 너희 집으로 가서 새집까지 짐을 옮겨 줄게.
민수: 정말? 네가 평소에 운전을 안 해서 차가 없는 줄 알았어. 안 그래도 큰 택시를 찾느라고 힘들었는데 잘됐다. 그런데 고마워서 어떡하지?
지민: 고맙기는. 어려운 일도 아닌데 뭐. 그날 이사가 끝나면 맛있는 자장면이나 사 줘.
민수: 당연하지. 너도 다음에 도움이 필요하면 언제든지 얘기해.
Minsoo: Jimin, I have a favor to ask of you...
Jimin: Yes, Minsoo. What is it?
Minsoo: I'm moving to an officetel near the school next weekend. Can you help me move?
Jimin: Sure. Also, if you haven't found a moving

truck yet, you can use my car. I'll come to your place in the morning and help you move your stuff to your new house.

Minsoo: Really? I thought you didn't have a car because you don't usually drive. I was having a hard time finding a large taxi, so this is great. But how can I thank you?

Jimin: You don't have to thank me. It's not that difficult anyways. After the move is done, just buy me some delicious jajangmyeon.

Minsoo: Of course. If you ever need help in the future, feel free to ask anytime.

11. ④ **12.** ④ **13.** ③

11-13

고향에 있을 때 저는 항상 규칙적인 생활을 했어요. 건강을 유지하기 위해서 날마다 아침 여섯 시에 일어나서 운동을 하고 음식도 직접 만들어서 먹었어요.

그런데 한국으로 유학을 온 후에 제 생활 습관이 많이 바뀌었어요. 거의 매일 친구들과 밤늦게까지 놀다가 늦게 자고 다음 날 아침에 늦게 일어나요. 그래서 시간이 없어서 아침을 못 먹으니까 점심과 저녁을 많이 먹게 돼요. 그리고 집에서 음식을 만들기가 귀찮고 번거로워서 라면이나 햄버거 같은 음식을 자주 먹어요. 운동도 하지 않아서 자꾸 살이 쪄요. 친구에게 이런 이야기를 하니까 친구가 이번 주말부터 같이 등산을 다니재요. 등산은 건강에도 좋은 데다가 아름다운 자연도 즐길 수 있어서 친구는 오래 전부터 등산을 했대요. 주말 아침에는 보통 늦잠을 자기가 쉬운데 아침 일찍 산에 가면 하루를 더 일찍 시작할 수 있어서 좋대요. 저도 친구의 이야기를 듣고 나서 아침마다 운동하는 것은 힘들지만 주말에 등산을 하는 것은 좋겠다고 생각했어요. 이번 주 토요일에 친구와 아침 일찍 만나서 인왕산으로 등산을 가기로 했는데 벌써부터 기대가 돼요.

When I was in my hometown, I always had a disciplined lifestyle. To stay healthy, I woke up at 6 AM every day to exercise and prepared my own meals.

However, after coming to Korea to study, my lifestyle habits have changed significantly. Almost every day, I stay up late with my friends, then go to bed late and wake up late the next morning. Since I don't have time to eat breakfast, I end up eating a lot for lunch and dinner. And because cooking at home is bothersome and time-consuming, I often eat foods like ramen or hamburgers. I also keep gaining weight because I don't exercise. When I told this to my friend, he suggested that we start hiking together this weekend. My friend said he has been hiking for a long time because hiking is good for his health and allows him to enjoy the beautiful natural scenery. He said it's easy to oversleep on weekends, but if I go the mountains early in the morning, I can start your day earlier. After hearing my friend's story, although exercising every morning may be challenging, I thought it would be a good idea to go hiking on the weekends. This Saturday, we decided to meet up early in the morning and go hiking on Inwangsan, and I'm already looking forward to it.

>> 읽기

I **1.** ② **2.** ④ **3.** ③

요즘 건강에 대한 한국인의 관심이 커지면서 아침저녁으로 운동을 하는 사람들을 많이 볼 수 있다. 그러나 한국인의 식습관에는 아직 여러 가지 문제가 있다.

한국 사람들은 언제나 바쁘다. 음식을 먹는 것만 봐도 알 수 있는데 아침 일찍 학교에 가거나 출근을 하느라고 식사를 하지 않는 사람이 많다. 그리고 점심때에도 시간이 없어서 밥을 급하게 빨리 먹는다. 이렇게 하루 종일 식사를 제대로 못 했기 때문에 저녁에 한 번에 많이 먹게 되는 데다가 식사할 때 술을 같이 마시기도 한다. 또 다른 문제는 한국 음식 중에 맵고 짠 음식이 많다는 것이다. 이렇게 자극적인 음식을 좋아하는 식성 때문에 많은 한국인들이 병원을 찾는다.

건강을 (㉠) 가장 중요한 것이 바로 식습관이다. 건강을 위해서는 무엇보다도 좋은 식습관을 가져야 한다. 하루 세 번 규칙적인 식사를 하고 자극적인 음식을 자주 먹지 말아야 한다. 또 식사를 할 때 천천히 즐거운 마음으로 음식을 먹는 것이 좋다.

These days, with the increasing interest in health among Koreans, you can see many people exercising in the morning and evening. However, there are still many problems with the eating habits of Koreans.

Korean people are always busy. This can be easily observed from their eating habits, as many people skip breakfast because they go to school or work early in the morning. Even at lunchtime, they eat quickly and are in a hurry because they don't have time. Because they haven't eaten properly all day, they end up eating a large meal all at once in the evening, often accompanied by alcohol. Another problem is that many Korean foods are spicy and salty. Due to their preference for such strong-

flavored food, many Koreans end up visiting the hospital.
(㉠) health, the most important thing is eating habits. For your health, you should prioritize having healthy eating habits. You need to eat regular meals three times a day and avoid eating overly stimulating foods frequently. Also, when eating, it is good to savor meals slowly.

Ⅱ 4. ④ **5.** ②, ④ **6.** ④

요즘 피터 얼굴을 볼 때마다 어떻게 해야 할지 모르겠다. 전에도 그렇게 친한 사이는 아니었지만 지난번에 피터를 좋아한다는 내용의 문자 메시지를 다른 친구에게 보내려다가 실수로 피터에게 보낸 후부터 사이가 더 멀어진 것 같다.
더 큰 문제는 엠마도 피터를 좋아하게 된 것이다. 엠마는 내 마음도 모르고 자꾸만 나에게 본인의 고민을 (㉠). 어떻게 하면 피터와 가까워질 수 있겠냐고 조언을 구하기도 한다.
그런데 어제 아침에 학교에 가는 길에 엠마와 피터가 같이 걸어가는 걸 봤다. 둘 다 신촌역 앞에서 파는 커피를 들고 있는 걸 보니까 거기서부터 학교까지 같이 온 것 같다. 두 사람은 사는 동네도 다른데 아침 일찍 커피숍에서 만난 걸까? 두 사람이 언제 이렇게 가까워진 걸까? 이러다가 어느 날 갑자기 엠마가 피터한테 고백해 버려서 둘이 사귀게 될까 봐 걱정이다. 하지만 지금 내 마음을 이야기하면 두 사람 모두를 잃을지도 모른다. 제임스의 조언대로 메시지를 잘못 보냈을 때 바로 피터에게 사귀자고 할 걸 그랬다. 나는 이제 어떡하면 좋을까?
Whenever I see Peter's face these days, I don't know what to do. We weren't that close before, but ever since I accidentally sent him a text message expressing my feelings for him which I was trying to send to another friend, it seems our relationship has become more distant.
The bigger issue is that Emma has also become fond of Peter. Emma keeps (㉠) me about her own concerns without knowing how I feel. She even asks me for advice on how to get closer to Peter.
But on my way to school yesterday morning, I saw Emma and Peter walking together. Seeing that they were both holding coffee sold in front of Sinchon Station, it seemed like they came to school together from there. They live in different neighborhoods, but did they meet early in the morning at the coffee shop? When did the two of them become so close? I'm worried that one day Emma might suddenly confess her feelings to Peter, and they might start dating. But if I were to express my feelings now, I could end up losing both of them. I should have followed Jame's advice and asked Peter out right away when I sent the wrong message. What should I do now?

Ⅲ 7. ② **8.** ① **9.** ③

드디어 그렇게 오고 싶었던 이 도시에 여행을 왔다. 비행기가 공항에 도착했을 때는 눈물이 날 정도로 기뻤다. 하지만 공항에서 버스를 타고 시내로 가는 길에 도시의 풍경을 보니까 좀 답답했다. 찻길을 달리는 자동차들은 하나같이 비슷한 크기에 비슷한 색깔이었고, 창밖으로는 똑같이 생긴 아파트들이 붙어 있는 게 보였다. 그런 데다가 거리를 걸어 다니는 사람들 모두 비슷한 옷을 입고 비슷한 머리 스타일을 하고 있었다.
시내를 돌아다니다가 배가 고파져서 점심을 먹을 식당을 찾았는데 거리에는 똑같은 음식을 파는 식당들이 모여 있었다. 어느 곳에 들어가야 할지 몰라서 계속 왔다 갔다 하다가 사람들이 줄을 서 있는 식당이 보여서 나도 뒤에 따라 섰다. 기다리는 사람들 말로는 이곳이 티브이 프로그램에 나와서 유명해졌는데 여기에서 음식 먹는 사진을 찍어서 에스엔에스에 올리는 것이 요즘 유행이라고 한다. 앞으로 한 시간쯤 더 기다려야 한다고 해서 대신 옆에 있는 식당에 가기로 했다. 내가 점심을 먹은 식당은 손님이 별로 없어서 음식이 금방 나왔는데 아주 맛있었다. 줄을 서지 말고 처음부터 이 식당에 올 걸 그랬다고 생각했다. 이렇게 맛있는 음식을 빨리 먹을 수 있는데 왜 다들 저렇게 기다리고 있는 걸까? 이상하다는 생각이 들었다.
I finally traveled to this city that I always wanted to visit. When the plane arrived at the airport, I was so happy that I almost cried. However, When I took the bus from the airport and saw the cityscape on the way to the city, I felt a bit suffocated.
The cars running on the road were all similar in size and color, and outside the window, I saw identical apartment buildings all lined up together. Moreover, the people walking the streets all wore similar clothing and had similar hairstyles.
As I was walking around the city, I got hungry and looked for a restaurant to have lunch. There were multiple restaurants selling the same food gathered along the streets. I didn't know where to go, so I kept wandering back and forth, and eventually saw a restaurant where people were lining up, so I joined the line. According to the people waiting, this place became famous after appearing on a TV program, and it's currently a trend to take pictures

of the food here and post them on SNS. They said I had to wait for another hour, so I decided to go to the restaurant next to it instead. The restaurant where I had lunch didn't have many customers, so the food came out quickly and was very delicious. I thought I should have come to this restaurant from the beginning instead of standing in line. Why is everyone waiting so long when you can eat such delicious food quickly? I thought it was very strange.

Ⅳ 10. ② **11.** ① **12.** ④

영국인들의 취미 중 가장 인기 있는 것은 정원 가꾸기이다. 영국인들은 꽃과 채소를 심고 가꾸는 것을 좋아해서 작은 집에도 집집마다 정원이 있다. 영국은 흐리고 비가 자주 와서 밖에서 여가 활동을 즐기기 어렵다. (㉠) 집 안에서 더 열심히 정원을 가꾼다. 그렇게 아름답게 가꾼 정원에서 차를 마시거나 파티를 하면서 즐거운 시간을 보낸다.
호주는 날씨가 좋고 자연환경도 아름다워서 야외 활동을 즐기는 사람들이 많다. 특히 강이나 바다에서 낚시를 하는 사람들을 많이 볼 수 있다. 잡은 물고기는 집에 가져가서 가족들과 요리를 해서 먹기도 한다. (㉡) 잡은 물고기를 모두 가지고 갈 수 있는 것은 아니다. 어린 물고기는 다시 놓아 주어야 한다. 또 수영을 하거나 바비큐 파티를 하는 사람들도 많이 볼 수 있다.
한국인이 즐겨 하는 취미는 등산이다. 전국 곳곳에 쉽게 등산할 수 있는 산이 많기 때문이다. 서울에서는 주말 아침에 등산하러 가는 사람들을 흔히 볼 수 있다. 회사마다 등산 동호회가 없는 곳이 없을 정도로 등산을 좋아하는 사람이 많다.
취미 생활을 통해서 사람들은 다음 날을 살아가는 힘을 얻고 더욱 활기찬 생활을 할 수 있다.
One of the most popular hobbies among British people is gardening. They enjoy planting and growing flowers and vegetables, so even small houses have gardens. Since it's often cloudy and rainy in the UK, it is difficult to enjoy leisure activities outside. (㉠) they put more effort into tending to their gardens indoors. They have a great time drinking tea or having parties in beautifully maintained gardens.
Australia has good weather and a beautiful natural environment, so many people enjoy outdoor activities. In particular, you can see many people fishing in rivers or the sea. They sometimes take home the fish they catch to cook and eat with their families. (㉡) they can't take all the fish they catch; young fish must be released. You can also see many people swimming or having barbecue parties.
A hobby that Koreans enjoy is hiking. This is because there are many mountains throughout the country that can be easily climbed. In Seoul, it's common to see people going hiking on weekend mornings. There are so many people who like hiking that there isn't a company without a hiking club.
Through hobbies, people gain strength for the next day and lead more vibrant lives.

영문 번역

Unit 1

Section 1. I'm going to Insadong to take pictures.

유진: 지민 씨, 설날 연휴에 뭐 할 거예요?
Yoojin: Jimin, what are you going to do during the Lunar New Year holiday?
지민: 사흘 동안 쉬니까 하루는 인사동으로 사진을 찍으러 가려고 해요.
Jimin: I have three days off, so I'm going to Insadong to take pictures for a day.
유진: 참, 사진을 잘 찍으신다고 들었어요.
Yoojin: Oh, I heard that you are great at taking pictures.
지민: 잘 찍기는요. 시작한 지 얼마 안 됐어요. 유진 씨는 휴일 계획을 세웠어요?
Jimin: I'm not sure about "great". It hasn't been long since I started. Have you made any plans for the holidays, Yoojin?
유진: 네, 저는 전주로 2박 3일 여행을 가려고 해요.
Yoojin: Yes, I'm planning to go on a trip to Jeonju for 2 nights and 3 days.
지민: 와, 신나겠네요. 전주에 볼거리가 많다고 들었는데 다녀와서 사진 좀 보여 주세요.
Jimin: Wow, that sounds exciting. I heard that there are many things to see in Jeonju, so please show me some photos after you come back.

문법

1. -으려고/려고 하다

· Meaning and Usage

This is added to an action verb in order to express someone's will or intention to do an action.

· Form

-으려고 하다 is added when the stem ends in a consonant. -려고 하다 is added when the stem ends in a vowel or ㄹ.

Action verb stem ending	Combine with	Example
Consonant	-으려고 하다	앉으려고 하다, 입으려고 하다
Vowel, ㄹ	-려고 하다	가려고 하다, 살려고 하다

· Examples

저는 저녁에 한식을 먹으려고 해요.
I am going to eat Korean food for dinner.
저는 주말에 단풍 구경을 하려고 해요.
I am going to see the autumn leaves this weekend.
에릭 씨가 오후에 은행에 가서 돈을 찾으려고 해요.
Eric is going to the bank this afternoon to withdraw money.
올리비아 씨, 도서관에서 무슨 책을 빌리려고 해요?
Olivia, which book are you going to borrow at the library?

가: 내일은 바다를 보러 가려고 해요.
A: I'm going to the beach tomorrow.
나: 그래요? 같이 갑시다.
B: Really? Let's go together.

가: 존 씨는 한국말을 배워서 뭘 하려고 해요?
A: John, what are you going to do after learning Korean?
나: 한국말을 가르치고 싶어요.
B: I want to teach Korean.

2. -기는요

· Meaning and Usage

This is used with an action or descriptive verb to negate what the other person has said or when the speaker does not agree with what has just been said. When used in response to a compliment, it is an expression of humility.

· Examples

일을 다 끝내기는요. 아직 시작도 못 했는데요.
I haven't finished all the work. I haven't even begun.
숙제를 안 하기는요. 다 했는데 깜빡 잊고 안 가지고 왔어요.
I have done the homework. I finished it but just forgot to bring it with me.
시험이 쉽기는요. 아는 것보다 모르는 것이 더 많았어요.
The test wasn't easy. There were more questions I didn't know the answers to than the ones I did.
한국말을 잘하기는요. 쉬운 말밖에 못 해요.
I'm not good at Korean. I can only speak simple phrases.

가: 영수 씨, 발표 준비는 다 했어요?
A: Yeongsu, have you finished the preparations for your presentation?
나: 다 하기는요. 아직 시작도 못했어요.
B: I'm not finished. I haven't even begun.

가: 한국말을 참 잘하시네요.
A: You're so good at Korean.
나: 잘하기는요. 아직도 모르는 게 많아요.
B: I'm not good at Korean. There are so many things I still don't know.

▶읽어 봅시다

한국의 5월에는 가족과 관련된 특별한 날이 많습니다. 5월 5일은 '어린이날'이고 5월 8일은 '어버이날'입니다. 또 5월 21일은 '부부의 날'입니다. 그래서 한국 사람들은 5월을 '가정의 달'이라고 부릅니다.
저는 며칠 전에 '세계 가정의 날'을 소개하는 신문 기사를 읽었습니다. '세계 가정의 날'은 5월 15일로 가족과 가정의 소중함을 알리기 위해 유엔(UN)이 만든 기념일이라고 합니다. 이날 세계 각국에서는 가족을 주제로 한 다양한 행사가 열린다고 합니다. '세계 가정의 날'은 한국의 '어린이날'과 '어버이날' 그리고 '부부의 날'의 의미를 모두 담은 날인 것 같습니다. 한국에서 5월 15일은 선생님의 은혜를 생각하는 '스승의 날'입니다. '세계 가정의 날'과 '스승의 날'은 소중한 사람들에게 감사하는 마음을 전하는 기념일이라는 점에서 비슷하다고 생각합니다.
저도 올해 '어버이날'에는 부모님께 카네이션을 선물하면서 사랑한다는 말을 하려고 합니다. 그리고 '스승의 날'에는 선생님을 찾아뵙고 존경하는 마음을 전하겠습니다.
In May, Korea has many special days related to family. May 5th is 'Children's Day' and May 8th is 'Parents' Day'. Additionally, May 21st is 'Couples' Day'. This is why Koreans refer to May as 'Family Month.'
A few days ago, I read a newspaper article introducing 'World Family Day'. 'Word Family Day' is on May 15th and is apparently an anniversary established by the United Nations(UN) to promote the importance of family and home. On this day, various family-themed events are to be held in every nation around the world. 'World Family Day' seems to encompass all the meanings of Korea's 'Children's Day', 'Parents' Day', and 'Couples' Day'. In Korea, May 15th is 'Teachers' Day', a day to reflect on all that teachers have done for us. 'World Family Day' and 'Teachers' Day' are similar in that they are anniversaries on which we express gratitude to special people.
On this year's 'Parents' Day,' I am going to give my parents flower bouquets and tell them I love them. On 'Teachers' Day,' I will visit my teachers and convey my respect.

▶들어 봅시다

다음 주 목요일부터 긴 연휴가 시작됩니다. 이번 연휴에는 여행을 떠나 보지 않으시겠습니까? 자, 지금부터 여행 계획을 세워 봅시다. 즐거운 여행을 하기 위해서는 여행 계획만큼 중요한 것이 없습니다. 여행 계획을 잘 세우기 위해서 무엇을 해야 할까요? 우선 여행을 가서 무엇을 할지 정해야 합니다. 관광, 휴식, 문화 체험 등 여행의 목적이 무엇인지 먼저 생각해야 합니다. 다음으로 경비에 맞춰서 여행지, 여행 기간, 교통편, 숙박 시설을 알아봐야 합니다.
여행지를 결정한 후에는 그곳에 대한 정보를 찾아봐야겠지요? 가려고 하는 곳의 날씨, 음식, 볼거리 등에 대해서 알아보세요. 인터넷에서 찾은 정보나 친구들에게서 들은 정보를 가지고 일정을 짜세요. 정확한 정보를 가지고 계획을 잘 짜서 여행을 떠나면 경비도 아낄 수 있고 더 즐거운 시간을 보낼 수 있습니다.
일정이 정해지면 교통편, 숙박 시설을 예약하고 비자와 여행자 보험도 준비하세요. 모든 준비가 끝나면 마지막으로 짐을 쌉니다. 자, 그럼 즐거운 여행을 떠나 봅시다.
The long holiday starts next Thursday. Why not go on a trip this holiday season? Now, let's start planning your trip. To have an enjoyable trip, there is nothing more important than a well-planned itinerary. What should we do to plan our trip well? First, you need to decide what you want to do during the trip. You need to think about the purpose of your trip, whether it be sightseeing, relaxation, or cultural experiences. Then, based on your budget, you should do research on your destination, duration of travel, transportation, and accommodations.
After deciding on the destination, you should gather information about it, right? Find out about the weather, food, and attractions of the place you are going to. Make an itinerary using the information you found on the internet or heard from friends. By planning your trip well using accurate information, you can save expenses and have a better time.
Once the itinerary is set, book transportation and accommodations, and prepare visas and traveler's insurance. After everything is ready, you can finally pack your bags. Now, let's go on a pleasant trip.

Unit 1

Section 2. Wasn't it difficult to distribute and hand out the food?

선생님: 지난 방학 때 뭘 했어요?
Teacher: What did you do last vacation?
다니엘: 탑골 공원 근처에서 하는 무료 급식 봉사에 참여했어요.
Daniel: I participated in a free meal service near Tapgol Park.
선생님: 무료 급식 봉사요? 방학을 정말 의미 있게 보냈네요.
Teacher: Free meal service? What a meaningful way to spend your vacation.
다니엘: 급식 봉사를 하는 제임스한테서 일손이 부족하다는 말을 듣고 여행 계획을 세웠다가 취소했어요.
Daniel: I made travel plans, but canceled them after I heard from james who was volunteering for the meal service that they were short-handed.
선생님: 음식을 나누어 드리는 일이 힘들지는 않았나요?
Teacher: Wasn't it difficult to distribute the food?
다니엘: 나흘 내내 봉사를 하면서 몸은 힘들었지만 많은 것을 배우고 느꼈어요.
그래서 다음에 기회가 되면 또 하려고 해요.
Daniel: My body was tired from volunteering for four days straight, but I learned and felt so many things. So, if I have a chance, I'm going to do it again.

문법

1. -었다가/았다가/였다가

· Meaning and Usage

This is used with an action verb to show that a certain action was completed and was subsequently changed into another action.

· Form

'-았다가' is used when the action verb stem ends with 'ㅏ, ㅗ' and '-었다가' is used when it ends with the other vowels 'ㅓ, ㅜ, ㅡ, ㅣ'. '-였다가'(했다가) is used when the action verb stem ends with '하-'.

Action verb stem ending	Combine with	Example
ㅏ, ㅗ	-았다가	샀다가, 왔다가
Other vowels (ㅓ, ㅜ, ㅡ, ㅣ)	-었다가	열었다가, 썼다가
하	-였다가(했다가)	예약했다가

· Examples

창문을 열었다가 바람이 많이 불어서 닫았다.
I opened the windows but because the wind was blowing too hard I closed them again.
컴퓨터를 껐다가 이메일을 보려고 다시 켰어.
I turned off the computer but turned it on again to check my email.
언니가 옷을 샀다가 사이즈가 작아서 바꿨어요.
My sister bought some clothes but exchanged them because the size was too small.
식당을 예약했다가 취소했습니다.
I made a reservation at the restaurant but then cancelled it.

가: 주말에 어디에 갔다가 왔어요?
A: Where did you go over the weekend?
나: 강릉에 갔다가 왔어요.
B: I visited Gangneung and came back.

가: 지갑을 찾았어요?
A: Have you found your wallet?
나: 네, 잃어버렸다가 교실에서 찾았어요.
B: Yes, I had lost it but found it in the classroom.

Note

When using '-었다가/았다가/였다가', it is typical that the two action verbs used before and after '-었다가/았다가/였다가' are antonymical, that is, have opposite meanings.

2. -나요/은가요/ㄴ가요?

· Meaning and Usage

This is used with an action or descriptive verb to ask another person a question. It comes off as rhetorically softer or friendlier than '-어요?'.

· Form

'-나요?' is used after action verb stems, including the verb stem of '있다' and '없다'. '-ㄴ가요?' is used after descriptive verb stems ending with a vowel or 'ㄹ'. '-은가요?' is used after descriptive verb stems ending with a consonant. '인가요?' is used after a noun.

Verb stem ending	Combine with	Example
Action verb, 있다, 없다	-나요?	먹나요?, 가나요?, 있나요?
Consonant (descriptive verb)	-은가요?	작은가요?, 좋은가요?, 싫은가요?

Vowel, ㄹ (descriptive verb)	-ㄴ가요?	큰가요?, 친절한가요?, 먼가요?

· **Examples**

리타오 씨, 몇 시에 집에 오나요?
What time do you come home, Letao?
김치찌개가 매운가요?
Is the kimchi-jjigae (kimchi stew) spicy?
올리비아 씨 친구는 어느 나라 사람인가요?
What country is Olivia's friend from?
에릭 씨, 방 청소를 다 했나요?
Eric, have you finished cleaning your room?

가: 리타오 씨, 어느 나라에서 오셨나요?
A: Letao, what country did you come from?
나: 저는 중국에서 왔어요.
B: I came from China.

가: 유키 씨, 친구 생일이 언제인가요?
A: Yuki, when is your friend's birthday?
나: 다음 주 토요일이에요.
B: It is next Saturday.

Note

When the descriptive verbs, '이다' and '아니다' are combined with the past tense '-었-', you use '-었나요'.

▶읽어 봅시다

**"방학 동안 사회 경험을 쌓고 싶은가요?
서울 시 행정을 체험할 수 있는 아르바이트에
지원하세요!"**
서울 시, 여름 방학 대학생 아르바이트 250명 모집
신청기간: 6월 5일(월) ~ 6월 9일(금)
'서울특별시' 홈페이지에서 신청
근무기간: 7월 9일(월) ~ 8월 17일(금)(6주)
1일 5시간 근무(월~금, 1일 53,100원 지급)
**"Do you want to gain work experience during the vacation?
Apply for a part-time job where you can experience Seoul City administration!"**
Seoul City, Recruiting 250 college students for summer vacation part-time job
- June 5th (Mon) ~ June 9th (Fri)
  Apply on the 'Seoul Metropolitan Government' website
- July 9th (Mon) ~ August 17th (Fri)(6 weeks)
  5 hours per day (Mon~Fri, KRW 53,100 paid per day)

▶들어 봅시다

친구: 제시카, 오랜만이다. 방학은 잘 보내고 있어?
제시카: 아니, 이번 방학은 특별히 하는 일 없이 보내고 있어. 어제도 하루 종일 집에 있다가 편의점에만 잠깐 갔다가 왔어. 방학을 의미 있게 보내고 싶지만 생각같이 잘 되지 않아서 답답해.
친구: 자원봉사를 해 보는 건 어때?
제시카: 자원봉사?
친구: 응. 나는 이번 방학에 도서관에서 책을 빌려주는 자원봉사를 하고 있어. 봉사를 하니까 재미도 있고 배우는 것도 많아.
제시카: 나같이 한국어를 잘 못하는 외국인이 할 수 있는 봉사도 있나?
친구: 그럼. 자원봉사 센터에는 외국인이 참여할 수 있는 봉사 프로그램이 많아. 어르신들에게 점심을 나눠 드리는 일도 있고 아이들에게 영어를 가르쳐 주는 일도 있어. 자원봉사 센터 홈페이지에 들어가서 한번 찾아봐.
제시카: 그래야겠다. 전부터 자원봉사를 한번 해 보고 싶었는데. 자원봉사는 어려운 사람들을 도와주는 일이지만 사실 내가 배우는 것이 더 많고 보람도 클 것 같았거든. 덕분에 방학을 잘 보낼 수 있을 것 같아. 알려 줘서 고마워.
Friend: Jessica, long time no see. Is your vacation going well?
Jessica: Not really, I'm spending this vacation doing nothing special. Yesterday, I stayed at home all day and went to the convenience store once, just for a while. I want to spend my vacation meaningfully, but I am frustrated because things aren't going as planned.
Friend: Why don't you try volunteering?
Jessica: Volunteering?
Friend: Yes. This summer vacation, I'm doing volunteer work at the library, lending books. Volunteering is fun and I'm learning a lot.
Jessica: Is there any volunteer work for foreigners like me who aren't fluent in Korean?
Friend: Sure. The volunteer center offers many programs that foreigners can participate in. There are some programs like serving lunch to the elderly or teaching children English. Go to the volunteer center website and look it up.
Jessica: I should. I've always wanted to try volunteering. While volunteering is about

helping those in need, I feel like I'll learn a lot and also like it will be very rewarding. Thanks to you, I think I will be able to spend my vacation meaningfully. Thanks for letting me know.

Unit 2

Section 1. Department stores have good products but they're too expensive.

엠마: 다음 주에 학교 행사가 있는데 입을 정장이 없어요. 그래서 백화점에 가려고 해요.

Emma: There's a school event next week, but I don't have a suit to wear. So, I'm going to go to the department store.

선희: 백화점은 물건이 좋기는 하지만 비싸잖아. 인터넷으로 사는 건 어때?

Sunhee: Department stores have nice things but they're expensive. How about buying it online?

엠마: 시간도 얼마 없는데 사이즈가 안 맞는 옷이 올까 봐 걱정이 돼서요.

Emma: I don't have much time, and I'm worried that I'll order clothes that won't fit me.

선희: 그건 그래. 사실 나도 인터넷에서 물건을 주문했을 때 화면으로 본 것과 실제로 받은 물건이 차이가 나서 당황한 경험이 몇 번 있어.

Sunhee: That's true. Actually, I've had a few experiences where I was shocked when I received the items I ordered online because they were so different from what they looked like on screen.

엠마: 게다가 요즘 백화점 바겐세일 기간이어서 정가보다 싸게 살 수 있는 옷들이 많을 것 같아요.

Emma: Besides, it's department store bargain sale season these days, so there ought to be clothes on sale that I can buy at a lower price than usual.

선희: 그럼 나도 따라가서 옷 구경을 할까?

Sunhee: Well then, should I join you to look at some clothes?

문법

1. -기는 하다

· Meaning and Usage

This is used with an action or descriptive verb to acknowledge that the preceding statement is, in fact, true.

· Examples

저는 매운 음식을 먹기는 하지만 좋아하지 않아요.
I do eat spicy food, but I don't particularly like it.
한나 씨를 알기는 하지만 친하지는 않아요.
I do know Hannah, but we're not close.
어제 백화점에서 본 옷이 비싸기는 한데 사고 싶어요.
The clothes I saw yesterday are expensive, but I still want to buy them.
시간이 없어서 못 갔지만 저도 어제 모임에 가고 싶기는 했어요.
I couldn't go because I didn't have time, but I did want to go to yesterday's meeting.

가: 회사 일이 힘들지요?
A: Your office work is hard, right?
나: 힘들기는 하지만 배우는 것도 많고 재미있어요.
B: It is hard, but there's so much to learn and it's also fun.

가: 한국에서 혼자 사니까 외롭지 않아요?
A: Aren't you lonely living in Korea by yourself?
나: 가족과 같이 살지 않아서 외롭기는 한데 친구들이 있어서 괜찮아요.
B: It's lonely living without my family, but it's all right since I have my friends.

2. -을까/ㄹ까 봐

· Meaning and Usage

This is used with an action or descriptive verb to express the speaker's concern about the possibility of the situation or event mentioned in the first clause actually happening.

· Form

-을까 봐 is added when the stem ends in a consonant. -ㄹ까 봐 is added when the stem ends in a vowel or ㄹ.

verb stem ending	Combine with	Example
Consonant	-을까 봐	먹을까 봐, 없을까 봐
Vowel, ㄹ	-ㄹ까 봐	갈까 봐, 멀까 봐

· Examples

비가 올까 봐 우산을 가지고 왔어요.
Just in case it rains, I brought an umbrella.
지각할까 봐 택시를 타고 왔어요.
I was afraid I would be late, so I took a cab.
친구들이 놀릴까 봐 말하지 않았어요.
I was afraid my friends would make fun of me, so I didn't say anything.

버스가 출발했을까 봐 걱정했어요.
I was worried that the bus would have left.

가: 줄리 씨, 왜 이렇게 일찍 왔어요?
A: Why did you come so early, Julie?
나: 길이 막힐까 봐 오늘은 집에서 일찍 출발했어요.
B: I was afraid there would be traffic, so I left early from home today.

가: 은하 씨, 왜 그렇게 천천히 걸어가세요?
A: Eunha, why are you walking so slowly?
나: 넘어질까 봐 조심하는 거예요.
B: I'm afraid I might fall, so I'm being careful.

· Note

It is typical that expressions of the speaker's concern regarding the situation in question, or actions taken because of that concern follow '-을까/ㄹ까 봐'.

▶읽어 봅시다

[영 수 증]

서울타워백화점
서울특별시 용산구 남산공원길 1

20XX-03-02(목) 12:27

상품	수량	할인	금액
코트	1	30%	120,000원
스커트	1		35,000원
바지	1		29,000원
양말	1		3,000원

합 계 : 187,000원
카드 결제 : 187,000원

교환이나 환불을 원하시면 7일 안에 영수증과 결제한 카드를 가지고 매장으로 오십시오. 할인 상품은 교환이나 환불이 되지 않습니다.

[Receipt]

Seoul Tower Department Store
1 Namsan Gongwon-gil, Yonsan-gu, Seoul

20XX-03-02(Thursday) 12:27

Item	Quantity	Discount	Amount
Coat	1	30%	120,000 KRW
Skirt	1		35,000 KRW
Pants	1		29,000 KRW
Socks	1		3,000 KRW

Total: 187,000 KRW
Card Payment: 187,000 KRW

For an exchange or refund, please visit the store within 7 days with this receipt and the card used for payment. Discounted products are not eligible for exchange or refunds.

▶들어 봅시다

어제 하숙집 친구와 한복을 사려고 광장 시장에 갔습니다. 하숙집 친구는 독일 사람인데 지금 한국어학당에서 한국말을 배우고 있습니다. 친구는 한 달 후에 한국어학당을 졸업합니다. 그래서 우리는 친구가 졸업하는 날에 입을 한복을 사기 위해서 한복 가게가 많은 광장 시장에 갔습니다.
우리는 광장 시장에 가기 전에 한복이 비쌀까 봐 걱정을 했습니다. 하지만 가서 보니까 생각보다 비싸지 않았습니다. 그리고 한복을 사려고 온 외국인들도 많았습니다.
한복을 입어 본 적이 없는 우리에게 한복 가게 사장님은 여러 색깔의 한복을 보여 주시고 한복을 입는 방법도 친절하게 알려 주셨습니다. 친구는 한참 동안 한복을 입어 보고 그중에서 제일 마음에 드는 분홍색 한복을 한 벌 골랐습니다. 친구가 한복을 고르는 것을 보니까 저도 사고 싶어졌습니다. 그래서 저도 귀국하기 전에 한번 더 와서 한복을 사기로 마음먹었습니다.
한복을 산 후에 우리는 광장 시장에서 유명한 빈대떡을 먹고 오늘 저녁에 먹을 음식 재료도 샀습니다. 사람이 많아서 복잡하긴 했지만 한국의 시장을 구경할 수 있어서 아주 재미있었습니다.
Yesterday, I went to Gwangjang Market with my friend from the boarding house to buy a Hanbok. My friend is German, and is currently learning Korean at the Korean Language Institute. She will graduate from the institute in one month. So, we went to Gwangjang Market, where there are many Hanbok shops, to buy a Hanbok to wear for her graduation day.
Before going to Gwangjang Market, we were worried that Hanbok might be expensive. But when we got there, we found that it wasn't as expensive as we had thought. There were also many foreigners who came to buy a Hanbok.
The Hanbok shop owner showed us, who have never worn a Hanbok before, Hanbok of various colors and kindly taught us how to wear them. My friend tried on Hanboks for a while, and chose a pink Hanbok she liked the most. Seeing my friend choosing a Hanbok also made me

want to buy one. So, I decided that I would come back and buy a Hanbok before returning home, too.

After buying a Hanbok, we ate the famous Gwangjang Market bindaetteok and also bought ingredients for tonight's dinner. Although it was crowded due to the number of people, it was very exciting as we were able to explore the Korean market.

Unit 2

Section 2. I will get it done by Saturday, so come back then.

선희: 안녕하세요? 재킷하고 원피스 세탁을 맡기려고 왔어요.
그리고 재킷 앞쪽에 파란색 얼룩이 생겼는데 지워질까요?
집에서 아무리 세탁기를 돌려도 그대로예요.

Sunhee: Hello? I came to drop off my jacket and dress for dry cleaning.
Also, there's a blue stain on the front of the jacket.
Can it be removed? No matter how much I run it through the washing machine at home, it's still the same.

주인: 이런 얼룩은 비교적 잘 빠져요.
단골이시니까 얼룩 제거는 공짜로 해 드릴게요.

Owner: These stains come off relatively easily.
Since you're a regular customer, I'll remove the stain for free.

선희: 와, 감사합니다. 언제 찾으러 오면 돼요?

Sunhee: Wow, thank you. When should I pick them up?

주인: 월요일에 찾으러 오세요.

Owner: Come pick them up on Monday.

선희: 주말에는 세탁소 문을 닫으세요?
일요일에 결혼식에 가야 하는데 그때 입었으면 해서요.

Sunhee: Do you close the laundry on weekends?
I have a wedding to attend on Sunday, and I'd like to wear them that day.

주인: 그럼 토요일까지 해 드릴 테니까 그때 오세요.

Owner: Then we'll have them ready by Saturday, so come then.

문법

1. -을/ㄹ 테니까

· Meaning and Usage

This is used with an action or descriptive verb. Dividing a sentence up in the part prior to and after '-을/ㄹ 테니까', if the former part of the sentence pertains to some yet unfinished or uncompleted action and the latter to some wished, planned, or predicted action, the part prior to '-을/ㄹ 테니까' indicates the reason as to why the speaker wishes for, plans for, or predicts the action stated in the part after '-을/ㄹ 테니까' to happen. When the subject of the sentence is in the first-person, the former part indicates the action that the speaker intends to take. (In this case, the latter part indicates what the speaker wishes for, plans for, or predicts to happen as a result of such action.) However, if the subject is in the third-person, the former part indicates some theory, assumption, or conjecture of the speaker regarding the third-person subject. (In this case, the latter part indicates what the speaker wishes for, plans for, or predicts to happen as a result of such assumption.)

· Form

'-ㄹ 테니까' is used when the action or descriptive verb stem ends with a vowel or 'ㄹ'. '-을 테니까' is used when it ends with a consonant.

Action or descriptive verb stem ending	Combine with	Example
Consonant	-을 테니까	읽을 테니까, 많을 테니까
Vowel, ㄹ	-ㄹ 테니까	갈 테니까, 멀 테니까

· Examples

호텔은 제가 예약할 테니까 유키 씨는 렌터카를 예약해 주세요.
I'll make the reservations for the hotel, so Yuki, please make the reservations for the rental car.
제가 김밥을 만들어 올 테니까 흐엉 씨는 음료수를 준비해 주세요.
I'll prepare the gimbap, so Huang, please prepare the drinks.
주말에는 극장에 사람이 많을 테니까 평일에 가세요.
There will be many people at the theater on the weekends so go on the weekday.
지금 가면 차가 밀릴 테니까 지하철로 갑시다.
If we go now there will be traffic, so let's take the

subway.

가: 잠깐만 기다려 주시겠어요?
A: Can you wait for a little while?
나: 네, 커피를 마시면서 기다릴 테니까 천천히 오세요.
B: Yes. I'll be waiting while I drink coffee so take your time.

가: 지금 밤 11시인데 노라 씨에게 전화해도 될까요?
A: It's 11 o'clock at night right now but is it okay to call Nora?
나: 지금은 노라 씨가 자고 있을 테니까 내일 전화하세요.
B: Nora will be sleeping so call her tomorrow.

2. -었으면/았으면/였으면 하다

· Meaning and Usage

This is used after an action verb or descriptive verb to show the speaker's wishes or hopes.

· Form

'-았으면 하다' is used when the action or descriptive verb stem ends with 'ㅏ, ㅗ'. '-었으면 하다' is used when the verb stem ends with another vowel like 'ㅓ, ㅜ, ㅡ, ㅣ'. '-였으면(했으면) 하다' is used when the verb stem ends with '하-'.

Action or descriptive verb stem ending	Combine with	Example
ㅏ, ㅗ	-았으면 하다	찾았으면 하다, 좋았으면 하다
Other vowels (ㅓ, ㅜ, ㅡ, ㅣ)	-었으면 하다	뵈었으면 하다, 컸으면 하다
하	-였으면 하다 (했으면 하다)	일했으면 하다, 따뜻했으면 하다

· Examples

저는 대학교를 졸업하고 방송국에서 일했으면 합니다.
After I graduate from college, I hope to work in a broadcasting station.
친구가 내일 여행을 가요. 날씨가 좋았으면 해요.
My friend is going on a trip tomorrow. I hope the weather is good.
선생님, 발표 순서를 좀 바꿨으면 하는데요. 가능할까요?
Teacher, I'd like to change the order of the presentation. Will it be possible?
이 일이 제 적성에 맞는 일이었으면 해요.
I hope this job is compatible with my aptitude.

가: 유키 씨, 대학에서 뭘 전공하려고 해요?
A: Yuki, what are you going to major in college?
나: 글쎄요. 부모님은 제가 의학을 전공했으면 하시는데 전 물리학을 공부하고 싶어요.
B: I'm not sure. my parents wont like me to major in medicine, but I want to study physics.

가: 이 아파트는 어때요?
A: How is this apartment?
나: 음, 이것보다는 좀 더 큰 아파트를 구했으면 하는데요.
B: Well, I'd like to get a bigger apartment than this one.

▶읽어 봅시다

저는 집 근처에 있는 빨래방에 자주 갑니다. 집에도 세탁기가 있기는 하지만 크지 않아서 이불 같은 것을 빨기가 어렵습니다. 게다가 요즘 같은 장마철에는 세탁 후에 건조하기가 어려운데 빨래방에 있는 건조기를 사용해서 옷을 말리면 아주 편합니다.
빨래방의 장점은 아주 많습니다. 저는 고양이를 키우고 있어서 여기저기에 고양이 털이 많이 묻기 때문에 이불이나 카펫을 자주 세탁해야 합니다. 이 빨래방에는 반려동물 전용 세탁기가 있어서 참 좋습니다. 또 텔레비전과 게임기도 있어서 기다리는 시간을 재미있게 보낼 수도 있습니다. 최근에는 프린터가 설치되어서 빨래를 하면서 보고서도 쓰고 출력도 할 수 있습니다. 그래서 저는 요즘 빨래방에 갈 때 노트북 컴퓨터를 가지고 갑니다.
이렇게 장점이 많기는 하지만 단점도 하나 있습니다. 이 빨래방은 신용 카드를 사용할 수 없어서 다소 불편합니다. 동전을 넣어서 세탁기를 사용하거나 전용 카드에 미리 돈을 충전해서 결제해야 합니다. 하루빨리 신용 카드로 결제할 수 있었으면 합니다.
I often go to the laundromat near my house. I do have a washing machine at home, but it's not big which makes washing things like blankets difficult. Also, during rainy seasons like now, it's difficult to dry the laundry after washing, so using the dryer at the laundromat is very convenient.
The laundromat has many advantages. I have a cat, so I have to wash my blankets and carpets often because cat hair tends to stick everywhere. This laundromat has a washing machine exclusively for pets, which is really nice. They also have a television and a game console, so you can have a fun time while waiting. Recently, they installed a printer, so you can write reports and print them while doing laundry. That's why I bring my laptop with me when I go to the laundromat these days.

Although there are many advantages, as seen, there is one disadvantage. This laundromat doesn't accept credit cards, so it's a bit inconvenient. You have to insert coins to operate the washing machine, or charge the laundromat card in advance to pay. I'd like to be able to pay with a credit card as soon as possible.

▶들어 봅시다

손님: 여보세요? 세탁소지요? 블라우스 두 벌과 스웨터를 드라이클리닝하고 싶은데 얼마인가요?
주인: 블라우스는 한 벌에 4,000원, 스웨터는 6,000원입니다.
손님: 실크라서 손상될까 봐 걱정이 되는데요.
주인: 잘해 드릴 테니까 걱정하지 마세요.
손님: 며칠이나 걸려요?
주인: 오늘 맡기시면 사흘 후에 찾으실 수 있습니다.
손님: 세탁물을 직접 가지고 가야 하나요?
주인: 가까운 곳이면 저희가 세탁물을 가져오고 세탁이 끝나면 배달해 드립니다. 주소가 어떻게 되십니까?
손님: 서울아파트 102동 905호예요. 오늘 맡겼으면 하는데 가능할까요?
주인: 그럼요. 몇 시가 편하세요?
Customer: Hello? Is this the laundry service? I'd like to dry clean two blouses and a sweater. How much will it cost?
Owner: Blouses are 4,000 won each, and the sweater is 6,000 won.
Customer: I'm concerned that the silk fabric might get damaged.
Owner: Don't worry, we will take good care of it.
Customer: How long will it take?
Owner: If you drop them off today, you can pick them up three days later.
Customer: Do I need to bring the laundry myself?
Owner: If it's nearby, we can pick up the laundry and deliver it back to you after it's done. What is your address?
Customer: It's Seoul Apartment building 102, number 905. I'd like to send them today. Is this possible?
Owner: Of course. What time would be convenient for you?

Unit 3

Section 1. I'm not sure if all the data I need is here.

선희: 엠마, 공부하러 왔니?
Sunhee: Emma, are you here to study?
엠마: 네, 과제 때문에 한국 종교와 관련된 논문과 책을 찾으려고 왔어요.
Emma: Yes, I'm here to find papers and books related to Korean religion for my assignment.
선희: 그래? 그럼 2층 자료실로 가 봐.
Sunhee: Really? Then go to the reference room on the second floor.
엠마: 프랑스어로 된 책도 있을까요? 도서관 홈페이지에서 프랑스어로는 검색이 안 되어서요.
Emma: Are there any books in French? I couldn't search for any results in French on the library website.
선희: 아마 있을 거야. 영어 제목으로 찾아서 검색해 봐.
Sunhee: There might be. Try searching with English titles.
엠마: 네, 이번 주 금요일까지 보고서를 제출해야 하는데 필요한 자료가 다 있을지 모르겠어요.
Emma: Okay, I need to submit my report by this Friday so I hope I can find all the necessary materials.

문법

1. 하다 / 되다

· Meaning and Usage

'N을/를 하다' indicates that the subject actively performs a certain action, while 'N이/가 되다' indicates that the subject is passively placed in a certain situation. The most commonly used forms are as follows: '예약을 하다/예약이 되다' (to make a reservation/be reserved), '준비를 하다/준비가 되다' (to prepare/be prepared), '걱정을 하다/걱정이 되다' (to worry/be worried), '취직을 하다/취직이 되다' (to get a job/be employed), '완성을 하다/완성이 되다' (to complete/be completed), '정리를 하다/정리가 되다' (to organize/be organized), and so on.

· Examples

열심히 노력한 결과, 원하는 대학에 합격을 했습니다.
As a result of my hard work, I got accepted to the university I wanted.
다음 주부터 기말시험인데 문제가 어려울까 봐 걱정이 돼요.

I have a final exam starting next week. I'm worried the questions will be difficult.
이번 프로젝트가 성공할 수 있도록 최선을 다해서 준비를 하고 있습니다.
To ensure the success of this project, I am doing my best to prepare for it.
제임스 씨는 성적도 좋고 자격증도 많으니까 좋은 회사에 취직이 될 거예요.
James has good grades and many certificates, so he'll be employed by a good company.

가: 리에 씨, 어제 부탁한 보고서 다 완성했어요?
A: Rie, did you finish the report I asked for yesterday?
나: 곧 완성될 거예요. 잠시만 기다려 주세요.
B: It'll be finished soon. Please wait a moment.

가: 안녕하세요? 이수영 이름으로 두 명 예약했는데요.
A: Hello? I made a reservation for two under the name of Lee Sooyoung.
나: 네, 이수영님. 12시로 예약되어 있네요. 이쪽으로 오세요.
B: Yes, Mr. Lee Sooyoung. It's reserved for 12 o'clock. Please come this way.

2. -을지/ㄹ지 모르겠다

· Meaning and Usage

This is used with an action or descriptive verb when the speaker is unsure about the statement he/she has made.

· Form

Action or descriptive verb stem ending	Combine with	Example
Consonant	-을지 모르겠다	먹을지 모르겠다, 적을지 모르겠다
Vowel, ㄹ	-ㄹ지 모르겠다	좋아할지 모르겠다, 멀지 모르겠다

· Examples

동생이 이 선물을 좋아할지 모르겠어요.
I'm not sure if my younger sibling will like this gift.
내일 등산을 가려고 하는데 날씨가 좋을지 모르겠어요.
I'm planning on going hiking tomorrow, but I'm not sure if the weather will be nice.
경험이 없어서 제가 그 일을 잘할 수 있을지 모르겠어요.
I lack experience, so I don't know if I'd do a good job.
제주도에 비가 많이 왔다고 하는데 친구들이 여행을 잘 했을지 모르겠어요.
I heard it rained a lot in Jeju Island. I'm not sure if my friends had a good trip.

가: 영수 씨, 우리 1시간 일찍 출발했으니까 회의 시간에 늦지 않겠죠?
A: Yeongsu, we left an hour early, so we probably won't be late to the meeting, right?
나: 글쎄요. 길이 많이 막혀서 제시간에 도착할지 모르겠네요.
B: I don't know. I'm not sure we'll arrive on time since there's so much traffic.

가: 마이 씨, 요즘 이 소설이 인기가 많다고 해요. 한번 읽어 보세요.
A: Mai, I heard this novel is really popular these days. You should read it.
나: 어려운 단어가 많아서 제가 읽을 수 있을지 모르겠어요.
B: I don't know if I could read it since here are so many hard words.

▶읽어 봅시다

학술정보관은 올해 새로 문을 연 우리 학교 도서관이다. 새 건물이어서 깨끗하고 이용하기가 편리하다. 앉고 싶은 자리를 미리 예약할 수도 있고 예약 시간을 정할 수도 있다. 그래서 나는 학술정보관을 자주 이용한다.
나는 오늘 학술정보관 1층 로비에서 언어 교환 친구를 처음 만났다. 우리는 서로 취미에 대해서 물어봤다. 그 친구는 취미가 영화 감상이어서 시간이 있을 때마다 학술정보관에서 영화를 본다고 했다. 내가 학술정보관에서 영화도 볼 수 있냐고 물어보니까 학술정보관 2층에 멀티미디어 센터가 있는데 멀티미디어 자료가 많다고 했다. 게다가 편한 의자가 있어서 편한 자세로 앉아서 음악을 듣거나 드라마를 볼 수도 있다고 했다. 학기 중에는 일주일에 두 번 멀티미디어센터 안에 있는 영화감상실에서 무료로 영화를 상영한다는 정보도 알려 주었다. 우리는 다음 주에 멀티미디어 센터에서 함께 영화를 보기로 했다. 언어 교환 친구를 만나니까 한국어 공부도 할 수 있고 여러 정보를 얻을 수도 있어서 좋았다. 무엇보다 대화가 잘되는 좋은 친구를 만나서 정말 기뻤다. 내가 그 친구의 영어 공부에 도움을 줄 수 있을지 모르겠지만 최선을 다하려고 한다. 빨리 다음 주가 되었으면 좋겠다.
The Academic Information Center is our new school library that opened this year. It's a new building, so it's clean and convenient to use. You can reserve the seat you want in advance and even choose a reservation time. This is why I frequently use the Academic Information Center.

Today, I met a language exchange friend in the first floor lobby of the Academic Information Center for the first time. We asked each other about our hobbies. My friend's hobby is watching movies, so he watches movies at the Academic Information Center whenever he has time. When I asked if we are able to watch movies at the Academic Information Center, he told me that there is a multimedia center on the second floor with many multimedia resources. There are also comfortable chairs, so you can sit in a comfortable position and listen to music or watch dramas. He also told me that during the school semester, free movie screenings take place twice a week in the movie viewing room of the multimedia center. We decided to watch a movie together at the multimedia center next week. Meeting a language exchange friend allowed me to study Korean and gather lots of information, which has been great. Above all, I was delighted to meet a good friend to talk with. I'm not sure If I can help him study English, but I will do my best. I hope next week comes quickly.

▶들어 봅시다

서울에 있는 유명한 도서관 세 곳을 소개하겠습니다.
먼저 남산도서관입니다. 남산도서관은 남산에 있는 오래된 도서관입니다. 다양한 자료실이 있는 게 특징인데 특히 옛날 책들이 많습니다. 남산에 있어서 공기도 좋고 경치도 아름답습니다. 여러 가지 문화 수업도 자주 열립니다.
그다음은 국립중앙도서관입니다. 국립중앙도서관은 한국에서 가장 큰 도서관으로 전국의 거의 모든 책을 소장하고 있습니다. 한국에서 출판된 책은 모두 이곳에 소장된다고 합니다. 또 여러 나라 언어로 된 자료를 찾을 수 있어서 외국인이 이용하기가 편리합니다.
마지막으로 북촌 마을에 있는 정독도서관을 소개해 드리고 싶습니다. 정독도서관은 서울시가 세운 도서관입니다. 도서관 안에 있는 정원이 아주 아름답습니다. 또 근처에 분위기 좋은 미술관과 커피숍이 많아서 데이트를 하러 온 사람들이 도서관에 들르기도 합니다.
Let me introduce three famous libraries in Seoul. First, there is Namsan Library. Namsan Library is an old library in Namsan Mountain. Its distinct feature is the variety of its archives, and in particular, that it has many old books. Since it is on Namsan Mountain, the air is fresh and the scenery is beautiful. It also frequently holds various cultural classes.
Next is the National Library of Korea. The National Library of Korea is the largest library in Korea, housing almost every book found in the country. It is said that every book published in Korea is kept here. Also, it is convenient for foreigners to use because they can find materials in various languages.
Lastly, I will introduce Jeongdok Library in Bukchon Village. Jeongdok Library is a library established by the Seoul Metropolitan Government. The garden inside the library is very beautiful. There are also many charming art museums and coffee shops nearby, so people who come for dates also visit the library.

Unit 3

Section 2. It's not as expensive as I expected it to be.

리사: 시카고에 소포를 보내려고 합니다.
Lisa: I want to send a package to Chicago.
직원: 무게를 재야 하니까 저울에 상자를 올려놓으세요. 깨지기 쉬운 물건이 들어 있지는 않습니까? 예를 들어 그릇 같은 물건이요.
Staff: We need to weigh it, so please place the box on the scale. Are there any fragile items inside? Objects like dishes, for example.
리사: 대부분은 옷이고 책이 몇 권 있어요.
그런데 중간에 우편물이 없어지거나 이상이 생기지는 않을까요?
Lisa: Most of it is clothing and there are a few books. By the way, would it be possible that the package gets lost or damaged in transit?
직원: 비싼 물건이면 보험에 드세요. 보험료는 만 원 정도입니다.
Staff: If your items are expensive, get insurance. The insurance fee is around 10,000 won.
리사: 생각보다 비싸지 않군요. 그럼 보험에 들게요.
우편 요금까지 모두 얼마입니까?
Lisa: That's not as expensive as I thought. Alright, I'll get insurance.
How much is the total including postage fee?
직원: 13만 7천 원입니다.
영수증은 여기에 적으신 전화번호로 보내 드리겠습니다.
Staff: It's 137,000 won.
We will send the receipt to the phone number

you wrote here.

문법

1. -거나

· Meaning and Usage

This is used with an action or descriptive verb stem. Verbs are situated directly prior to and after '-거나'. Sentences using '-거나' are used to indicate the occurrence (whether real or presumed) of the former verb, the latter verb, or both.

· Examples

혼자 있을 때는 책을 읽거나 영화를 봐요.
When I am by myself, I read a book or watch a movie.
음악을 듣거나 운동을 하면 기분이 좋아져요.
My mood improves when I listen to music or exercise.
아프거나 외로울 때 고향에 가고 싶어져요.
I feel like I want to go to my hometown when I am sick or lonely.
사람들이 많거나 시끄러운 곳에서는 살고 싶지 않아요.
I don't want to live where too many people live or where it's too noisy.

가: 노라 씨, 공부하다가 모르는 단어가 있으면 어떻게 해요?
A: Nora, what do you do when you come across a word you don't know, while studying?
나: 저는 사전을 찾거나 친구에게 물어봐요.
B: I either look it up in the dictionary or ask a friend.

가: 우진 씨는 보통 주말에 뭘 하세요?
A: What do you normally do on the weekends, Woojin?
나: 저는 자전거를 타거나 등산을 가요.
B: I ride my bike or go hiking.

2. -는군요/군요

· Meaning and Usage

This is a sentence ending that is added to an action verb or a descriptive verb used to express, exclaim, or emphasize that the speaker has learned a new fact. It is generally used as the speaker is looking at or listening to a scene or a situation related to their statement at the time of speaking.

· Form

'-는군요' is added to the stem of a action verb, and '-군요' is added to the stem of a descriptive verb.

The type of verb	Combine with	Example
Action verb	-는군요	오는군요, 듣는군요
Descriptive verb	-군요	많군요, 바쁘군요

· Examples

날씨가 좋군요.
The weather is nice.
유키 씨가 한국말을 참 잘하는군요.
Yuki is very good at speaking Korean.
여기가 명동이군요.
Here is Myeongdong.
마이클 씨가 고향에 돌아갔군요.
Michael returned to his hometown.

가: 제 방이에요.
A: This is my room.
나: 예쁜 물건이 많군요.
B: You have a lot of pretty things.

가: 저는 날마다 도서관에서 공부해요.
A: I study everyday at a library.
나: 열심히 공부하는군요.
B: You're studying hard.

· Note

For '있다', '없다' the form '있군요', '없군요' are used.

▶읽어 봅시다

저는 한국에 온 지 일 년 됐습니다. 제가 다니는 학교는 한국에서 유명한 대학교 중 하나입니다. 우리 학교는 역사가 오래되었고 캠퍼스도 넓고 아름답습니다. 학교 안에는 학생들이 이용하기에 편리한 시설이 많습니다. 도서관에는 멀티미디어실과 열람실이 있고 학생회관에는 식당과 우체국과 은행, 동아리방이 있습니다. 학생들을 위한 편의 시설이 모두 가까이에 있기 때문에 편리하게 이용할 수 있습니다. 무엇보다 환전을 하고 싶거나 소포를 보내고 싶을 때 학교 안에서 모든 일을 처리할 수 있어서 편합니다.
저는 지금 이 학교의 한국어학당에서 한국어를 배우고 있습니다. 한국어학당에 있으면 세계를 여행하는 것 같습니다. 여러 나라 학생들이 한 반에서 같이 공부하기 때문에 다양한 친구들을 사귈 수 있으니까요. 한국어 수업이 끝난 후에는 함께 도서관에 가서 공부를 하거나 책을 읽습니다. 날씨가 좋으면 학교 운동장에서 친구들과 같이 농구를 하거나 커피숍에서 이야기를 합니다. 친구들과 함께 공부도 하고 운동도 하면서 재미있게 지내고 있습니다.

It's been a year since I came to Korea. The school I attend is one of the famous universities in Korea. Our school has a long history, and the campus is wide and beautiful. There are many convenient facilities in the school for students to use. The library has multimedia rooms and reading rooms, and the student union building has a cafeteria, post office, bank, and club rooms. All the facilities for students are located nearby, so it's very convenient to use. Most importantly, when I need to exchange money or send a package, everything can be handled within the school, which is very convenient.

Currently, I am learning Korean at the Korean Language Institute of this university. Being at the Korean Language Institute feels like travelling the world. This is because students from various countries study together in one class, so I can make friends from different backgrounds. After Korean language class, we go to the library together to study or read books. If the weather is nice, I play basketball with friends at the school field or talk at coffee shops. I am having a great time studying and exercising with friends.

▶들어 봅시다

여자: 요즘 우체국에서는 여러 가지 일을 하는 것 같아요.

남자: 네, 맞아요. 보험에 가입할 수도 있고 전화 요금 같은 것도 낼 수 있어요. 은행하고 비슷한 일을 해요.

여자: 그래서 요즘 우체국에 가면 전보다 더 오래 기다리는 것 같아요.

남자: 그렇기는 하지요. 하지만 요즘은 미리 인터넷으로 배송을 신청하고 갈 수 있어요. 또 우체국에 있는 무인 접수기를 이용하면 소포를 보낼 때 많이 기다리지 않아도 돼요.

여자: 무인 접수기요?

남자: 네, 우체국 직원을 통하지 않고 무인 접수기 화면에 우편물을 받는 사람의 이름과 주소를 직접 입력하면 돼요.

여자: 우체국이 정말 많이 변했군요.

Woman: The post office offers a variety of services these days.

Man: Yes, that's right. You can buy insurance or pay phone bills. It's very similar to a bank.

Woman: That's why it feels like we have to wait longer at the post office these days.

Man: Yes, that's true. But nowadays, you can apply for delivery in advance online. Also, if you use the self-service kiosk at the post office, you don't have to wait long to send a package.

Woman: Self-service kiosk?

Man: Yes, you can enter the recipient's name and address directly on the screen of the self-service kiosk without going through a post office employee.

Woman: The post office has really changed a lot.

Unit 4

Section 1. I came because he said he was dying from the pain.

다니엘: 친구가 감기에 걸린 것 같다고 해서 약을 사러 왔는데요.

Daniel: I'm here to buy medicine because my friend thinks he has a cold.

약사: 어디가 안 좋다고 해요?

Pharmacist: What seems to be the problem?

다니엘: 기침이 심하고 열도 나는데 특히 머리가 깨질 것같이 아프다고 해요.

Daniel: He has a bad cough, a fever, and especially complains of a splitting headache.

약사: 요즘 유행하는 독감인 것 같네요.
그래도 약을 짓기 위해서는 의사의 처방전이 있어야 합니다.

Pharmacist: I think he has the flu that's been going around these days.
Still, you need a doctor's prescription to get prescription medicine.

다니엘: 내일 병원 문이 열릴 때까지 기다리라고 하려다가 아파 죽겠다고 해서 왔어요.

Daniel: I was going to tell him to wait until the hospital opens tomorrow, but I came because he said he was dying from the pain.

약사: 그럼 종합 감기약을 드릴게요.
이 약을 드셔 보시고 낫지 않으면 꼭 병원에 가 보라고 하세요.

Pharmacist: In that case, I'll give you some general cold medicine.
Tell him to try this, and make sure to go to the hospital if he doesn't get better.

문법

1. -으려다가/려다가

· Meaning and Usage

This expression is used with an action verb to indicate that an intended action or situation has been interrupted or changed, resulting in a different outcome. It is the shortened form of '-으려고/려고 하다가'.

· Form

'-려다가' is used when the action verb stem ends with a vowel or 'ㄹ' and '-으려다가' is used when it ends with a consonant.

Action verb stem ending	Combine with	Example
Consonant	-으려다가	받으려다가, 먹으려다가
Vowel or ㄹ	-려다가	가려다가, 만들려다가

· Examples

누리 씨가 자꾸 무슨 말을 하려다가 말아요.
Nuri keeps trying to say something, but stops.
채널을 돌리려다가 제가 좋아하는 가수가 나와서 멈췄어요.
I was about to change the channel, but stopped because my favorite singer was on.
드라마가 재미있어지려다가 주인공이 사고를 당하면서 내용이 이상해졌어요.
The drama was about to become interesting, but the story became strange when the protagonist had an accident.
주차장에 차를 세우려다가 주차비가 너무 비싸서 그냥 나왔어요.
I tried to park my car in the parking lot, but the parking fee was too expensive, so I just left.

가: 어떻게 하다가 다리를 다쳤어요?
A: How did you injure your leg?
나: 운동장을 걷고 있는데 갑자기 야구공이 날아와서 피하려다가 넘어졌어요.
B: I was walking on the sports field when a baseball suddenly came flying towards me, and I fell while trying to avoid it.

가: 이번 학기에 왜 수업을 두 개만 들어?
A: Why are you only taking two courses this semester?
나: 처음에 세 개를 들으려다가 취직 준비로 바쁠 것 같아서 두 개만 듣기로 했어.
B: At first, I was going to take three, but I thought I'd be busy preparing for a job, so I decided to take only two.

2. -어/아/여 죽겠다

· Meaning and Usage

This is mainly attached to a descriptive verb to emphasize that a certain state/condition is unbearably severe.

· Form

'-아 죽겠다' is used when the last syllable of the descriptive verb stem ends in ㅏ or ㅗ. '-어 죽겠다' is used when the last syllable of the stem ends in any other vowel(ㅓ, ㅜ, ㅡ, ㅣ). '-여 죽겠다'(해 죽겠다) is used when the stem ends in 하-.

Verb stem ending	Combine with	Example
ㅏ, ㅗ	-아 죽겠다	아파 죽겠다, 배고파 죽겠다
Other vowels (ㅓ, ㅜ, ㅡ, ㅣ)	-어 죽겠다	배불러 죽겠다, 힘들어 죽겠다
하	-여 죽겠다	피곤해 죽겠다

· Examples

방에 혼자 있으니까 심심해 죽겠는데 게임이나 할래.
Being alone in the room is so boring, I think I'll play some games.
이 책은 끝까지 다 못 읽겠어요. 재미없어 죽겠어요.
I can't finish this book. It's so boring.
창문 좀 열어 주세요. 지각하지 않으려고 뛰어와서 더워 죽겠어요.
Please open the window. I ran here to avoid being late, and it's so hot.
아래층에서 올라오다가 계단에서 넘어졌어요. 보는 사람도 많았는데 창피해 죽겠어요.
I fell down the stairs while coming up from downstairs. There were a lot of people watching, I'm so embarrassed.

가: 왜 이사를 가려고 해요?
A: Why are you moving?
나: 집 근처에 노래방하고 식당이 많아서 하루 종일 시끄러워 죽겠거든요.
B: There are many karaoke rooms and restaurants near my house, so it's so noisy all day.

가: 얼굴이 왜 그래? 무슨 안 좋은 일 있어?
A: Why the long face? Did something bad happen?
나: 학교 커피숍 직원이 자꾸 반말을 해서 기분 나빠 죽겠어.

B: I am really upset because the staff at the school coffee shop keeps talking to me impolitely.

· Note

'-어/아/여 죽겠다' is typically used to express negative feelings.

▶읽어 봅시다

약국에서 처방전 없이 약을 사려다가 못 산 적이 있나요? 한국에서는 약국에서 약을 살 때 의사에게서 받은 처방전이 있어야 합니다. 하지만 소화제, 진통제, 종합 감기약 같은 간단한 약은 처방전이 없어도 살 수 있습니다. 종합 감기약은 감기에 걸렸을 때 먹습니다. 감기에 걸리면 기침을 하거나 코가 막히거나 목이 쉬는 등 여러 가지 증상이 나타납니다. 열이 나거나 몸이 떨리기도 하는데 이런 증상이 가볍게 나타날 때 사람들은 종합 감기약을 먹습니다. 또 상처가 났을 때 다친 곳을 깨끗하게 소독하는 소독약이나 피부가 가려울 때 바르는 연고처럼 급하게 필요한 약도 처방전 없이 살 수 있습니다.

약국에서는 영양제, 마스크와 같이 평소에 건강을 지키는 데 필요한 제품도 살 수 있습니다. 그러나 수면제나 안약은 증상에 따라 필요한 약이 다르기 때문에 먼저 병원에 가서 의사의 처방전을 받아야 합니다. 늦은 밤이나 공휴일에 약을 사기 어려울 때는 120으로 전화하거나 휴일 지킴이 약국 홈페이지(https://www.pharm114.or.kr/main.asp)에 들어가 보세요. 문을 연 약국을 쉽게 찾을 수 있습니다. 종합 감기약, 소화제, 진통제는 24시간 문을 여는 편의점에서도 살 수 있습니다.

Have you ever tried to buy medicine without a prescription at a pharmacy, but couldn't? In Korea, you need a prescription from a doctor to purchase medicine at a pharmacy. However, simple medication like digestive medicine, pain relievers, and general cold medicine can be bought without a prescription. You take general cold medicine when you have a cold. When you catch a cold, there are various symptoms, such as coughing, a stuffy nose, and a sore throat. You could also have a fever or shivers, but if these symptoms are mild, then people usually take general cough medicine. You can also buy medicine you urgently need, like disinfectant for cleaning wounds and ointments for relieving itchy skin, without a prescription.

Pharmacies also sell products like nutritional supplements and masks that are necessary for maintaining everyday health. However, sleeping pills or eye drops vary depending on the symptoms, so you should go to the hospital first and get a doctor's prescription. When it's difficult to buy medicine late at night or on public holidays, you can call 120 or visit the designated holiday pharmacy website (https://www.pharm114.or.kr/main.asp). You can easily find an open pharmacy. General cold medicine, digestive medicine, and painkillers are also available at convenience stores that are open 24 hours a day.

▶들어 봅시다

1 남자: 저.... 배탈이 나서 왔는데요. 날씨가 더워서 찬 콜라를 많이 마셨는데 그 후부터 설사를 여러 번 했어요.

약사: 설사약을 드릴 테니까 오늘은 식사를 하지 마시고 이 약만 드세요.

1 Customer: Um... I'm here because I have an upset stomach. I drank a lot of cold cola because of the hot weather, and since then, I've had diarrhea several times.

Pharmacist: I'll give you some diarrhea relief medicine, so don't have any meals today and just take this medicine.

2 여자: 저.... 닷새 동안 화장실에 못 갔는데 배가 아파 죽겠어요.

약사: 그럼 이 변비약을 드셔 보세요. 물도 하루에 1리터 이상 드셔야 해요.

2 Customer: Um...I haven't been able to go to the bathroom for five days, and my stomachache is unbearable.

Pharmacist: Then try taking this constipation medicine. You should also drink more than 1 liter of water a day.

3 남자: 어제 점심때 회를 먹은 후부터 배가 아파요. 그냥 참으려다가 점점 더 아파서 왔어요.

약사: 식중독인 것 같은데 병원에 가 보시는 게 좋겠어요.

3 Customer: I've had a stomachache since I ate raw fish for lunch yesterday. I tried to endure it, but I came here because it's been getting worse.

Pharmacist: I think like you have food poisoning, so it would be best for you to go to the hospital.

Unit 4

Section 2. It seems like Dr.Kim has a lot of patients.

수지: 김 박사님께 진찰을 받으려고 하는데요.
Suzy: I'd like to see Dr. Kim for a checkup.
병원 직원: 어디가 편찮으세요?
Hospital Staff: Are you feeling unwell?
수지: 요즘 하루 종일 피곤하고 가끔씩 어지럽기도 한데 이유를 모르겠어요.
Suzy: I've been feeling tired all day and sometimes feel dizzy, but I don't know why.
병원 직원: 김 박사님께 진찰을 받으시려면 지금 예약하셔도 일주일 정도 기다리셔야 합니다.
Hospital staff: If you want to have a consultation with Dr. Kim, even if you make an appointment now, you'll have to wait for about a week.
수지: 일주일요? 김 박사님 환자가 많은가 봐요.
Suzy: A week? Seems like Dr. Kim has a lot of patients.
병원 직원: 네. 요새 환절기여서 감기 환자가 얼마나 많은지 몰라요.
Hospital staff: Yes, it's in-between seasons these days, so there are so many patients with the cold.

문법

1. -기도 하다

· Meaning and Usage

This is used with an action or desciptive verb to show that a certain action or quality appears together in addition to another action/quality.

· Examples

외국어를 배우는 건 재미있기도 하고 어렵기도 해요.
Learning a foreign language is both fun and difficult.
룸메이트랑 같이 살면 외롭지 않아서 좋지만 좀 불편하기도 하다.
Living with a roommate is good because you don't feel lonely, but it's also a bit uncomfortable.
오랜만에 초등학교 동창을 만나니까 반갑기도 하고 어색하기도 해요.
Meeting my elementary school friend after a long time is both nice and awkward.
요즘 대학생들은 방학에 계절 학기 수업을 듣기도 하고 인턴십을 하기도 합니다.
These days, college students take winter/summer classes or do internships during vacation.

가: 한국 회사에서는 출근할 때 정장을 입어야 해요?
A: Do you have to wear a suit when you go to work at a Korean company?
나: 회사마다 다르지만 우리 회사는 단정하게만 입으면 돼요. 저는 가끔 운동화를 신기도 해요.
B: It varies from company to company, but in our company, you just need to dress neatly. Sometimes, I even wear sneakers.
가: 아기를 키우는 게 어때요?
A: How is it raising a baby?
나: 힘들기도 하지만 키우면서 보람도 느껴요.
B: It's challenging, but also rewarding.

2. -나/은가/ㄴ가 보다

· Meaning and Usage

This is used with an action or descriptive verb when a speaker assumes that something is a certain way from what he/she has seen.

· Form

'-나 보다' is used with action verbs including '있다' and '없다' after the verb stem. '-ㄴ가 보다' is used when the descriptive verb stem ends with a vowel or 'ㄹ' and '-은가 보다' is used when it ends with a consonant.

Verb stem ending	Combine with	Example
Action verb, 있다, 없다	-나 보다	듣나, 있나, 없나 보다
Consonant (descriptive verb)	-은가 보다	많은가, 좋은가 보다
Vowel, ㄹ (descriptive verb)	-ㄴ가 보다	먼가, 바쁜가, 아픈가 보다

· Examples

노라 씨에게 연락했는데 전화를 안 받아요. 벌써 자나 봐요.
I called Nora, but she wouldn't pick up. Maybe she's already sleeping.
주앙 씨가 오늘도 학교에 안 왔어요. 많이 아픈가 봐요.
Juang didn't come to school again today. He must be really sick.
유키 씨 옆에 있는 여자가 유키 씨와 똑같이 생겼어요. 동생인가 봐요.
The woman next to Yuki looks exactly like her. She must be her sister.

벌써 그 많은 음식을 다 먹었어? 정말 배가 고팠나 보네.
You've already finished all that food? You must have been very hungry.

가: 식당 앞에 사람들이 길게 줄을 서 있어요.
A: There's a long line in front of that restaurant.
나: 이 식당 음식이 정말 맛있나 봐요.
B: The food there must be really delicious.

가: 저 두 사람에게 무슨 일이 있었어?
A: Did something happen between them?
나: 하루 종일 서로 말을 안 해. 싸웠나 봐.
B: They haven't spoken to each other all day. They must have had an argument.

▶읽어 봅시다

나는 오늘 친구들과 농구를 하다가 넘어졌다. 너무 아파서 걷기도 힘들었다. 한 친구가 그렇게 아플 때는 한의원에 가서 침을 맞는 게 좋다고 했다. 나는 침이라는 말을 처음 들어서 친구에게 침이 뭐냐고 물어봤다. 친구는 침은 바늘같이 생긴 것인데 아픈 곳에 침을 놓으면 낫는다고 설명해 줬다. 그 친구도 작년에 스키장에서 스키를 타다가 넘어진 적이 있었는데 한의원에 가서 침을 맞고 금방 나았다고 했다. 친구는 학교 근처에 있는 유명한 한의원을 소개해 주면서 같이 가 보지 않겠냐고 했다.
나는 친구와 같이 한의원에 갔다. 한의사 선생님은 어떻게 하다가 다쳤는지 물어보시고 발목을 만져 보셨다. 그리고 나에게 발목을 삐었으니까 침을 맞아야 한다고 하셨다. 또 발목이 많이 붓기도 했으니까 집에서 찜질을 자주 하고 며칠 동안은 많이 걷지 말고 쉬라고 하셨다.
나는 침을 맞기 전에 긴장을 많이 했는데 다행히 침을 맞을 때 별로 아프지 않았다. 30분쯤 지나니까 좀 좋아지는 것 같았다. 아주 신기했다. 그래서 한국 사람들이 한의원에 가서 침을 맞기도 하고 한약을 지어서 먹기도 하나 보다.
I fell down playing basketball with my friends today. It hurt so much that it was hard to walk. One of my friends said that when you are in that much pain, it's better to go to a Korean medical clinic and get acupuncture. I had never heard of acupuncture before, so I asked my friend what it was. He explained that it looks like a needle, and if it is applied to where you feel pain, it will heal you. He also shared that last year he fell while skiing at a ski resort, and recovered quickly after getting acupuncture at a Korean medical clinic. He introduced me to a famous clinic near school and suggested we go together.
I went to the Korean medical clinic with my friend. The Korean medicine doctor asked about how I got injured and touched my ankle. He told me that I should get acupuncture because I sprained my ankle. He also said that since it is very swollen, I should apply regularly an ice pack to my ankle at home, refrain from walking for a few days and rest.
I was very nervous before getting acupuncture, but fortunately it didn't hurt much. After about 30 minutes, I started feeling much better. It was quite fascinating. I guess this is why Korean people visit Korean medical clinics for acupuncture and take herbal medicine.

▶들어 봅시다

여자1: 아야!
여자2: 영주야, 왜 그래? 어디 다쳤어?
여자1: 칼에 손가락을 베였어.
여자2: 피가 많이 나네. 밤 열 시가 넘었는데 어떻게 하지? 빨리 응급실에 가자.
(잠시 후)
의사: 어떻게 오셨습니까?
여자1: 손가락을 베였는데 피가 계속 나요.
의사: 어디 봅시다. 상처가 좀 깊게 나서 꿰매야겠는데요.
여자1: 흉터가 남나요?
의사: 처음에는 그렇지만 1, 2년쯤 지나면 거의 안 보일 겁니다.
Woman 1: Ouch!
Woman 2: Yeongju, what's wrong? Did you hurt yourself?
Woman 1: I cut my finger with a knife.
Woman 2: It's bleeding a lot. It's past 10PM, what should we do? Let's go to the emergency room.
(After a while)
Doctor : What seems to be the problem?
Woman 1: I cut my finger, and it keeps bleeding.
Doctor : Let me have a look. The wound is a bit deep, so it'll need stitches.
Woman 1: Will it leave a scar?
Doctor: At first, but after 1 or 2 years, it will hardly be noticeable.

Unit 5

Section 1. The East Sea I went to last summer was the most memorable.

엠마: 너는 해외여행을 많이 해 봤어?
Emma: Have you traveled abroad a lot?
수영: 아니, 해외여행을 갈 기회는 없었고, 국내 여행을 많이 했어.
Sooyoung: No, I didn't have the opportunity, so I traveled around the country a lot.
엠마: 지금까지 놀러 간 곳 중에서 어디가 제일 좋았어?
Emma: Where was the best place you've ever been to?
수영: 지난 주말에 다녀온 설악산이 제일 먼저 생각나네. 아름다운 단풍을 보면서 깨끗한 공기를 마시니까 마치 자연과 하나가 된 것 같은 느낌이었어. 너는?
Sooyoung: The first place that comes to mind is Seoraksan Mountain, which I visited last weekend.
Looking at the beautiful autumn leaves and breathing in the clean air made me feel as if I became one with nature. How about you?
엠마: 나는 작년 여름에 갔던 동해 바다가 기억에 남아. 거기에서 해 뜨는 걸 봤는데 유난히 크고 붉었던 아침 해의 모습을 잊을 수가 없어.
Emma: The East Sea I went to last summer was the most memorable. I saw the sunrise there, and I can't forget the sight of the exceptionally big and red morning sun.
수영 : 아, 맞아. 해돋이라면 동해가 최고야.
Sooyoung: Ah, that's right. When it comes to sunrise, the East Sea is the best.

문법

1. -었던/았던/였던

· Meaning and Usage

This is used with an action or descriptive verb when recalling an action or state completed in the past.

· Form

'-았던' is used when the action or descriptive verb stem ends in 'ㅏ, ㅗ', '-었던' is used when it ends with the other vowels 'ㅓ, ㅜ, ㅡ, ㅣ', and '-였던'(했던) is used when it ends with '하-'.

Action or descriptive verb stem ending	Combine with	Example
ㅏ, ㅗ	-았던	봤던, 좋았던
Other vowels (ㅓ, ㅜ, ㅡ, ㅣ)	-었던	먹었던, 슬펐던
하	-였던(했던)	공부했던, 따뜻했던

· Examples

이 양복은 형의 결혼식 때 입었던 거예요.
This is the suit I wore to my older brother's wedding.
제가 남자 친구를 처음 만났던 곳이 이 식당입니다.
The place where I first met my boyfriend was at this restaurant.
같이 일했던 사람들 중에 한국 사람이 한 명 있었어요.
There was one Korean among the people I used to work with.
아주 작았던 아이가 벌써 이렇게 커서 대학생이 되었군요.
This one very small child grew up so much and is already a college student.

가: 전에 사용했던 사전인데 필요하시면 드리겠습니다.
A: This is a used dictionary, but I'll give it to you if you need it.
나: 네, 감사합니다.
B: Thank you.

가: 부산에서 먹었던 음식 중에서 뭐가 제일 맛있었어?
A: What was the most delicious food of all the things you ate in Busan?
나: 돼지 국밥을 먹어 봤는데 정말 맛있었어.
B: I tried the pork and rice soup and it was really delicious.

· Note

A noun related to the action or state that the speaker is trying to express or ask about follows directly after '-었던/았던/였던'. With sentences using '-었던/았던/였던', it is typical that in that same sentence, another word or clause indicating that the speaker is trying to make a statement or question regarding the past is included.

2. 이라면/라면

· Meaning and Usage

This is used with a noun to emphasize an assumed or hypothetical situation.

· **Form**

'이라면' is added when the noun ends in a consonant.
'라면' is added when the noun ends in a vowel.

Noun ending	Combine with	Example
Consonant	이라면	옷이라면
Vowel	라면	친구라면

· **Examples**

제가 연예인이라면 유명한 패션쇼에 가 보고 싶어요.
If I were a celebrity, I would like to go to a famous fashion show.
가족이라면 무슨 잘못을 해도 용서할 수 있어요.
If it's family, you can forgive any mistake.
공짜라면 몰라도 그런 물건을 돈 내고 사고 싶지는 않아요.
I would maybe consider getting it if it were free, but I won't pay for something like that.
단풍 구경이라면 설악산이 최고예요.
If you want to see autumn leaves, Seoraksan is the best.

가: 어제 칼국수를 먹었는데 오늘 또 냉면을 먹어요?
A: You had kalguksu (noodle soup) yesterday, and you're eating naengmyeon (cold noodles) again today?
나: 저는 면 요리라면 날마다 먹을 수 있어요.
B: If it's noodles, I could eat it every day.

가: 어제 갑자기 약속을 취소해서 정말 미안해.
A: I'm so sorry that I suddenly canceled our plans yesterday.
나: 괜찮아. 친한 친구라면 그 정도는 이해해야지.
B: It's okay. A close friend should understand that much.

▶읽어 봅시다

나는 한국의 여러 곳을 구경하고 학교에서 배운 한국말을 연습하려고 한국에서 2주일 동안 여행을 한 적이 있다. 자유롭게 여행을 하고 싶어서 계획을 세우지 않고 배낭 하나만 메고 혼자 여행을 떠났다.
한국에서 처음 하는 여행이어서 긴장이 됐는데 다행히 여행지 사람들은 모두 친절했다. 가끔 사투리를 알아듣기 힘들었던 때도 있었지만 사람들이 여러 번 천천히 설명해 주고 길도 잘 가르쳐 줬다.
나는 여행하는 동안 주로 찜질방에서 잤다. 찜질방은 값도 싸고 어디서나 쉽게 찾을 수 있어서 이용하기 편했다. 하루 종일 걸어 다닌 후 밤에 찜질방에 가서 맛있는 음식도 먹고 목욕도 하면서 피곤을 풀면 다음 날 아침에 또 즐겁게 여행을 시작할 수 있었다.
가끔 돈을 아끼려고 지나가는 차를 얻어 타기도 했다. 그 이야기를 들은 친구들은 위험하다고 걱정했지만 꼭 한번 해 보고 싶었던 일이었다. 어느 날 차를 얻어 타려고 30분쯤 기다리고 있었는데 트럭을 운전하던 아저씨가 나를 태워 주셨다. 아저씨는 재미있는 이야기도 해 주시고 한국어 표현도 많이 가르쳐 주셨다.
또 하나 기억에 남는 일은 남해에 갔을 때 어떤 학생을 만난 일이다. 그 한국 대학생은 군대에 가기 전에 혼자 여행을 하고 싶어서 부산에서 왔다고 했다. 우리는 바닷가에 앉아서 파도 소리도 듣고 같이 술도 마셨다. 미국과 한국의 다른 점에 대한 이야기도 하고 미래에 대한 이야기도 했다. 지금 그 학생은 무엇을 하고 있을까? 가끔 생각이 난다.
한국말이 서툴러서 고생하기는 했지만 한국의 여러 곳에서 많은 것을 직접 배울 수 있는 좋은 시간이었다.

I once traveled in Korea for two weeks to explore various places and practice the Korean I learned in school. I wanted to travel freely, so I went on the trip alone with only a backpack, without making any plans.
I was nervous because it was my first trip in Korea, but fortunately the people I met at the travel destinations were all friendly. There were times when I had difficulty understanding the local dialect, but people patiently explained things to me several times and even helped me with directions.
During my travels, I mostly slept at jjimjilbangs. Jjimjilbangs were very convenient because they were cheap and easy to find anywhere. After walking around all day, I would go to a jjimjilbang at night, eat delicious food, take a bath, and relax, so I could start my journey happily the next morning.
Sometimes, I hitchhiked with passing cars to save money. When my friends heard about this, they were worried, saying that it was dangerous, but it was something I really wanted to do at least once. One day, I was waiting for about 30 minutes to get a ride, and a truck driver offered me a lift. He told me interesting stories and taught me many Korean expressions.
Another memorable experience was when I met a student during my visit to Namhae. The Korean college student said he came from Busan because he wanted to go on a solo travel before joining the military. We sat on the beach, listened to the waves, and drank together. We talked about the differences between the U.S.

and Korea, as well as our futures. I wonder what that student is up to nowadays? I think about him sometimes.
Although I struggled with my poor Korean, it was a great time for me to learn many things firsthand in various places in Korea.

▶들어 봅시다

1-2

직원: 네, 행복 여행사입니다.
여자: 안녕하세요. 친구들 여섯 명이 같이 기차 여행을 하려고 하는데 좋은 상품이 있습니까?
직원: 기차 여행이라면 강원도지요. 1박 2일 일정의 강원도 여행 상품이 있습니다. 단체 여행을 가시는 분들께 인기가 많은 상품입니다.
여자: 여행 일정에 대해서 좀 더 알고 싶은데요.
직원: 첫째 날은 한국에서 가장 높은 곳에 있는 기차역을 구경하고 온천이 있는 숙소에서 묵으시게 됩니다. 둘째 날은 동해 바다와 유명한 사찰에 갑니다.
여자: 좋은데요. 친구들과 이야기해 보고 다시 연락드릴게요.

1-2

Employee: Yes, this is Happy Travel Agency.
Woman: Hello. I would like to go on a train trip as a group of six. Do you have any good packages?
Employee: Gangwon-do is the best for train trips. We have a 1 night 2 day itinerary for a Gangwon-do travel package. It's a very popular package for group travelers.
Woman: I'd like to know more about the travel itinerary.
Employee: On the first day, you will visit the highest train station in Korea and stay at an accommodation with a hot spring. On the second day, you will go to the East Sea and a famous Buddhist temple.
Woman: Sounds good. I will discuss it with my friends and get back to you.

3

여자: 수지야, 내일 여행 준비는 다 했어?
수지: 지금 짐을 싸고 있는데 뭘 가지고 가야 해?
여자: 자동차 없이 기차로 가는 여행이니까 필요한 것만 가볍게 싸는 게 좋아.
수지: 내일 날씨가 따뜻할 것 같은데 소매가 긴 옷을 하나 가져가야 할까?
여자: 숙소가 산 밑에 있어서 밤에는 기온이 영하로 떨어질 수도 있으니까 지난번 여행 때 가져갔던 두꺼운 옷도 하나 넣어.
수지: 알겠어. 그럼 내일 봐.

3

Woman: Suzy, have you prepared for the trip tomorrow?
Suzy: I'm packing my luggage right now. What should I bring?
Woman: Since it's a trip by train without a car, you'd better to pack lightly with only the essentials.
Suzy: It looks like it's going to be warm tomorrow, should I bring a long-sleeved clothes?
Woman: The accommodation is located at the foot of a mountain and the temperature may drop below zero at night, so pack something thicker as well, like the one you brought on our last trip.
Suzy: Got it. See you tomorrow then.

Unit 5

Section 2. I went during the winter, but it was much warmer than Korea.

다니엘: 유럽으로 배낭여행을 가려고 하는데 어디가 좋은지 알아?
Daniel: I'm going on a backpacking trip to Europe. Do you know any good places?
서준: 유럽이라면 이탈리아를 빼놓을 수 없지.
Seojun: If it's Europe, you can't leave out Italy.
다니엘: 이탈리아는 유명한 건축물이나 박물관 같은 볼거리가 다양해서 그런지 다른 사람들도 많이 추천하더라고. 특히 로마는 인생을 살면서 꼭 한 번쯤은 가 봐야 한다고 했어.
Daniel: Many people recommended Italy, perhaps because there are many tourist sites such as famous buildings or museums. They said you have to visit Rome, especially, at least once in your life.
서준: 나도 이탈리아 남부를 여행한 적이 있는데 각 지방마다 다른 매력이 있어서 제대로 구경하려면 한 달도 부족할 것 같아.
Seojun: I've travelled to southern Italy before, too, and each region has its own charm, which is why I feel like even a month might not be enough to fully explore it.
다니엘: 날씨는 어때?
Daniel: How is the weather?

서준: 나는 겨울에 갔는데 바람이 좀 불긴 했지만 한국보다 따뜻하더라고.
Seojun: I went during winter and it was a bit windy, but warmer than Korea.

문법

1. -어서/아서/여서 그런지

· Meaning and Usage

This is used with an action or descriptive verb. The part prior to '-어서/아서/여서 그런지' acts as the cause or reason as to why the speaker has made the assumption they expressed after '-어서/아서/여서 그런지'.

· Form

'-아서 그런지' is used when the action or descriptive verb stem ends in 'ㅏ, ㅗ', '-어서 그런지' is used when it ends with the other vowels 'ㅓ, ㅜ, ㅡ, ㅣ', and '-여서 그런지'(해서 그런지) is used when it ends with '하-'.

Action or descriptive verb stem ending	Combine with	Example
ㅏ, ㅗ	-아서 그런지	봐서 그런지, 좋아서 그런지
Other vowels (ㅓ, ㅜ, ㅡ, ㅣ)	-어서 그런지	먹어서 그런지, 슬퍼서 그런지
하	-여서 그런지 (해서 그런지)	공부해서 그런지, 따뜻해서 그런지

· Examples

요즘 과로해서 그런지 자주 머리가 아파요.
Perhaps it's because I'm overworked these days that my head frequently hurts.
근처에 공원이 있어서 그런지 집값이 비싸요.
Perhaps it's because there's a park nearby that the houses here are expensive.
요즘 날씨가 더워서 그런지 입맛이 없어요.
Perhaps it's because it's so hot these days that I don't have an appetite.
유명한 관광지여서 그런지 비가 와도 사람이 많군요.
Perhaps it's because it's a famous tourist attraction that there are a lot of people even when it rains.

가: 존 씨는 참 똑똑한 것 같아요.
B: I think John is very smart.
나: 책을 많이 읽어서 그런지 아는 것이 많아요.
B: Perhaps it's because he reads a lot that he's so well-informed.

가: 이 가방은 디자인은 예쁜데 너무 비싼 것 같아요.
A: The bag's design is pretty, but I think it's too expensive.
나: 너무 비싸서 그런지 사람들도 구경만 하고 안 사네요.
B: Perhaps it's because it's too expensivethat people just look and don't buy.

2. -더라고요

· Meaning and Usage

This is used with an action verb or descriptive verb when expressing something the speaker realized about a fact or experience which was previously unknown to them.

· Examples

그 식당 음식이 맛있더라고요.
The food at that restaurant was delicious.
춤을 배우니까 운동도 되고 스트레스도 풀려서 좋더라고요.
Learning how to dance was great because it helped me exercise and relieve stress.
피터가 파티에 여자 친구를 데리고 왔는데 제가 아는 사람이더라고요.
Peter brought his girlfriend to the party, and she was someone I knew.
리사는 벌써 고향에 돌아갔더라고요.
Lisa already went back to her hometown.

가: 영수 씨 못 봤어요?
A: Have you seen Youngsoo?
나: 조금 전에 봤는데 도서관에서 공부하더라고요.
B: I saw him just now, and he was studying in the library.

가: 왜 약을 안 사 왔어요?
A: Why didn't you buy the medicine?
나: 약국에 가 보니까 문을 닫았더라고요.
B: I went to the pharmacy but it was closed.

· Note

'-더라고요' may not be used to express a realization regarding the speaker themselves. That is, it may only be used when expressing a realization regarding another person, object, or any other entity.

▶읽어 봅시다

나는 어렸을 때부터 해외여행을 많이 했다. 아버지께서는 사업을 하셨는데 외국으로 출장을 가시는 일이 많았다. 그래서 나도 가끔 아버지를 따라서 세계 여러 나라로 여행을 갈 기회가 있었다.
내가 아버지를 따라서 처음 갔던 곳은 아랍 에미리트의 두바이였다. 두바이에는 크고 아름다운 건물이 많았다. 그곳은 날씨가 너무 더워서 밖을 돌아다니기가 힘들었지만 건물 안은 시원했고 호텔 방에는 전용 수영장도 있었다.
열 살 때는 한국으로 여행을 왔다. 그때 싸이의 콘서트가 있었는데 나는 그 콘서트에서 내 티셔츠에 싸이의 사인을 받았다. 한국에서 2주쯤 있을 예정이었는데 여행 마지막 날에 교통사고가 나서 병원에 일주일 동안 입원하게 되었다. 그때 나를 치료해 주신 김 박사님과 요즘도 연락하고 지낸다. 여행 중에 큰 도움을 받아서 그런지 지금까지도 감사한 마음이 크다.
대학교 1학년 때 갔던 브라질도 기억에 남는다. 아마존 강에서 며칠 동안 배를 탔다. 나는 강에서 언제 무슨 일이 생길지 몰라서 무서웠는데 그곳 사람들은 전혀 걱정을 하지 않아서 놀랐다. 아마존에서 본 나무와 신기한 동물들도 잊을 수 없다.
가족들과 같이 자동차 여행을 했던 스페인, 모래 위에서 보드를 탔던 페루, 다른 문화를 체험할 수 있었던 인도 등 여러 나라를 다니면서 정말 많은 것을 배우고 느꼈다.
I have traveled abroad a lot ever since I was young. My father used to run a business and often went on business trips abroad.
So, I sometimes followed along and had the opportunity to travel various countries around the world.
The first place I visited with my father was Dubai in the United Arab Emirates. Dubai had many big and beautiful buildings. The weather was so hot that it was hard to walk around outside, but it was cool inside and there was a private swimming pool in the hotel room.
I traveled to Korea when I was 10. At the time, there was a Psy concert and I got his autograph on my t-shirt at the concert. I was going to stay in Korea for about two weeks, but on the last day of the trip, I had a car accident and was hospitalized for a week. I still keep in touch with Dr. Kim, who treated me then. Perhaps it's because he was such a big help during the trip that I still feel very grateful.
I also remember Brazil, where I traveled during my first year of college. I spent several days on a boat on the Amazon River. I was scared because I didn't know what might happen in the river, but I was surprised that the people there didn't worry at all. I will never forget the trees and fascinating animals I saw in the Amazon.
Spain, where I took a road trip with my family, Peru, where I enjoyed surfing on sand dunes, and India, where I experienced different cultures; I learned a lot travelling all these countries.

▶들어 봅시다

1 동양과 서양의 문화를 함께 즐길 수 있는 동남아 경제의 중심지 싱가포르로 안내합니다. 다양한 먹거리와 볼거리, 쇼핑센터가 있고 저녁에는 배를 타고 바다로 나가서 싱가포르의 야경도 감상하실 수 있습니다.

1 Welcome to Singapore, the economic hub of Southeast Asia, where you can enjoy both Eastern and Western cultures. There is much to eat, much to see, shopping centers, and in the evening, you can even take a boat to enjoy Singapore's night view from the sea.

2 태평양의 그림 같은 섬, 사이판으로 오세요. 얼마 전에 유명 여행 프로그램에 소개되어서 그런지 특히 요즘 인기가 많은 곳인데요. 하루에 일곱 번이나 색이 바뀌는 아름다운 바다가 여러분을 기다리고 있습니다. 스노클링 체험도 하고 넓고 조용한 리조트에서 편안한 시간도 가져 보세요.

2 Come to Saipan, the picturesque island of the Pacific. It has gained a lot of popularity these days, especially after being featured on a famous travel program recently. The beautiful sea that changes color seven times a day awaits you. Experience snorkeling and spend a relaxing time at a spacious and quiet resort.

3 서유럽 여행이 처음이시라면 짧은 시간에 여러 나라와 도시를 경험할 수 있는 상품, 유럽 5개국 10일 코스를 추천합니다. 서유럽의 다섯 나라, 영국, 프랑스, 스위스, 이탈리아, 독일의 여러 도시를 구경하실 수 있습니다. 특별한 식사와 편안한 숙소, 평생 기억에 남을 아름다운 추억을 선물해 드리겠습니다.

3 If this is your first time traveling to Western Europe, we recommend the 5-Country 10-Day course, a travel package that offers an experience of multiple countries and cities within a short time. You can visit various cities in 5 countries: the United Kingdom, France, Switzerland, Italy, and Germany. We present you with special meals, comfortable accommodations, and beautiful memories that will last a lifetime.

Unit 6

Section 1. It's more convenient to get to work the closer the subway station is.

유진: 안녕하세요. 지나가다가 밖에 붙어 있는 원룸 광고를 보고 들어왔는데요.

Yujin: Hello. I came in when I saw the studio apartment advertisement posted outside while passing by.

직원: 전세를 찾으세요? 월세를 찾으세요?

Staff: Are you looking for a lump-sum deposit or monthly rent?

유진: 월세로 하고 싶어요. 그리고 직장이 시내에 있어서 지하철역에서 가까울수록 출근하기 편할 것 같아요.

Yujin: I'd like to pay monthly rent. Also, my workplace is in the city, so the closer I am to the subway station, the easier it will be to go to work.

직원: 역세권에 있는 집은 보증금 3000만 원에 월 100만 원 정도 주셔야 합니다. 큰길 옆이라서 좀 시끄럽기는 한데 교통도 편리하고 전망도 좋은 원룸이 하나 있습니다.

Staff: Apartments near subway stations usually require a deposit of around 30 million won and a monthly rent of 1 million won. There is a one-room apartment available that is near the main road, so can be a bit noisy, but it has convenient transportation and a good view.

유진: 지하철역 근처라면 어디든지 좋아요.

Yujin: Anywhere near a subway station is fine.

직원: 그럼 지금 그 집을 보러 갈까요?

Staff: Then shall we go see the house now?

문법

1. -을수록/ㄹ수록

· Meaning and Usage

This is used with an action or descriptive verb. Dividing the sentence up into the clause prior to '-을수록/ㄹ수록' and after it, a sentence using '-을수록/ㄹ수록' is used to express how whatever is referred to in the latter clause increases or advances progressively as whatever is referred to in the former clause does.

· Form

'-ㄹ수록' is used when the action or descriptive verb stem ends with a vowel or 'ㄹ' and '-을수록' is used when it ends with a consonant.

Action or descriptive verb stem ending	Combine with	Example
Consonant	-을수록	먹을수록, 짧을수록
Vowel or ㄹ	-ㄹ수록	할수록, 길수록

· Examples

한국말은 배울수록 재미있어요.

The more I study Korean, the more fun it is.

돈이 많을수록 걱정도 많아지는 것 같아요.

It seems the more money we have, the more worries we have.

잠은 많이 잘수록 더 자고 싶어지는 것 같아요.

It seems the more I sleep, the more I want to sleep.

이 노래는 들으면 들을수록 좋은데요.

The more I listen to this song, the better it gets.

가: 패티 씨, 기분은 어때요? 좀 괜찮아졌어요?

A: Patty, how are you feeling? Are you better now?

나: 아니요. 생각할수록 화가 나요.

B: No. The more I think about it, the angrier I feel.

가: 레오 씨, 한국어 공부가 쉽지 않지요?

A: Leo, learning Korean isn't easy, is it?

나: 네, 배울수록 어려워지는 것 같아요.

B: Yes, the more I learn, the more difficult Korean seems.

· Note

Using '-으면' with the same verb directly before '-을수록', i.e., '-으면 -을수록', adds emphasis to the relation between the two clauses.

2. 이든지/든지

· Meaning and Usage

This is used with interrogatives like '언제, 누구, 어디, 무엇, 얼마, and 무슨' and with nouns directly following these interrogatives to show that the choice referred to by the speaker is of little significance, or that any outcome would be just as satisfactory.

· Form

'이든지' is used when the interrogative or the noun directly following them ends with a consonant and '든지' is used when it ends with a vowel.

Noun ending	Combine with	Example
Consonant	이든지	무엇이든지, 무슨 음식이든지

Vowel	든지	누구든지, 언제든지

· **Examples**

저는 맵지 않으면 뭐든지 잘 먹어요.
I can eat anything as long as it's not spicy.
시간이 있을 때 언제든지 전화하세요.
Call me whenever you have time.
주말에 한가하니까 어디든지 갈 수 있어요.
I can go anywhere because I'm free on the weekend.
일이 힘들면 누구에게든지 도와 달라고 하세요.
If this work is too difficult, ask anyone for help.

가: 흐엉 씨, 무슨 영화를 볼까요?
A: Huang, what movie should we watch?
나: 저는 무슨 영화든지 좋아요.
B: I'm okay with any movie.

가: 커피를 더 마셔도 돼요?
A: May I drink more coffee?
나: 네, 얼마든지 더 마실 수 있어요.
B: Yes, you may drink as much as you want.

· **Note**

Particles like '에게, 에서, 으로' are used in combination with '이든지/든지' to form '에게든지, 에서든지, 으로든지'.

▶읽어 봅시다

로렌에게

보기 안녕! 네 메일 받고 반가웠어. 내가 작년에 교환 학생으로 미국에 갔을 때 많이 도와줘서 정말 고마웠어. 이번에 네가 한국으로 유학을 오게 돼서 다시 만난다고 생각하니까 얼마나 기쁜지 몰라.

(가) 하숙집을 구한다고 했지? 하숙집을 찾을 때는 학교 게시판이나 부동산 사이트에서 정보를 얻을 수 있어. 또 대학교 근처에 하숙집 광고가 붙어 있기도 하니까 직접 돌아다녀 보는 것도 좋아.

(나) 하숙비는 위치, 방 크기, 시설에 따라 달라진다고 해. 학교나 지하철역에서 가까울수록 비싸고 2인실은 40만 원~50만 원, 1인실에 냉방 시설이 있으면 60만 원은 줘야 한다고 해.

(다) 하숙집은 많은 하숙생들이 같이 살기 때문에 밤에 시끄러울 때도 있고 좀 불편할 때도 있다고 해. 그렇지만 한국 가정에서 먹는 집밥을 매일 맛볼 수 있고 하숙생들하고 친해지면 더욱 즐거운 유학 생활을 할 수 있으니까 하숙 생활을 꼭 해 봐.

(라) 내가 알아본 정보는 이 정도야. 네가 어떤 방을 원하는지 알려 주면 내가 좋은 집을 찾아볼게. 그리고 또 필요한 것이 있으면 도와줄 테니까 언제든지 편하게 얘기해. 네가 한국에 와서 지낼 것을 생각하니까 벌써부터 기대가 돼. 네가 좋아하는 한국 가수 콘서트에도 가고 맛있는 한국 음식도 많이 먹자. 한국에 올 때까지 몸 건강하게 잘 지내.

서울에서 이나가

Dear Lauren,

Hi! It was nice to receive your email. Thank you so much for helping me so much when I went to America as an exchange student last year. You don't know how exited I am by the tought that we'll meet again when you come to study in Korea.

(A) You mentioned that you were looking for a boarding house, right? When searching for a boarding house, you can find information on the school bulletin board or real estate websites. There are also boarding house advertisements near universities, so it's good to walk around and check them out yourself.

(B) Apparently, the boarding fees vary depending on location, room size, and available facilities. It's more expensive the closer it is to the school or subway station, costing around 400,000~500,000 won for a double room, and 600,000 won for a single room with air conditioning.

(C) Since many boarders live together in a boarding house, it apparently gets noisy at night and a bit uncomfortable from time to time. However, you can enjoy daily home-cooked Korean household meals, and if you get closer to fellow boarders, your study abroad experience will be even more enjoyable, so make sure to try the boarding house life.

(D) That's all the information I found. If you let me know what kind of room you want, I'll search for a good place. Also, if you need anything else, I'll help you, so feel free to tell me anytime. I'm already looking forward to your stay in Korea. Let's go to concerts of your favorite Korean singers and try lots of delicious Korean food. Take care until you come to Korea.

Ina from Seoul

▶들어 봅시다

1 학생: 광고 보고 전화드렸는데요. 아직 방이 있나요?
하숙집 주인: 네, 1인실도 있고 둘이 쓸 수 있는 방도

있어요.
학생: 1인실은 하숙비가 얼마예요?
하숙집 주인: 60만 원인데 방이 크고 좋아요.
학생: 오늘 그 방을 보러 가도 될까요?

1 Student: I'm calling after seeing the advertisement. Do you still have a room?
Boarding house owner: Yes, we have a single room and a room for two people.
Student: How much is the rent for a single room?
Boarding house owner: It's 600,000 won, but the room is big and nice.
Student: Can I go see the room today?

2 학생: 원룸을 구하는데요.
부동산 중개인: 학교 바로 옆에 원룸이 하나 나와 있어요. 새 건물이라서 깨끗해요.
학생: 월세는 얼마예요?
부동산 중개인: 음…. 보증금을 얼마나 낼 수 있어요? 보증금을 많이 낼수록 월세가 싸지거든요.

2 Student: I'm looking for a studio apartment.
Real estate agent: There is a studio apartment right next to the school. It's clean because it's a new building.
Student: How much is the monthly rent?
Real estate agent: Well...how much can you afford for the security deposit? The higher the deposit, the cheaper the monthly rent.

3 학생: 방 두 개짜리 아파트를 찾는데요.
부동산 중개인: 1층에 하나 있는데 부엌이 아주 넓어요.
학생: 그거 괜찮은데요. 친구랑 저는 요리가 취미여서 부엌이 넓었으면 했거든요.
부동산 중개인: 잘됐네요. 집이 비어 있어서 언제든지 들어가실 수 있어요.

3 Student: I'm looking for a two-bedroom apartment.
Real estate agent: There's one on the first floor, and the kitchen is very spacious.
Student: That sounds good. My friend and I wanted the kitchen to be spacious because cooking is our hobby.
Real estate agent: That's great. The house is empty, so you can move in anytime.

Unit 6

Section 2. It's better to pack everything important in advance.

엠마: 우리가 직접 짐을 싸야 돼? 포장 이사를 하면 아무 일도 안 해도 되는 줄 알았어.
Emma: Do we have to pack ourselves? I thought using a moving and packing service meant we didn't have to do anything.
친구: 이삿짐센터에서 해 주지만 중요한 물건은 미리 싸 놓는 게 나아.
Friend: The moving company does take care of it, but it's better to pack important items in advance.
엠마: 학기 중에 수업을 들으면서 이사 준비를 하는 것이 쉽지 않네.
Emma: It's not easy making moving preparations while attending classes during the semester.
친구: 원래 이사는 귀찮고 힘든 일이야. 이번 기회에 안 쓰는 물건은 다 버리고 가는 게 어때?
Friend: Moving is always troublesome and tiring. Why not use this opportunity to get rid of things you don't use?
엠마: 그러면 좋지만 버릴 물건까지 따로 정리하기에는 시간이 모자랄 것 같은데.
Emma: That would be great, but I feel like I don't have enough time to sort out the things I'll throw away.
친구: 내가 정리하는 걸 도와줄 테니까 걱정하지 마.
Friend: Don't worry, I'll help you sort it out.

문법

1. -는/은/ㄴ/을/ㄹ 줄 알다

· Meaning and Usage
This is used with an action and descriptive verb to express how the some situation or fact was different from what the speaker had expected. It is always expressed in the past tense form.

· Form
'-는 줄 알았다' is used with the present tense action verbs, '있다' and '없다'. '-ㄴ 줄 알았다' is used with present tense descriptive verbs and past tense action verbs that end in vowels or 'ㄹ', and '-은 줄 알았다' is used with present tense descriptive verbs and past tense action verbs that end in consonants. '-ㄹ 줄 알았다' is used with future tense action verbs or

descriptive verbs that end in vowels or 'ㄹ', and '-을 줄 알았다' is used with future tense action verbs and descriptive verbs that end in consonants.

Action or descriptive verb stem ending	Combine with	Example
Action verb, 있다, 없다	-는 줄 알았다	먹는 줄 알았다, 가는 줄 알았다, 있는 줄 알았다
Consonant (Descriptive verb)	-은 줄 알았다	작은 줄 알았다, 좋은 줄 알았다
Vowel, ㄹ (Descriptive verb)	-ㄴ 줄 알았다	큰 줄 알았다, 먼 줄 알았다

Action or descriptive verb stem ending	Combine with	Example
Consonant (Action verb)	-은 줄 알았다	읽은 줄 알았다, 먹은 줄 알았다
Vowel, ㄹ (Action verb)	-ㄴ 줄 알았다	본 줄 알았다, 판 줄 알았다

Action or descriptive verb stem ending	Combine with	Example
Consonant	-을 줄 알았다	받을 줄 알았다, 맛있을 줄 알았다
Vowel, ㄹ	-ㄹ 줄 알았다	올 줄 알았다, 힘들 줄 알았다

· Examples

지도를 보고 가까운 줄 알았는데 직접 가 보니까 머네요.
Looking at the map, I thought it was close, but when I went there myself, it was far.
언제나 손님이 많아서 그 식당의 음식이 맛있는 줄 알았어요.
I thought the food of that restaurant was good because there are always a lot of customers.
오늘이 유키 씨의 생일인 줄 알았어요.
I thought today was Yuki's birthday.
학교에도 안 오고 연락도 안 돼서 고향에 간 줄 알았어요.
I thought you went back to your hometown because you didn't come to school and I couldn't contact you.

가: 어제 캐서린 씨하고 불고기를 먹으러 갔어요.
A: I went to eat bulgogi with Catherine yesterday.
나: 정말요? 저는 캐서린 씨가 고기를 안 먹는 줄 알았어요.
B: Really? I thought Catherine didn't eat meat.
가: 하늘 씨, 아르바이트하기가 어때요?
A: Haneul, how is working a part-time job?
나: 일이 쉬울 줄 알았는데 생각보다 힘들어요.
B: I thought it would be easy but it's harder than I thought.

2. -어/아/여 놓다

· Meaning and Usage

This is used with an action verb to show that after an action has been completed, that state is being continued. It can be used with a transitive verb that has an object.

· Form

'-아 놓다' is used when the last syllable of the stem ends in ㅏ or ㅗ. '-어 놓다' is used when the last syllable of the stem ends in any other vowels(ㅓ, ㅜ, ㅡ, ㅣ). '-여 놓다'(해 놓다) is used when the stem ends in 하-.

Action verb stem ending	Combine with	Example
ㅏ, ㅗ	-아 놓다	사 놓다, 볶아 놓다
Other vowels (ㅓ, ㅜ, ㅡ, ㅣ)	-어 놓다	적어 놓다, 써 놓다, 켜 놓다
하	-여 놓다	준비해 놓다

· Examples

시원하게 마시려고 냉장고에 음료수를 넣어 놓았어요.
I've put the beverage in the refrigerator so I can drink it cold.
내일 아침에는 시간이 없을 것 같아서 가방을 미리 싸 놓았어요.
I've packed my bags early since I don't think I'll have time tomorrow morning.
휴가철에 여행을 가려면 미리 기차표를 예매해 놓아야 해요.
You have to buy your train ticket in advance in order to travel during the vacation season.
이제 요리를 시작할 테니까 재료들을 꺼내 놓으세요.
Please have your ingredients out since we will begin cooking.

가: 내일이 노라 씨 생일인데 케이크는 준비했어요?
A: Tomorrow is Nora's birthday. Have you prepared the cake?
나: 네, 제가 만들어 놓았어요.
B: Yes, I've baked it.

가: 저한테 전화 온 거 없어요?
A: Have there been any calls for me?
나: 책상 위를 보세요. 제가 메모해 놓았어요.

B: Look on your desk. I've made memos of your calls.

▶읽어 봅시다

나는 한국에 온 지 6개월 됐다. 한국에 처음 왔을 때 살았던 방은 깨끗하고 월세도 싸서 마음에 들었다. 그런데 옆집 사람이 너무 시끄럽고 그동안 월세도 많이 올라서 한 달 전부터 이사를 해야겠다고 생각했다.
기숙사에서 살지 원룸에서 살지 고민하고 있는데 친한 친구가 학교 근처에 있는 원룸을 소개해 줬다. 직접 집 구경을 가 보니까 방이 크고 조용했다. 그리고 교통편도 좋고 월세도 싸서 거기에서 살기로 했다.
이삿짐센터를 이용하면 편하게 이사할 수 있지만 나는 짐이 많지 않아서 친구들에게 도와 달라고 부탁했다. 친구들은 이삿날 아침 일찍 와서 짐을 싸고 옮기는 것을 도와줬다. 친구들과 같이 이사하니까 별로 힘들지 않고 재미있었다. 우리는 큰 콜택시를 불러서 짐을 옮겼는데 새 집까지 택시로 15분밖에 걸리지 않았다. 택시비가 많이 들 줄 알았는데 생각보다 많이 나오지 않았다.
우리는 짐을 정리해 놓고 중국집에서 자장면과 탕수육을 배달시켜서 먹었다. 일을 하고 먹어서 그런지 정말 맛있었다. 이사 전에 걱정을 많이 했는데 친구들 덕분에 이사가 무사히 잘 끝났다. 내가 어렵고 힘들 때마다 도와주는 친구들이 정말 고맙다. 앞으로 이 집에서 사는 동안 친구들과 좋은 추억을 많이 쌓고 싶다.
It has been 6 months since I came to Korea. I liked the place I lived in when I first came to Korea because it was clean and the monthly rent was cheap. But my neighbor is too noisy and the monthly rent has risen a lot, so I've been thinking about moving since a month ago.
I've been debating whether to live in a dormitory or a studio, but a close friend introduced me to a studio apartment near the school. When I went to see the house in person, the room was big and quiet. The transportation was also convenient and the monthly rent is cheaper, so I decided to live there.
Although using a moving service would have been convenient, I didn't have much to pack, so I asked my friends for help. They came early in the morning of the moving day, and helped me pack and move. Moving together with my friends wasn't hard and was a lot of fun. We called a large taxi to move the packages, and it only took 15 minutes to get to the new house by taxi. I thought the taxi fare would be very expensive, but it didn't cost as much as I expected.
After settling in, we ordered delivery from a Chinese restaurant and ate Jajangmyeon (black bean noodles) and Tangsuyuk (sweet and sour pork). It was really delicious, perhaps because we ate after working. I had worried a lot before the move, but thanks to my friends, the move went smoothly. I'm really grateful to my friends who always help me during difficult and challenging times. I hope to make many great memories with my friends while living in this house.

▶들어 봅시다

1 저는 신촌에 하숙집을 구했어요. 처음에 부동산 소개소 아저씨와 집을 보러 갔을 때는 오후 3시였어요. 방이 아주 깨끗하고 동네도 아주 조용했어요. 그래서 저는 그 하숙집으로 이사했어요. 그런데 이사를 한 후 문제가 시작됐어요. 저희 하숙집 근처에는 음식점, 술집, 노래방 같은 게 많아서 저녁부터 밤까지 너무 시끄러워요.

1 I found a boarding house in Sinchon. When I first went to see the house with the real estate agent, it was 3 PM. The room was very clean and the neighborhood was very quiet. So, I moved to that boarding house. However, problems started after I moved. There are many restaurants, bars, and karaoke rooms near our boarding house, so it's really noisy from evening until late at night.

2 저는 얼마 전까지 단독 주택에 살았어요. 그런데 친구가 아파트에 사는 것이 편하다고 했어요. 마침 근처에 있는 아파트 2층이 비어 있어서 바로 이사를 하게 되었어요. 이사하는 날 엘리베이터로 이삿짐을 옮기려고 했는데 엘리베이터가 2층에는 서지 않았어요. 미리 신청해 놓지 않으면 2층에 사는 사람은 엘리베이터를 사용할 수 없다고 해요. 그래서 무거운 짐을 들고 계단을 올라가야 해서 너무 힘들었어요.

2 I used to live in a single-family house until very recently. But my friend told me it's more convenient to live in an apartment. Coincidentally, the second floor of a nearby apartment was vacant, so I moved right away. On the day of the move, I tried to move my belongings using the elevator, but the elevator didn't stop on the second floor. They said that unless you apply in advance, people living on the second floor can't use the elevator. So, I had to go up the stairs carrying heavy boxes, and it was very tiring.

3 며칠 전에 원룸으로 이사를 왔어요. 지난 학기까지 친

구가 이 집에 살았는데 고향으로 돌아가게 되어서 제가 살기로 했어요. 그런데 이사를 와서 보니까 반지하 방이어서 낮에 햇빛이 잘 안 들어와요. 그 친구가 이 집에 살 때 항상 저녁에 놀러 왔기 때문에 이렇게 어두울 거라고 생각하지 못했어요. 저는 밝은 곳에서 살고 싶은데 어떻게 해야 할지 모르겠어요.

3 A few days ago, I moved to a studio apartment. My friend lived in this apartment until last semester, but she had to go back to her hometown, so I decided to live here. But when I moved in and saw the place, it turned out to be a semi-basement room, so sunlight doesn't come in well during the day. I didn't expect it to be this dark because when my friend lived here, I used to come over in the evenings. I want to live in a bright place, so I don't know what to do.

Unit 7

Section 1. They go hiking the most.

리사: 한국 사람들은 여가 시간에 보통 뭘 해?

Lisa: What do Korean people usually do in their free time?

선희: 조사 결과에 따르면 등산을 제일 많이 한대.

Sunhee: According to the survey results, hiking is the most popular activity among Koreans.

리사: 그렇구나. 한국은 산이 별로 험하지 않은 편이어서 등산하기가 좋은 것 같아. 우리 집 앞에도 작은 산이 하나 있는데 주말에는 등산객을 흔히 볼 수 있어.

Lisa: I see. I think it's good to hike in Korea because the mountains are not that rough. There is a small mountain in front of my house, and I can often see hikers on weekends.

선희: 예전에는 등산이 나이가 든 사람들만의 취미로 여겨졌거든. 그런데 요즘에는 젊은 세대도 산을 많이 찾아서 이제 나이에 상관없이 누구나 즐기는 취미가 되었어.

Sunhee: In the past, hiking was considered a hobby only for older people. But these days, younger generations are also go to mountains a lot, so now it's a hobby enjoyed by people regardless of age.

리사: 언니도 등산을 자주 해?

Lisa: Do you go hiking often too?

선희: 응. 이번 주 금요일에도 수업이 끝나자마자 제주도 한라산에 갈 거야.

Lisa: Yes. This Friday, as soon as class is over, I'm going to Hallasan Mountain in Jeju Island.

문법

1. -자마자

· Meaning and Usage

This is used with an action verb to express how one event occurs right after another.

· Examples

부산에 도착하자마자 부모님께 전화를 드리세요.
Call your parents as soon as you arrive in Busan.
배가 고파서 수업이 끝나자마자 점심을 먹으러 갈 거예요.
I will go to eat lunch as soon as the class is over because I'm hungry.
엄마를 보자마자 아기가 웃어요.
The baby smiles as soon as he sees his mother.
우리가 밖에 나가자마자 비가 오기 시작했어요.
It started to rain right after we went outside.

가: 이번 방학에 뭘 할 거야?
A: What are you going to do during this vacation?
나: 방학하자마자 여행을 갈 거야.
B: I am going to travel as soon as the vacation begins.

가: 왜 버스를 타지 않고 걸어서 왔어요?
A: Why did you come here by walking and not take the bus?
나: 버스가 출발하자마자 사고가 났어요.
B: The bus got into an accident just as it departed.

2. -는대요/ㄴ대요/대요

· Meaning and Usage

This is the shortened version of '-는다고 해요' and is used with an action or descriptive verb to restate something that someone else has said. The abbreviation of '-냐고 해요' is '-냬요', the abbreviation of '-으라고 해요' is '-으래요', and the abbreviation of '-자고 해요' is '-재요'.

· Form

'-ㄴ대요' is used when an action verb stem ends with a vowel or 'ㄹ' and '-는대요' is used when it ends in a consonant. '-대요' is used after a descriptive verb stem.

Action or descriptive verb stem ending	Combine with	Example
Consonant (action verb)	-는대요	받는대요, 읽는대요
Vowel, ㄹ (action verb)	-ㄴ대요	간대요, 잔대요, 판대요
Descriptive verb	-대요	바쁘대요, 많대요

· Examples

에릭 씨가 다음 달에 고향에 돌아간대요.
Eric says he's going to return to his hometown next month.
고향 친구한테서 어제 전화가 왔는데 저에게 잘 지내고 있냬요.
I received a call from my hometown friend and he asked me if I'm doing well.
윤아 씨가 내일 날씨가 추우니까 따뜻한 옷을 입고 오래요.
Yuna said to dress warmly tomorrow since it's going to be cold.
친구가 주말에 시간이 있으면 같이 놀러 가재.
My friend said she wants to spend time with me on the weekend if I have time.

가: 유키 씨가 왜 아직 안 오지요?
A: Why isn't Yuki here yet?
나: 아까 연락이 왔는데 조금 늦는대요.
B: She called a little while ago and said she was going to be a bit late.

가: 조금 전에 리타오가 뭐라고 했어?
A: What did Letao say a minute ago?
나: 오늘 점심을 같이 먹재.
B: He wants to eat lunch together today.

▶읽어 봅시다

나라마다 사람들의 취미는 다양하다. 세계 여러 나라 사람들은 어떤 취미 생활을 할까?
영국인에게 인기 있는 취미는 정원 가꾸기이다. 영국인들은 꽃과 채소를 심고 가꾸는 것을 좋아한다. 아름답게 가꾼 정원에서 차를 마시면서 즐거운 시간을 보낸다.
중국의 아침은 활기차다. 아침에 일어나자마자 공원에 가서 운동을 하는 사람이 많다. 태극권을 하는 사람, 배드민턴을 치는 사람, 춤을 추는 사람도 있다.
호주는 자연환경이 좋아서 야외 활동을 즐기는 사람들이 많다. 특히 따뜻한 햇볕 아래에서 여유롭게 낚시를 즐기거나 가족과 바비큐 파티를 하는 사람이 많다.
한국인이 즐겨 하는 취미는 등산이다. 전국 곳곳에 쉽게 등산할 수 있는 산이 많기 때문이다. 서울에서는 주말 아침에 등산하러 가는 사람들을 흔히 볼 수 있다. 회사마다 등산 동호회가 없는 곳이 없을 정도로 등산을 좋아하는 사람이 많다.
취미 생활을 통해 사람들은 다음 날을 살아가는 힘을 얻고 더욱 활기찬 생활을 할 수 있다.
Hobbies vary from country to country. What hobbies do people around the world enjoy?
A popular hobby for British people is gardening. They enjoy planting and growing flowers and vegetables. They have a pleasant time sipping tea in beautifully planted gardens.
Mornings in China are very lively. There are many people who go to the park and exercise as soon as they wake up in the morning. There are people who practice Tai Chi, play badminton, and even dance.
Australia has a great natural environment so there are many outdoor enthusiasts. In particular, many people enjoy leisurely fishing in the warm sun or have barbecue parties with their families.
A hobby that Koreans enjoy is hiking. This is because there are many mountains that can be climbed easily throughout the country. In Seoul, it's common to see people going hiking on weekend mornings. There are so many people who like hiking that there isn't a company without a hiking club.
Through hobbies, people can gain more energy to live the next day and lead a more vibrant life.

▶들어 봅시다

한국 청소년들의 취미 활동에 대한 조사를 한 결과 한국 청소년이 가장 즐겨 하는 취미 활동은 '게임이나 채팅, 영상 보기와 같은 인터넷을 이용한 활동'으로 나타났대요. 인터넷이 취미 활동이라고 대답한 청소년 중 55%는 매일 하루에 다섯 시간 이상 인터넷을 한다고 대답했대요. 두 번째로 많이 하는 취미 활동은 '음악 감상'이래요. 그리고 세 번째로 많이 하는 취미 활동은 '운동'이래요. 운동이 취미라고 대답한 학생은 대부분 남학생들이었는데 주로 축구나 농구를 즐긴대요.
취미 활동을 즐기는 이유로는 '스트레스를 풀기 위해서'라는 대답이 가장 많았고 '재미있어서', '시간이 있어서'의 순서래요.
According to a survey conducted on the hobbies of Korean teenagers, the most popular hobbies are 'internet-based activities such as games, chatting, and watching videos'. Among the

teenagers who answered that the internet is their hobby, 55% stated that they send more than 5 hours online every day. The second most popular hobby is 'listening to music'. The third favorite hobby is 'sports'. Most of the students who mentioned sports as their hobby were boys, and they particularly enjoyed soccer or basketball.
When asked about the reasons for enjoying hobbies were, the most common response was 'to relieve stress', followed by 'because it's fun' and 'because I have time'.

Unit 7

Section 2. You almost missed the application deadline.

엠마: 제임스, 어떤 동아리에 들 거야?
Emma: James, what club are you going to join?
제임스: 난 합창 동아리에 가입하려고 해. 친구들과 함께 노래를 부르면서 스트레스를 풀고 싶어. 너는?
James: I'm going to join the choir club. I want to relieve stress by singing with my friends. How about you?
엠마: 아직 잘 모르겠어. 학교 홈페이지에 들어가 봤더니 관련 정보가 너무 많아서 오히려 결정하기 어렵더라고.
Emma: I'm not sure yet. I went to the school website, but there's too much information and it's making it rather difficult to decide.
제임스: 넌 한국 전통문화에 관심이 많으니까 탈춤 동아리에 드는 게 어때? 지난번 축제 때 탈춤 동아리 공연을 보다가 마지막에 일어서서 같이 춤도 췄잖아.
James: Since you're interested in Korean traditional culture, why don't you join the Korean traditional mask(ed) dance club? During the last festival, while watching the mask(ed) dance club performance, you even got up and danced with them at the end.
엠마: 좋은 생각이다! 당장 찾아보고 지원해야겠어.
Emma: That's a great idea! I should look it up and apply right away.
제임스: 앗, 회원 모집 기간이 오늘까지네. 하마터면 신청 기간을 놓칠 뻔했어.
James: Oh, the recruitment period ends today. You almost missed the application period.

문법

1. -었더니/았더니/였더니

· Meaning and Usage

This is used with an action verb. Dividing the sentence into the part prior to and after '-었더니/았더니/였더니', the latter part describes the outcome that came as a result of the action of the former part. The outcome of the latter part may also include reactions of others in response to the action of the former part.

· Form

'-았더니' is used when the action verb stem ends with 'ㅏ, ㅗ'. '-었더니' is used when the action verb stem ends with the other vowels 'ㅓ, ㅜ, ㅡ, ㅣ' and '-였더니'(했더니) is used when it ends with '하'.

Action verb stem ending	Combine with	Example
ㅏ, ㅗ	-았더니	갔더니, 모았더니
Other vowels (ㅓ, ㅜ, ㅡ, ㅣ)	-었더니	먹었더니, 만들었더니
하	-였더니 (했더니)	공부했더니

· Examples

제가 오랜만에 고향에 갔더니 친구들이 모두 떠나고 없었어요.
Because I visited my hometown for the first time in a long time, all my friends had all left.
오늘 아침에 음식을 급하게 먹었더니 소화가 잘 안돼요.
Because I ate so quickly this morning, I'm having a hard time digesting the food.
제가 노래를 불러 줬더니 여자 친구가 행복해했어요.
My girlfriend was happy because I sang a song for her.
제가 하늘 씨한테 물어봤더니 하늘 씨도 모른대요.
I asked Haneul, but he said he didn't know either.

가: 에릭 씨, 어디 아프세요?
A: Eric, are you feeling sick?
나: 며칠 과로했더니 병이 났어요.
B: I got sick because I overworked myself for a few days.

가: 링링 씨, 이사할 때 도와줄 사람은 있어요?
A: Ling Ling, is anyone helping you during the move?
나: 네, 제가 다음 주말에 이사한다고 했더니 친구들이 도와주겠대요.

B: Yes. I said that I was moving next weekend, so my friends said they would help me.

· Note

The subject of the former clause is usually a first-person subject.

2. -을/ㄹ 뻔하다

· Meaning and Usage

This is used with an action verb to state that something was a close call. In other words, it is used to express that if something had gone slightly wrong, something could have potentially happened.

· Form

'-ㄹ 뻔하다' is used when the action verb stem ends with a vowel or 'ㄹ' and '-을 뻔하다' is used when it ends with a consonant.

Action verb stem ending	Combine with	Example
Consonant	-을 뻔하다	앉을 뻔하다
Vowel, ㄹ	-ㄹ 뻔하다	말할 뻔하다, 울 뻔하다

· Examples

길이 막혀서 약속 시간에 늦을 뻔했어요.
There was so much traffic that I was almost late to my appointment.
조금만 늦게 도착했으면 비행기를 못 탈 뻔했어요.
If I had arrived just a little later, I would have missed my plane.
오늘 중요한 회의가 있었는데 동료가 알려 주지 않았으면 잊어버릴 뻔했어요.
There was an important meeting today that I would have forgotten if my colleague hadn't told me.
옆 사람과 이야기하면서 운전하다가 사고가 날 뻔했어요.
I almost got into a car accident talking to the passenger while driving.

가: 웨이 씨가 사고가 나서 병원에 입원했다면서요?
A: I heard that Wei got into an accident and is in the hospital.
나: 네, 조금만 늦게 병원에 갔으면 큰일 날 뻔했대요.
B: Yes, they say that if he had arrived at the hospital a few minutes late, it would have been dangerous.

가: 오늘 회의에 필요한 서류를 다 챙겼어요?
A: Do you have all the documents for the meeting today?
나: 아, 고마워요. 이야기해 주지 않았으면 서류를 놓고 갈 뻔했네요.
B: Oh, thanks. If you hadn't reminded me, I would have left them.

▶읽어 봅시다

국제연세학생회 International Yonsei Community

국제연세학생회는 연세대학교에서 공부하고 있는 외국 학생들과 교류하기 위해서 창립한 국제 교류 동아리입니다. 다양한 나라의 문화를 경험하고 싶은 연세대학교 한국인 학생들과 외국 학생(교환 학생과 한국어학당 학생)들을 환영합니다. 매주 목요일 오후 7시에 동아리 방에 모여서 이야기를 나눕니다.

활동 계획
- 환영 파티: 연세대학교에 온 교환 학생을 환영하는 행사
- 신입생 환영회 : 신입 회원을 환영하는 행사
- 한옥 체험: 한옥에서 한국의 전통 놀이를 함께 즐기는 행사
- 세계 요리 축제: 학교 축제 때 다양한 나라의 음식을 만들어서 판매하는 행사

홈페이지 : http://iycian.com

International Yonsei Community

The International Yonsei Community is an international exchange club established to interact with foreign students studying at Yonsei University. We welcome Korean Yonsei University students who want to experience the culture of diverse countries, and foreign students (exchange students and Korean Language Institute students). Every Thurday at 7 PM we gather in the club room to engage in conversations.

Activity Plans
- Welcome Party: an event to welcome exchange students to Yonsei University
- Newcomer Welcome Party: an event to welcome new members
- Hanok Experience: an event to enjoy Korean traditional games together in a Hanok (traditional Korean house)
- Global Cuisine Festival: an event which we prepare and sell dishes from various countries together at the school festival

▶들어 봅시다

1-2

안녕하십니까? 저는 봉사 동아리 '이사모'의 회장을 맡고

있는 이정수입니다. '이사모'는 '이웃을 사랑하는 사람들의 모임'의 줄임말입니다. 우리 모임은 어려운 이웃에게 웃음과 사랑을 주기 위해서 만들어졌습니다. 한 달에 두 번 노인과 아이들을 위해 봉사 활동을 하고 있습니다. 봉사의 즐거움을 함께하실 분은 연락해 주십시오.

1-2

Hello, I'm Lee Jungsoo, the president of the volunteer club 'Isamo'. 'Isamo' is short for 'a gathering of people who love their neighbors'. Our club was created to give laughter and love to neighbors in need. We do volunteer work for the elderly and children twice a month. If you want to share the joy of volunteering, please contact us.

3-4

남자: 너희 동아리에는 신입 회원이 많아?

여자: 아니, 물어보러 온 학생들은 몇 있었는데 가입한 사람은 얼마 되지 않아.

남자: 우리도 그래. 지난번에 동아리 홍보할 때 동아리 방에 한번 놀러 오라고 했더니 알았다고만 하고 진짜로 오는 신입생은 많지 않더라고.

여자: 맞아. 그래서 우리 동아리 회장은 신입 회원이 없어서 걱정이 많아. 어제는 학생 식당에서 모르는 사람에게 동아리 소개를 할 뻔했대.

남자: 그런데 학생들에게 학교 동아리가 인기가 없는 이유가 뭘까?

여자: 글쎄, 요즘은 학교 동아리에 가입하지 않아도 인터넷 동호회에서 다양한 활동을 할 수 있기 때문에 그런 것이 아닐까?

남자: 네 말을 들으니까 그런 것 같네. 어쨌든 우리 동아리에서는 홍보 동영상을 만들어서 학교 홈페이지와 에스엔에스에 올려서 동아리를 좀 더 알리려고 해.

3-4

Man: Do you have a lot of new members in your club?

Woman: No, there were students who came to ask a few questions, but not many joined.

Man: It's the same for us. When I was promoting the club last time, I asked people to come to the club room and they said yes, but not many new students actually came.

Woman: Right. Our club president is worrying because there are no new members.
It came to the point where, he almost introduced the club to a stranger at the student cafeteria, yesterday.

Man: But why aren't school clubs popular with students?

Woman: Well, couldn't it be because students can engage in various activities in internet clubs these days even if they don't join school clubs?

Man: I think you might be right. Anyway, in our club, we're planning to make a promotional video and upload it to the school website and SNS to promote the club more.

Unit 8

Section 1. Can you call tomorrow morning and wake me up again?

선희: 아침 운동을 해 보니까 어때?

Sunhee: How is it trying morning exercise?

엠마: 약간 졸리기는 한데 기분이 상쾌해요. 날마다 이렇게 이른 시간에 달리기를 하세요?

Emma: I'm a little sleepy, but I feel refreshed.
Do you run this early every day?

선희: 응, 나도 처음에는 일찍 일어나는 게 힘들어서 알람을 듣고 깼다가 다시 잠이 들기도 했어. 그래도 1년 동안 꾸준히 했더니 건강이 많이 좋아졌어.

Sunhee: Yes, it was tough for me to get up early at first, so sometimes I'd wake up to the alarm and fall back asleep. But after consistently doing it for a year, my health has improved a lot.

엠마: 와! 부러워요. 저는 일찍 일어나서 운동해야겠다고 생각은 하는데도 실천하기가 어려워요. 그리고 자극적이고 살이 찌는 음식을 좋아하는 것도 문제예요.

Emma: Wow! I'm so envious. I do think about waking up early to exercise, but it's difficult for me to put it into practice. My liking of strong-flavored foods that make me gain weight is also a problem.

선희: 운동을 지속적으로 하면 식성도 차차 변한대.
우리 내일도 이 시간에 만나서 운동할까?

Sunhee: They say if you exercise regularly, your eating habits gradually change.
Shall we meet again at this time tomorrow and work out?

엠마: 좋아요. 내일 아침에도 전화해서 깨워 주실 수 있죠?

Emma: Sounds good. Can you call and wake me up tomorrow morning as well?

문법

1. -는데도/은데도/ㄴ데도

· Meaning and Usage

This is used with an action or descriptive verb. Dividing the sentence up into the clause prior to and after 는데도/은데도/ㄴ데도', it is used to express that whatever is described in the latter clause happened, happens, or will happen, while emphasizing that whatever is described in the preceding clause had, has, or will have little to no influence on such.

· Form

'-는데도' is used with action verbs including '있다' and '없다' after the verb stem. '-은데도' is used when the descriptive verb stem ends with a consonant and '-ㄴ데도' is used when it ends with a vowel or 'ㄹ'.

Verb stem ending	Combine with	Example
Action verb, 있다, 없다	-는데도	공부하는데도, 있는데도
Vowel, ㄹ (descriptive verb)	-ㄴ데도	아픈데도, 먼데도
Consonant (descriptive verb)	-은데도	많은데도

· Examples

저는 날마다 운동을 하는데도 건강이 별로 좋아지지 않아요.
Even though I exercise every day, my health is not improving.
날씨가 추운데도 공원에 운동하는 사람들이 많아요.
Although the weather is cold, there are a lot of people exercising in the park.
평일인데도 극장에 사람들이 많았어요.
There were a lot of people at the theater, even though it was a weekday.
저는 주말에 푹 쉬었는데도 감기가 낫지 않아서 병원에 갔다 왔어요.
Even though I rested all weekend, my cold didn't get better so I went to the hospital.

가: 영수 씨, 요즘도 테니스 연습을 열심히 하고 있어요?
A: Yeongsu, do you still practice tennis diligently these days?
나: 네, 하지만 날마다 연습을 하는데도 실력이 늘지 않아요.
B: Yes, but even though I practice every day, my skills don't improve.

가: 오늘은 날씨가 정말 춥지요?
A: It's really cold today, isn't it?
나: 네, 두꺼운 코트를 입고 있는데도 추워서 몸이 떨려요.
B: Yes. Even though I'm wearing a thick coat, it's still cold so I'm shivering.

2. 사동

· Meaning and Usage

Causative clauses describe clauses where the subject makes someone or something else perform an action. Causative sentences are made by using what are called causative verbs, which are action verbs describing an action that the clause subject makes someone or something else do.

· Form

Some causative verbs take the form of 'verb + -이-, -히-, -리-, -기-, -우-, -추-'.

-이-	끓이다, 녹이다, 먹이다, 붙이다, 속이다, 죽이다
-히-	눕히다, 앉히다, 읽히다, 입히다
-리-	살리다, 알리다, 울리다
-기-	남기다, 맡기다, 숨기다, 신기다, 씻기다, 웃기다, 벗기다
-우-	깨우다, 세우다, 재우다, 태우다, 채우다
-추-	낮추다, 늦추다, 맞추다

· Examples

올리비아 씨가 차를 마시려고 물을 끓였어요.
Olivia boiled the water to drink tea.
할머니가 아이를 침대에 눕혔어요.
The grandma laid the child on the bed.
레오 씨, 이 정보를 많은 사람들에게 알려 주세요.
Leo, you should make more people know this information.
저는 세탁소에 맡긴 옷을 찾으러 가야 해요.
I need to go and pick up the clothes I dropped off at the dry cleaners.

가: 내일 아침에 일찍 일어나야 한다고 했지?
A: You said you need to wake up early in the morning tomorrow, right?
나: 네, 혹시 제가 못 일어나면 깨워 주세요.
B: Yes. If I don't wake up, please wake me up.

가: 내일 오전 10시에 회의가 있다고 들었는데 맞아요?
A: I heard that there's a meeting at 10 a.m. tomorrow. Is this true?
나 과장님께서 오전에 해야 할 일이 있다고 하셔서 회의 시간을 2시로 늦췄어요.
B: The Director said there's something he needs to

take care of in the morning, so we delayed the meeting to 2 o'clock.

· Note

Add '-게 하다' to action verbs for them to take on a causative meaning.

▶읽어 봅시다

운동을 꾸준히 하는 방법을 알아봅시다.
우선 첫 번째로 (가) 입니다. 이른 아침에 일찍 일어나서 운동을 하겠다는 계획은 지키기가 어렵습니다. 아침에 알람이 울리는데도 일어나지 못한 경험은 누구에게나 있을 것입니다. 하루에 한 시간 운동을 하겠다고 결심했으면 아침에 일찍 일어나서 운동을 하겠다는 계획보다는 출퇴근 시간, 점심 식사 후 틈틈이 운동을 해서 한 시간을 채우는 것이 더 좋은 방법입니다.
두 번째는 (나) 입니다. 운동을 할 때 그냥 운동만 하지 않고 재미있는 영상을 보거나 음악을 들으면서 운동을 하면 지루하지 않아서 더 오래 운동을 할 수 있습니다. 요즘은 인터넷에 운동 동영상이 많으니까 동영상을 보면서 운동하는 것도 추천합니다.
세 번째는 (다) 입니다. 혼자 운동을 하면 포기하기 쉽지만 함께 운동을 하는 친구가 있으면 경기를 하면서 즐겁게 운동을 할 수 있습니다. 또 운동을 하면서 친구와 더 친해질 수 있어서 좋습니다.

Let's explore ways to exercise regularly.
The first is (A) . It can be difficult stick to the plan to wake up early in the morning and exercise. Everyone will have experienced not being able to wake up in the morning despite the alarm going off. If you decide to exercise an hour a day, instead of planning to get up early in the morning and exercise, it's better find time during commuting and after eating lunch to exercise throughout the day and accumulate an hour of exercise.
The second is (B) . Watching fun videos or listening to music while exercising, instead of just exercising, can make it less boring and help you to exercise for longer. Nowadays, there are plenty of exercise videos available on the internet, so I highly recommend watching them while working out.
The third is (C) . Exercising alone makes it easier to give up, but if you have a friend to exercise with, you can engage in friendly competitions to make exercising more enjoyable. Exercising with a friend is good because you can also become closer to them.

▶들어 봅시다

공부하다가 피곤할 때 의자에 앉아서 할 수 있는 스트레칭 방법을 알려 드리겠습니다. 한번 따라해 보세요.
첫 번째 스트레칭 방법입니다. 왼손으로 머리 오른쪽을 잡습니다. 머리를 왼쪽으로 당기세요. 오른손은 아래로 쭉 뻗어 의자를 잡습니다. 마음속으로 열까지 셉니다. 이 동작을 세 번 반복합니다. 반대쪽도 같은 동작을 세 번 합니다.
그럼 두 번째 스트레칭을 해 볼까요? 먼저 의자에 앉습니다. 오른쪽 다리를 굽혀서 발목을 왼쪽 다리 위에 올려놓습니다. 오른쪽 발목을 잡고 천천히 돌립니다. 반대쪽도 같은 동작을 열 번 반복합니다.
다음은 눈이 피곤할 때 하면 좋은 동작입니다. 두 손을 빠르게 비벼서 따뜻해지게 한 후에 두 손을 눈에 댑니다. 오랜 시간 책을 본 후에 이렇게 하면 눈의 피로를 풀 수 있습니다.
마지막으로 허리 스트레칭 방법을 소개해 드리겠습니다. 허리를 펴고 앉습니다. 두 손을 잡고 팔을 앞쪽으로 쭉 뻗습니다. 이때 손바닥이 밖으로 보이게 합니다. 마음속으로 열까지 센 후에 팔을 내립니다. 다시 두 팔을 위로 뻗고 열을 센 후에 팔을 내립니다. 이렇게 열 번 반복합니다.
오랜 시간 앉아서 공부하기가 얼마나 힘드십니까? 쉬는 시간에 이 스트레칭을 하면 건강도 지키고 성적도 올릴 수 있을 것입니다.
Let me tell you how to stretch while sitting in a chair when you feel tired while studying. Try following along.
This is the first stretching method. Place your left hand on the right side of your head. Pull your head to the left. Extend your right hand downward and hold onto the chair. Count to ten in your mind. Repeat this action three times. Do the same move three times on the other side.
Now, shall we try the second stretching exercise? Start by sitting in the chair. Bend your right leg and place your ankle on top of your left leg. Hold your right ankle and slowly rotate it. Repeat the same action ten times on the other side as well.
The next movement is good for when your eyes are tired. Rub your hands quickly to warm them up, then put both hands on your eyes. After reading a book for a long time, this can relieve eye fatigue.
Lastly, I will introduce a stretching exercise for your back. Straighten your back and sit up. Hold both hands and stretch your arms forward, with your palms facing outward. Mentally count to

ten and lower your arms. Stretch your arms up again, count to ten, and lower your arms. Repeat this sequence ten times.
Isn't it hard to sit down and study for a long time? If you take a break to do these stretching exercises, you can stay healthy and even improve your grades.

Unit 8

Section 2. If you have a good lifestyle, your health will naturally improve.

기자: 이 마을 어르신들께서 장수하시는 비결이 무엇인지 궁금합니다.
Reporter: I'm curious about the secret to longevity of the elderly people in this village.
의사: 음…. "밥이 보약이다."가 무슨 뜻인지 아세요? 바로 식사를 잘하는 것이 비싼 약만큼 건강에 좋다는 말이지요.
Doctor: Well...Do you know what the saying "food is the best medicine" means? It means that eating well is as beneficial to your health as expensive medicine.
기자: 식습관이 중요하다는 말씀이시군요.
Reporter: So you mean that eating habits are important.
의사: 맞습니다. 요즘 젊은이들은 식사 시간이 불규칙한 데다가 영양이 부족한 음식을 많이 섭취하는데요. 이렇게 하면 건강을 유지하기가 어렵습니다.
Doctor: That's right. Young people these days have irregular meal times and consume a lot of nutritionally deficient food. This makes it difficult to stay healthy.
기자: 또 다른 건강 비결이 있으면 소개해 주시겠습니까?
Reporter: Can you share any other health tips?
의사: 특별한 비결은 없습니다. 평소에 규칙적으로 운동하고 좋은 생활 습관을 가지고 있으면 건강은 저절로 따라오는 것입니다.
Doctor: There are no special secrets. If you regularly exercise and maintain a good lifestyle, health comes naturally.

문법

1. -는/은/ㄴ 데다가

· Meaning and Usage

This is used with an action or descriptive verb stem. Dividing the sentence into the clause prior to and after '-는/은/ㄴ 데다가', it is used to add onto or emphasize the severity of what is described in the former clause, by adding more information in the latter clause.

· Form

'-는 데다가' is used with action verbs including '있다' and '없다' after the verb stem. '-은 데다가' is used when the descriptive verb stem ends with a consonant and '-ㄴ 데다가' is used when it ends with a vowel or ㄹ.

Verb stem ending	Combine with	Example
Action verb, 있다, 없다	-는 데다가	먹는 데다가, 가는 데다가, 있는 데다가
Consonant (descriptive verb)	-은 데다가	작은 데다가, 좋은 데다가, 싫은 데다가
Vowel, ㄹ (descriptive verb)	-ㄴ 데다가	큰 데다가, 친절한 데다가, 먼 데다가

· Examples

리타오 씨는 노래를 잘하는 데다가 춤도 잘 춰요.
Letao sings well and even dances well, too.
유키 씨는 똑똑한 데다가 친절하기까지 해요.
Yuki is intelligent as well as kind.
출근 시간인 데다가 사고까지 나서 길이 많이 막혀요.
There is so much traffic because it's rush hour and on top of that, there was an accident.
어제 주앙 씨는 지각을 한 데다가 숙제도 안 가지고 왔습니다.
Juang was late yesterday and didn't even bring his homework.

가: 날씨가 어때요?
A: How's the weather?
나: 비가 오는 데다가 바람도 불어요.
B: It's raining and even windy, too.

가: 노라 씨 고향은 어때요?
A: What is your hometown like, Nora?
나: 경치가 아름다운 데다가 공기도 좋아요.
B: The scenery is beautiful and even the air is good.

2. -는/은/ㄴ 것이다

· Meaning and Usage

This is used with an action verb or descriptive verb to emphasize what the speaker considers to be important. It is often used in the form 'N은/는 -는/은/ㄴ 것이다'.

· **Form**

'-는 것이다' is used with the present tense action verbs, '있다' and '없다'. '-ㄴ 것이다' is used with present tense descriptive verbs and past tense action verbs that end in vowels or 'ㄹ', and '-은 것이다' is used with present tense descriptive verbs and past tense action verbs that end in consonants.

Verb stem ending	Combine with	Example
Action verb, 있다, 없다	-는 것이다	좋아하는 것이다, 없는 것이다
Vowel, ㄹ (descriptive verb)	-ㄴ 것이다	아픈 것이다, 먼 것이다
Consonant (descriptive verb)	-은 것이다	많은 것이다

Action Verb stem ending	Combine with	Example
Consonant	-은 것이다	먹은 것이다
Vowel, ㄹ	-ㄴ 것이다	산 것이다, 만든 것이다

· **Examples**

저 케이크는 제가 사 온 거예요.
I bought that cake.
너 왜 내 문자에 답을 안 하는 거야?
Why aren't you answering my text?
이 가게에 있는 인삼은 다 비싸고 귀한 거예요.
All the ginseng in this store is expensive and rare.
이 상처요? 어제 농구하다가 조금 다친 거예요.
This wound? I got a little injured while playing basketball yesterday.

가: 머리 예쁘네. 어디에서 한 거야?
A: Your hair is pretty. Where did you get it done?
나: 학교 앞에 새로 생긴 미용실에서 한 거야. 괜찮아?
B: I did it at the new hair salon in front of the school. Is it okay?

가: 벌써부터 시험공부를 시작한 거예요?
A: Have you already started studying for the exam?
나: 아니에요. 그냥 소설책을 읽는 거예요.
B: No. I'm just reading a novel.

▶읽어 봅시다

우리는 날씨가 추워지면 감기 조심하라는 이야기를 많이 하기도 하고 많이 듣기도 합니다. 그렇다면 감기는 겨울에만 걸리는 걸까요? 아프리카와 같이 더운 곳에 사는 사람은 감기에 안 걸릴까요? 아닙니다. 감기는 바이러스 때문에 걸리는 거니까 날씨와는 관계가 없습니다. 몸이 약해지면 바이러스와 싸울 힘이 없어져서 감기에 걸리는 것입니다.
감기에 걸리면 보통 기침을 하고 목이 붓는 데다가 코도 막힙니다. 감기에 걸려서 병원에 가면 주사를 놓거나 약을 처방해 주지만 사실 감기에는 특별한 치료 방법이 없습니다. 그래서 "감기에 걸려서 병원에 가면 1주일 후에 낫고 집에서 쉬면 7일 후에 낫는다."라고 말하는 사람도 있습니다.
감기에 걸리지 않으려면 어떻게 해야 할까요? 평소에 규칙적인 생활을 해야 합니다. 그리고 건강에 좋은 식습관과 운동 습관을 잘 유지하는 것이 무엇보다 중요합니다.
When the weather gets cold, we often hear and say that we should be careful not to catch a cold. But do we only catch colds in winter? Do people who live in hot places like Africa not catch colds? No, colds are caused by viruses, so they are not related to the weather. When the body becomes weak, it loses the strength to fight off viruses, which causes it to catch a cold.
When you catch a cold, you usually cough, have a swollen throat, and even have a stuffy nose. If you visit the hospital when you have a cold, they may give you injections or prescribe medicine, but there, actually, no special treatment for a cold. That's why some people say, "if you catch a cold and go to the hospital, you'll recover in a week, and if you rest at home, you'll recover in 7 days."
How can you avoid catching a cold? You should have a regular lifestyle. It's also important to maintain healthy eating habits and exercise habits.

▶들어 봅시다

앵커: 장수를 하려면 어떻게 해야 할까요? 장수의 비결을 이승연 기자가 알려 드리겠습니다.
기자: 장수를 하는 방법은 충분한 수면을 취하고 규칙적인 식사를 하는 것입니다. 한국 대학교에서 국내 90세 이상 노인 168명의 수면 습관과 식습관을 조사한 결과 장수하는 노인들은 하루에 아홉 시간 이상 자는 데다가 식사는 하루 세 번 규칙적으로 하는 것으로 나타났습니다. 또 채소, 된장, 두부 같은 식물성 식품을 즐기면서 고기와 같은 동물성 식품도 자주 섭취하는 것으로 조사되었습니다. 그리고 장수하는 노인의 80%는 가족과 같이 식사한다고 대답했으며 가족과의 식사 시간이 즐겁다고 대답한 노인들도 많았습니다. 또 술을 마시거나 담배를 피우는 노인은 20%밖에 되지 않았습니다. 보약이나 영양제와 같은 건강식품을 먹는 사람도 별로 많지 않아 건강식품은 장수에 큰 도움이 되지 않는 것

으로 조사됐습니다.
Anchor: What should we do to live longer lives? Reporter Lee Seungyeon will share the secrets of longevity.
Reporter: The key to living a long life is getting enough sleep and having regular meals. According to a Korean university survey of 168 senior citizens aged 90 or older, those who live longer sleep for more than 9 hours a day and have regular meals 3 times a day. It was also found that they enjoy plant-based foods such as vegetables, soybean paste, and tofu, while also consuming animal-based food like meat on a regular basis. Furthermore, 80% of the elderly who live long lives said that they eat with their families, and many said they enjoyed mealtime with their families. In addition, Only 20% of the elderly drank alcohol or smoked. It was found that not many people relied on health products like herbal tonics and nutritional supplements, indicating that these health products do not play a significant role in longevity.

Unit 9

Section 1. I heard you moved to a different boarding house.

친구: 엠마 씨, 하숙집을 옮겼다면서요? 방은 마음에 들어요?
Friend: Emma, I heard you moved your boarding house. Do you like your room?
엠마: 네, 방이 크고 가구도 깨끗한 데다가 하숙비까지 싸서 아주 좋아요
Emma: Yes, the room is big, the furniture is clean, and on top of that, the boarding fee is affordable, so I really like it.
친구: 하숙집 분위기는 어때요?
Friend: How is the atmosphere of the boarding house?
엠마: 같이 사는 친구들이 활발해서 분위기가 좋고 아주머니도 무척 친절하세요. 얼마 전에 제가 배탈이 났었는데 엄마처럼 죽도 끓여 주셨어요.
Emma: The atmosphere is great because the friends I live with are very lively, and the lady is also very kind. I recently had an upset stomach, and she made porridge for me just like my mom would.
친구: 요즘 그렇게 정이 많으신 분은 드문데 엠마 씨는 운이 참 좋네요. 저는 오랫동안 혼자 자취를 하니까 좀 외로워요. 이럴 줄 알았으면 저도 원룸이 아니라 하숙집을 찾아볼 걸 그랬어요.
Friend: It's rare to see someone who is that affectionate these days, so you're very lucky Emma. I've been living alone for a long time, so I feel quite lonely. If I'd known this would happen, I should have looked for a boarding house, not a studio apartment.
엠마: 나중에 우리 하숙집에 빈방이 생기면 알려 드릴게요.
Emma: If an empty room becomes available in our boarding house later on, I'll let you know.

문법

1. -는다면서요/ㄴ다면서요/다면서요?

· Meaning and Usage

This is used with an action or descriptive verb when confirming something that the speaker has heard before elsewhere.

· Form

'-ㄴ다면서요?' is used when the action verb stem ends in 'ㄹ' or a vowel and '-는다면서요?' is used when it ends in a consonant. '-다면서요?' is used after a descriptive verb stem.

Verb stem ending	Combine with	Example
Consonant (action verb)	-는다면서요?	찍는다면서요?, 받는다면서요?
Vowel, ㄹ (action verb)	-ㄴ다면서요?	간다면서요?, 모른다면서요?, 판다면서요?
Descriptive verb	-다면서요?	춥다면서요?, 예쁘다면서요?

· Examples

요즘 이튼 씨 회사에서 드라마를 찍는다면서요?
Is it true that a drama series is being filmed at your company these days, Ethan?
서울 타워에서 보이는 경치가 그렇게 멋있다면서요?
Is it true that the view from Seoul Tower is amazing?
영화 '그날'에 나오는 남자 배우가 우리 학교 학생이라면서요?
Is it true that the actor who comes out in the movie "That Day" is a student from our school?
미키 씨, 어렸을 때 한국에서 살았다면서요?

Miki, is it true that you lived in Korea when you were younger?

가: 우리 학교에 '남자친구들'이 공연하러 온다면서요?
A: Is it true that "Boyfriends" is coming to perform at our school?
나: 네, 저도 아까 들었어요. 정말 기대가 돼요.
B: Yes, I heard that, too. I'm so excited.

가: 왕명 씨, 이번 방학에 고향에 간다면서요?
A: Wang Ming, is it true that you're going to visit your hometown during the break?
나: 네, 어떻게 아셨어요?
B: Yes, how did you know?

2. -을/ㄹ 걸 그랬다

· Meaning and Usage

This is used after an action verb to express regret about something that the speaker has not done.

· Form

'-ㄹ 걸 그랬어요' is used when the action verb stem ends with a vowel or 'ㄹ' and '-을 걸 그랬어요' is used when it ends with a consonant.

Action Verb stem ending	Combine with	Example
Consonant	-을 걸 그랬어요	먹을 걸 그랬어요, 읽을 걸 그랬어요
Vowel or ㄹ	-ㄹ 걸 그랬어요	갈 걸 그랬어요, 팔 걸 그랬어요

· Examples

식당에 사람이 이렇게 많을 줄 알았으면 더 일찍 올 걸 그랬어요.
If I had known the restaurant would be this crowded, I would've come earlier.
고장 난 컴퓨터를 직접 고치려다가 돈도 더 쓰고 고생만 했어. 처음부터 서비스 센터에 맡길 걸 그랬어.
I spent more money and had such a hard time trying to fix the broken computer myself. I should have just taken it to the service center from the beginning.

성격이 안 맞는 사람하고 사귀는 게 너무 힘든데 만나지 말 걸 그랬다.
It's so difficult to date someone whose personality doesn't match mine, so I should've never met them.
친구가 그렇게 기분 나빠할 줄 알았으면 심한 농담을 하지 말 걸 그랬어.
If I'd known my friend would be this upset, I wouldn't have made such a harsh joke.

가: 기말시험은 잘 봤어?
A: Did you do well on your final exam?
나: 아니, 문제가 너무 어려웠어. 더 열심히 공부할 걸 그랬어.
B: No, the questions were too difficult. I should have studied harder.

가: 어제 파티가 정말 재미있었는데 왜 안 왔어?
A: Yesterday's party was really fun, but why didn't you come?
나: 다른 약속이 있어서 못 갔는데 그렇게 재미있을 줄 알았으면 거기 갈 걸 그랬네.
B: I couldn't go because I had another commitment, but had I known it would be so much fun, I would have gone.

▶읽어 봅시다

3일 전 드디어 그렇게 오고 싶었던 이 도시에 여행을 왔다. 비행기가 공항에 도착했을 때 눈물이 날 정도로 기뻤다. 하지만 버스를 타고 공항을 벗어나 시내로 가는 길에 본 도시의 풍경에 가슴이 답답해지기 시작했다. 찻길을 달리는 자동차는 하나같이 비슷한 크기에 비슷한 색깔이었고, 창밖으로는 똑같이 생긴 아파트가 붙어 있는 게 보였다.
어제는 시내에 나갔었다. 그런데 거리를 걸어 다니는 사람들 얼굴이 다 똑같아 보였다. 그런 데다가 모두 비슷한 옷을 입고 비슷한 머리 스타일을 하고 있었다. 그 사람들은 고향에서 가져온 옷을 입고 있는 나를 신기하게 봤다.
돌아다니다가 배가 고파져서 점심을 먹을 식당을 찾았는데 거리에는 똑같은 음식을 파는 식당들이 모여 있었다. 어느 곳에 들어가야 할지 몰라서 계속 왔다 갔다 하다가 사람들이 줄을 서 있는 식당이 보여서 나도 뒤에 따라 섰다. 기다리는 사람들 말로는 이곳이 티브이 프로그램에 나와서 유명해졌는데 여기에서 음식 먹는 사진을 찍어서 에스엔에스에 올리는 것이 요즘 유행이라고 한다. 앞으로 한 시간쯤 더 기다려야 한다고 해서 대신 옆에 있는 식당에 가기로 했다. 내가 점심을 먹은 식당은 손님이 별로 없어서 음식이 금방 나왔는데 아주 맛있었다. 줄을 서지 말고 처음부터 이 식당에 올 걸 그랬다고 생각했다. 이렇게 맛있는 음식을 빨리 먹을 수 있는데 왜 다들 저렇게 기다리고 있는 걸까? 이상하다는 생각이 들었다.
Three days ago, I finally came on a trip to this city that I've been longing to visit. When the plane arrived at the airport, I was so happy that I could have cried. However, as I took the bus and left the airport, on the way to the city, the scenery of the city made my chest feel as though I was suffocating. The cars on the road were

all similar in size and color, and tightly packed apartment buildings which all looked the same were visible from outside the window, ..

Yesterday, I went out to the city. But the faces of all the people walking on the street looked the same. In addition, everyone was wearing similar clothes and had similar hair styles. They looked at me curiously, because I was wearing clothes from my hometown.

As I was walking around, I got hungry and was looking for a restaurant to have lunch, but on the street was but a collection of restaurants which were all selling the same food. I didn't know where to go, so I kept going back and forth, and I saw a restaurant where people were queuing up, so I stood in line behind them. According to the people waiting, this place became famous after appearing on a TV program, and that taking pictures of the food here and posting them on social media is a trend nowadays. They said I had to wait for another hour, so I decided to go to the restaurant next to it instead. The restaurant where I had my lunch had few customers and the food came out quickly, but it was delicious. I thought to myself that I should have come to this restaurant from the beginning instead of standing in line. Why is everyone waiting so long when you can eat such delicious food quickly? I thought it was very strange.

▶들어 봅시다

저는 한국에 온 지 1년이 조금 넘었어요. 그동안 즐겁게 생활하고 여러 가지 추억도 많이 만들었지만 가끔 문화 차이 때문에 힘들 때도 있었어요. 특히 제가 가장 적응하기 힘들었던 것은 식사 예절이었어요.

처음 한국 친구와 밥을 먹을 때였어요. 메뉴를 보면서 뭘 먹을지 생각하고 있는데 그 한국 친구가 "너 비빔밥이랑 불고기 좋아한다면서? 그럼 내가 비빔밥을 시킬 테니까 너는 불고기를 시켜서 나눠 먹자."라고 하는 거예요. 저는 그냥 그렇게 했지만 음식을 다른 사람과 나눠 먹어야 하는 게 좀 불편했어요.

또 한번은 기숙사 방에서 과자를 먹고 있는데 한국인 룸메이트가 "맛있겠다. 좀 먹어도 돼?"라고 묻고 제 대답을 듣기도 전에 과자 봉지에 손을 넣는 거예요. 저는 그때 한국 사람들이 예의가 없다고 생각했었어요. 제 고향에서도 음식을 조금씩 나눠 먹는 경우는 있지만 마음대로 다른 사람의 음식을 먹는 일은 없거든요.

지금 생각해 보면 큰일도 아닌데 그때는 제 고향과 너무 다른 문화 때문에 오해를 많이 했던 것 같아요. 지금은 유학 생활을 하면서 새로운 문화를 경험하고 알아 가는 것에 재미를 느끼고 있어요. 그리고 이제는 한국 문화에 익숙해져서 그런지 저도 한국 사람처럼 행동할 때가 있어요. 어제는 친구가 라면을 먹고 있는데 너무 맛있어 보여서 좀 달라고 했더니 친구가 저를 보고 "너 한국 사람 다 됐네."라고 해서 같이 웃었어요.

It has been a little over a year since I came to Korea. During this time, I've been enjoying my life and made so many memories, but sometimes I have a hard time due to cultural differences. One of the hardest things for me to adapt to was table manners.

This is about my first time eating with a Korean friend. I was thinking about what to eat while looking at the menu when my friend said, "I heard you like bibimbap and bulgogi? Then I'll order bibimbap, so you order bulgogi, and we can share." I just went along with it, but it was a bit uncomfortable having to share food with someone else.

Another time, I was eating snacks in my dorm room when my Korean roommate asked, "That looks delicious. Can I have some?" and before he could hear my answer, he put his hand into the snack bag. I thought Koreans were rude at the time. Even in my hometown, we do share food in small portions, but we don't eat other people's food as we please.

Now that I think about it, it's not a big deal, but back then I think I misunderstood a lot because the culture was so different from my hometown. Now, I am having fun experiencing and getting to know new cultures while studying abroad. And now, maybe because I'm used to Korean culture, there are times when I act like a Korean. Yesterday, my friend was eating ramen, and it looked so delicious, so I asked for some, and she looked at me and said, "you've become a full Korean," and we laughed together.

Unit 9

Section 2. Where did say the club meeting location was?

선배: 오늘 동아리 회의 장소가 어디라고 했지?

Senior: Where did you say the club meeting was today?

엠마: 학생회관 2층 회의실이요. 그런데 저희 학년 중에서는 저하고 수영이만 회의에 가고 다른 친구들은 못 간대요.
Emma: The conference room on the 2nd floor of the student union building. But among our grade, only Sooyoung and I am going to the meeting, and the other students said they can't make it.
선배: 그래? 회의 후에 있을 회식 때 졸업생 선배들도 오는데 후배들이 이렇게 많이 빠지는 건 예의가 아닌데... 다들 바쁜 일이 있는 거야?
Senior: Really? Even the senior graduates will join us for a gathering after the meeting, so it's not polite for the juniors to be absent like this... Is everyone busy?
엠마: 네, 그런 것 같아요. 매튜는 어제 도서관에서 우연히 만났는데 보고서 준비 때문에 정신없더라고요. 그리고 저도 인턴십 준비 때문에 바빠서 회식 중간에 먼저 가 봐야 할 것 같은데요···.
Emma: Yes, I think so. I ran into Matthew in the library yesterday and he seemed overwhelmed with report preparations. I'm also busy preparing for an internship, so I may have to leave early during the get-together.
선배: 음···. 어쩔 수 없지. 대신 꼭 붙어서 기쁜 소식을 전해 주면 좋겠네.
Senior: Well···. We can't help it then. Instead, I hope you'll be accepted and share the good news.
엠마: 죄송해요. 인턴십에 합격해서 첫 월급을 타 가지고 꼭 한턱낼게요.
Emma: I'm sorry. I'll get the internship, get my first salary, and treat you to a meal.

문법

1. -지?

· Meaning and Usage

This is used with interrogatives, such as '언제, 누구, 어디, 무엇, 얼마, 왜, and 어떻게,' when making a question about information that the speaker should know but does not at the moment, or to generally ask someone else a question in a rhetorically indirect tone.

· Examples

이게 뭐지?
What's this?
한국어 시험이 언제지?
When is the Korean language test?
왜 이렇게 피곤하지?
Why am I so tired?
서울 택시 기본요금이 얼마라고 했지?
How much is the basic fare for Seoul taxis?

가: 주말에 날씨가 좋다고 하는데 어디 가지?
A: I heard the weather will be nice on the weekend, so where should we go?
나: 인왕산에 등산 가자.
B: Let's go hiking in Inwangsan Mountain.

가: 소설 '채식주의자'의 작가가 누구지?
A: Who is the author of the novel "Vegetarian"?
나: '한강'이잖아.
B: It's Han Kang.

2. 접속사

· Meaning and Usage

This is a word that connects two sentences.
Frequently used conjunctions are '그래도, 그래서, 그러나, 그러니까, 그런데, 그렇지만, 그리고 and 왜냐하면'.
그래도: This is used when the content of the second sentence is unrelated to the first one.
그래서: This is used when the content in the first sentence is the cause or reason for the second one.
그러나: This is used when the two sentences are opposites.
그러니까: This is used when the first sentence is the reason or reference for the second one.
그런데: This is used when the content of the second sentence is different from the first one.
그렇지만: This is used when acknowledging the content of the first sentence while making an opposing statement in the second one.
그리고: This is used when additional information is added after the first sentence.
왜냐하면: This is used when the second sentence is the reason or reference for the first one.

· Examples

열이 많이 납니다. 그리고 기침도 심합니다.
I have a high fever. And my cough is also severe.
다음 주에 동창회를 할 거예요. 그러니까 꼭 오세요.
We are having an alumnus meeting next week. So please come.
비빔냉면을 다 못 먹었다. 왜냐하면 너무 매웠기 때문이다.
I couldn't finish eating the bibim-naengmyeon. Because it was too spicy.
친구와 콘서트를 보러 갔다. 그러나 남은 표가 없어서 그냥 집으로 돌아와야 했다.
I went to see a concert with my friend. But because there were no more tickets left, we had to just come back home.

가: 여행을 가고 싶지요?
A: You want to go on a trip, don't you?
나: 네, 그렇지만 시간이 없어요.
B: Yes, but I don't have time.

가: 너무 피곤해서 그냥 자고 싶어요.
A: I am so tired that I just want to go to sleep.
나: 그래도 씻고 주무세요.
B: You should still wash up and then go to sleep.

▶읽어 봅시다

지하철 이용 예절

먼저 열차 안에 있는 사람들이 내린 후에 열차에 탑니다.
열차 문이 닫히려고 할 때 급하게 타지 않습니다.
열차 안에서 음식을 먹거나 음료수를 마시지 않습니다.
큰 소리로 통화하거나 대화하지 않습니다.
음악을 듣거나 동영상을 볼 때는 이어폰을 사용합니다.
배낭을 메고 서 있을 때는 배낭을 앞으로 멥니다.
다리를 넓게 벌리고 앉지 않습니다.
교통 약자석이 아니어도 ㉠ 장애인, 어르신, 임산부, 어린이가 타면 자리를 양보합니다.

Subway Etiquette

First, board the train after the people inside get off.
Don't rush to get on when the train doors are about to close.
Don't eat food or drink beverages inside the train.
Don't have loud phonecalls or conversations in the train.
Use earphones when listening to music or watching videos.
When standing with a backpack, carry it forward.
Don't sit with your legs wide apart.
Even if you are not in priority seating, when ㉠ the disabled, the elderly, pregnant women, or children get on, please give up your seat.

▶들어 봅시다

여러분은 처음 만난 사람에게 나이를 물어보면 실례가 된다고 생각할 것입니다. 그런데 한국 사람들은 왜 처음 만난 자리에서 "몇 년생이에요?", "나이가 어떻게 되세요?" 같은 질문을 하는 것일까요? 상대편과 이야기할 때 상대편을 어떻게 부르고 어떤 언어를 사용할지 결정하기 위해서입니다. 한국에서는 아무리 나와 친한 사이여도 나이가 많은 사람을 "서준아!", "수지야!" 이렇게 부르지 않습니다. 한 살만 많아도 '서준 오빠, 서준이 형' 또는 '수지 누나, 수지 언니'라고 부릅니다.
그런데 상대편에게 존댓말을 할지 반말을 할지 결정하는 기준은 좀 더 다양합니다. 반드시 나보다 나이가 많은 사람에게는 존댓말, 나이가 같거나 어린 사람에게는 반말을 쓰는 것이 아닙니다. 예를 들어 부모와 자녀가 친구처럼 편하게 지내는 사이라면 자녀가 부모에게 반말을 할 수도 있습니다. 그리고 나보다 나이가 어려도 친하지 않거나 직장에서 일에 대한 이야기를 하는 경우에는 존댓말을 써야 합니다. 즉, 대화하는 두 사람의 나이와 관계 그리고 대화가 이루어지는 상황에 따라서 사용해야 하는 언어가 달라지는 것입니다. 같은 사람과 이야기할 때 직장 내에서는 존댓말을 쓰다가 밖에서 따로 만나면 반말을 하기도 합니다.
어떠세요? 이렇게 복잡한 언어 예절을 잘 알고 지키려면 한국어를 더 열심히 공부해야겠지요?
You may think it is rude to ask the age of someone you first met. But why do Korean people ask questions like, "what year were you born?" or "how old are you?" at the first meeting? It is to determine how to address the other person and what language to use when talking to them. In Korea, no matter how close you are with someone, you don't call older people "Seojun!" or "Suji!". Even if they're just a year older, you have to call them "Seojun oppa", "Seojun hyung" or "Suji noona", "Suji unni".
However, that is not the only criterion for deciding whether to use polite or a more intimate/casual language. You don't necessarily have to use polite speech to older people, and use casual speech to people who are the same age or are younger. For example, if the relationship between parent and child is akin to that of comfortable friends, children can use casual language with their parents. And even if someone is younger than you, you should use polite language if it is the case that, for instance, you are not that close with the other person, or when discussing work-related matters. In other words, the language you use depends on the age and relationship between two people, and the situation of the conversation. When talking to the same person, you may use polite language in the workplace and switch to a more casual one when meeting outside separately.
What do you think? To understand and adhere to

such complex language etiquette, it would be helpful to study Korean more diligently, don't you think?

Unit 10

Section 1. She might be worried about something she can't even tell her closest friend.

선생님: 다니엘 씨, 오늘은 왜 리사 씨랑 같이 안 오고 혼자 와요?

Teacher: Daniel, why aren't you here with Lisa today?

다니엘: 리사 얘기는 꺼내지도 마세요.

Daniel: Please don't bring up Lisa.

선생님: 둘이 싸웠어요? 그러고 보니 어제 수업 시간에 리사 씨 표정이 어두웠는데 무슨 일 있었어요?

Teacher: Did you two have a fight? Come to think of it, Lisa's expression was dark during class yesterday. Did something happen?

다니엘: 안 그래도 걱정이 돼서 수업이 끝난 후에 리사한테 무슨 일이 있냐고 물어봤는데 제 말을 무시하고 그냥 가 버렸어요. 그래서 저도 화가 나서 리사한테 연락을 안 했어요.

Daniel: I was concerned about that as well, so, after class, I asked Lisa if something happened, but she ignored me and just left. So I got angry and didn't contact her either.

선생님: 친한 친구한테도 말 못 할 본인만의 고민이 있을지도 모르잖아요. 그러니까 너무 기분 나빠하지 마세요.

Teacher: She might have a personal concern she can't talk about even with a close friend. So don't be so upset.

다니엘: 속이 깊은 제가 이해해야겠죠? 이따가 리사가 오면 커피나 한잔하면서 이야기해 볼게요.

Daniel: I guess I, being more considerate, should be more understanding, right? I'll talk to Lisa over a cup of coffee when she comes later.

문법

1. -어/아/여 버리다

· Meaning and Usage

This is used with an action verb to express that the action has been completed and that nothing remains to be done regarding that action. Usage of '-어/아/여 버리다' implies that the speaker either thinks that the action was inevitable, that the completion of the action made him feel relieved, or that they find the completion of the action to be regrettable.

· Form

'-아 버리다' is used when the action verb stem ends in 'ㅏ, ㅗ', '-어 버리다' is used when it ends with the other vowels 'ㅓ, ㅜ, ㅡ, ㅣ,' and '-여 버리다'(해 버리다) is used when it ends with '하-'.

Action verb stem ending	Combine with	Example
ㅏ, ㅗ	-아 버리다	닫아 버리다, 와 버리다
Other vowels (ㅓ, ㅜ, ㅡ, ㅣ)	-어 버리다	먹어 버리다, 써 버리다
하	-여 버리다 (해 버리다)	말해 버리다, 취소해 버리다

· Examples

스타일을 바꾸고 싶어서 머리를 짧게 잘라 버렸어요.
I wanted to change my style, so I ended up cutting my hair short.

너무 목이 말라서 동생의 물까지 제가 다 마셔 버렸어요.
I was so thirsty that I ended up drinking all of my younger brother's water, too.

깜빡하고 신청을 못 했는데 신청 기간이 벌써 끝나 버렸대요.
I completely forgot to register, but I heard that the registration period is already over.

비가 너무 많이 와서 오늘 저녁 야구 경기가 취소돼 버렸어요.
It rained so much that the baseball game ended up being canceled this evening.

가: 어제 미선 씨하고 영화를 본다고 했잖아요. 재미있었어요?
A: You said you were going to watch a movie with Miseon yesterday. Was it fun?
나: 아니요, 미선 씨가 갑자기 집에 가 버려서 영화를 못 봤어요.
B: No, Miseon suddenly ended up going home, so we couldn't watch the movie.

가: 제가 너무 화가 나서 마리아 씨한테 심한 말을 해 버렸는데 어떡하지요?
A: I was so angry that I ended up saying some harsh things to Maria. What should I do?
나: 직접 만나서 진심으로 사과해 보세요.
B: You should go to her and sincerely apologize.

2. -을지도/ㄹ지도 모르다

· Meaning and Usage

This is used with an action or descriptive verb when

expressing a speculative guess. It is used when the speaker is not completely sure about the truth of what they are guessing about.

· Form

'-ㄹ지도 모르다' is used when the action or descriptive verb stem ends with a vowel or 'ㄹ' and '-을지도 모르다' is used when it ends with a consonant.

Action or descriptive verb stem ending	Combine with	Example
Consonant	-을지도 모르다	먹을지도 모르다, 짧을지도 모르다
Vowel or ㄹ	-ㄹ지도 모르다	할지도 모르다, 길지도 모르다

· Examples

날씨가 추운데 친구가 밖에서 기다릴지도 몰라서 서둘러서 나왔어요.
I rushed, worried that my friend might be waiting outside in the cold.
오늘은 늦을지도 모르니까 기다리지 마세요.
Don't wait up, I might be late today.
그 공연은 인기가 많아서 늦게 가면 자리가 없을지도 몰라요.
That performance is so popular that if we go late, there may not be any seats left.
신청 기간이 끝났을지도 모르니까 다시 확인해 보세요.
The registration period may be over, so you should check again.

가: 올리비아 씨가 계속 전화를 안 받아요.
A: Olivia isn't picking up her phone.
나: 자고 있을지도 몰라요.
B: She might be sleeping.

가: 지금 학교에 가면 선생님을 만날 수 있을까?
A: If I go to school now, can I meet with the teacher?
나: 안 계실지도 모르니까 먼저 연락을 드려 보자.
B: She may not be there, so give her a call first.

▶읽어 봅시다

<리사의 일기>

4월 1일 흐림

며칠 동안 날씨가 흐려서 그런지 공부도 안되고 너무 힘들다. 사실 날씨 때문에 힘든 건 아니지만 날씨 때문이라고 말하고 싶다.
요즘 피터 얼굴을 볼 때마다 어떻게 해야 할지 모르겠다. 전에도 그렇게 친한 사이는 아니었지만 지난번에 피터를 좋아한다는 내용의 문자 메시지를 실수로 피터에게 보낸 후부터 사이가 더 멀어진 것 같다.
더 큰 문제는 엠마도 피터를 좋아하게 된 것이다. 엠마는 내 마음도 모르고 자꾸만 나에게 본인의 고민을 털어놓는다. 어떻게 하면 피터와 가까워질 수 있겠냐고 조언을 구하기도 한다.
그런데 어제 아침에 학교에 가는 길에 엠마와 피터가 같이 걸어가는 걸 봤다. 둘 다 신촌역 앞에서 파는 커피를 들고 있는 걸 보니까 거기서부터 학교까지 같이 온 것 같다. 두 사람은 사는 동네도 다른데 아침 일찍 커피숍에서 만난 걸까? 두 사람이 언제 이렇게 가까워진 걸까? 이러다가 어느 날 갑자기 엠마가 피터한테 고백해 버려서 둘이 사귀게 될까 봐 걱정이다. 하지만 지금 내 마음을 이야기하면 두 사람 모두를 잃을지도 모른다. 제임스의 조언대로 메시지를 잘못 보냈을 때 바로 피터에게 사귀자고 할 걸 그랬다. 나는 이제 어떡하면 좋을까?

<Lisa's Diary>

April 1st, cloudy

I can't study and I'm so tired. That's maybe because the weather has been cloudy for a few days. To be honest, the weather is not why I'm feeling this down, but I want to, at least, blame the weather.
Whenever I see Peter's face these days, I don't know what to do. We weren't that close before, but ever since I accidentally sent him a text message expressing my feelings for him, it seems our relationship has become more distant.
The bigger issue is that Emma has also come to like Peter. Emma doesn't know how I feel, and keeps telling me about her worries. She even asks me for advice on how to get closer to Peter.
But on my way to school yesterday morning, I saw Emma and Peter walking together. They were both holding coffee from the café in front of Sinchon station, so I'm guessing that they walked from there all the way to school together. They live in different neighborhoods, so does that mean that they went out of their way to meet at the café that early in the morning? When did the two of them become so close? I'm worried that Emma might suddenly confess her feelings to Peter one day, and that they might start dating. But if I were to express my feelings now, I could end up losing both of them. I should have followed James' advice and immediately asked Peter out when I mistakenly sent that message. What should I do now?

▶들어 봅시다

서울 시가 청소년 1000명에게 최근의 고민거리에 대해서 조사한 결과 473명이 학교 성적이 가장 큰 고민이라고 답했습니다. 2위는 전체의 31%인 311명의 학생이 꼽은 '친구 관계'였습니다. 다음으로 12%는 부모님과의 의견 차이, 8%는 경제적인 문제가 고민이라고 답했습니다.

그럼 청소년들은 이런 고민이 있을 때에 누구와 의논할까요? 절반에 가까운 44%가 친구라고 답했고 어머니가 37%로 그 뒤를 이었지만 선생님과 고민을 의논한다고 대답한 학생은 5%, 아버지에게 이야기한다고 대답한 청소년은 3%밖에 되지 않았습니다.

또 자신의 고민에 누가 관심을 가져 주는지 묻는 질문에도 42%가 어머니, 38%가 친구라고 답한 반면 선생님이라고 답한 학생은 7%, 아버지를 꼽은 학생은 2% 정도였습니다.

이 조사 결과를 보면 많은 청소년이 학교생활과 관련된 고민을 가지고 있으며, 자신의 고민에 대해서 친구나 어머니와 의논하고 있음을 알 수 있습니다.

According to a survey conducted by the Seoul City Government on 1,000 teenagers about their recent concerns, 473 answered that school grades were there biggest concern. 2nd place "friendships", chosen by 311 students, or 31% of the respondents. Next, 12% mentioned differences of opinion with their parents, and 8% said they were worried about economic problems.

Now, who do teenagers consult when they have these concerns? Nearly half, around 44%, said they discuss their concerns with friends, and mothers came next at 37%, while only 5% mentioned consulting teachers, and a mere 3% of teenagers said they talk to their fathers.

Furthermore, when asked who shows interest in their concerns, 42% mentioned their mothers and 38% said their friends, while only 7% of students identified their teachers, and 2% mentioned their fathers.

These survey results indicate that many teenagers have concerns related to their school life, and that they tend to discuss these concerns with their friends or mothers.

Unit 10

Section 2. I couldn't get anything done because we ended up talking on the phone all night.

엠마: 뭐 좀 사 먹으러 편의점에 갈 건데 같이 갈래?

Emma: I'm going to the convenience store to buy something. Do you want to go with me?

제임스: 같이 가고는 싶지만 전공 수업 보고서를 한 시간 안에 제출해야 해서...

James: I want to go with you, but I have to submit a report for a major course in an hour...

엠마: 어제 거의 다 한 줄 알았는데 여태 못 냈어?

Emma: I thought you were almost done yesterday. Have you still not turned in your work?

제임스: 응, 어젯밤에 고향 친구한테 급한 일로 연락이 와서 밤새 통화하느라고 아무것도 못 했어.

James: Yeah, I received an urgent call from a friend back home last night, and I couldn't get anything done because we ended up talking on the phone all night.

엠마: 아, 그래서 오늘 좀 피곤해 보이는구나. 보고서를 대충 써서 낼 수도 없으니 힘들겠다.

Emma: Oh, that's why you look a little tired today. It must be tough since you can't be sloppy with the report and just turn it in.

제임스: 너 혼자 가게 해서 미안해. 번거롭지 않으면 샌드위치 아무거나 하나만 사다 줄 수 있어?

James: I'm sorry for letting you go alone. If it's not too much trouble, could you grab me any sandwich?

문법

1. -느라고

· Meaning and Usage

This is used with an action verb. Dividing the sentence into the clause prior to and after '-느라고', it is used to express that what is described in the latter clause happened, happens, or will happen because of, or in pursuit of what is described in the former clause.

· Examples

주말에 아르바이트를 하느라고 쉬지 못했어요.

I was working at my part-time job over the weekend, so I couldn't rest.

어젯밤에 책을 읽느라고 잠을 못 잤어요.

I was reading a book last night, so I didn't get any sleep.

혼자 집들이 음식을 만드느라고 정신없이 바빴어요.
I had to make the food for the housewarming party by myself, so I was so mindlessly busy.
친구 이야기를 듣느라고 시간 가는 줄 몰랐어요.
I was listening to my friend's story, so I didn't even realize the time had passed.

가: 어제 왜 학교에 안 왔어요?
A: Why weren't you at school yesterday?
나: 병원에 가느라고 못 왔어요.
B: I had to go to the hospital, so I couldn't make it to school.

가: 한국 친구들을 자주 만나요?
A: Do you meet often with your Korean friends?
나: 각자 공부하느라고 바빠서 자주 만나지 못해요.
B: Everyone is busy studying on their own, so we can't meet up often.

· Note

When '-느라고' is used with the intention to explain the cause of the action described in the latter clause, it is also implied that no other action could have been possibly taken. In that sense, the rhetorical tone of sentences with '-느라고' tend to be negative. It cannot be used with a descriptive verb.

2. -게 하다

· Meaning and Usage

This is used with an action verb when the subject of a sentence is instructing someone to do something or induces someone to be in a certain state.

· Examples

친구가 저를 화나게 했어요.
My friend made me angry.
어렸을 때 어머니가 식사 전에 꼭 손을 씻게 하셨어요.
When I was younger, my mom always made me wash my hands before meals.
아이들이 밖에 나가서 놀게 해 주세요.
Let the children play outside, please.
우리 회사는 건물 안에서 담배를 피우지 못하게 합니다.
Our company doesn't let employees smoke inside the building.

가: 손님, 기다리시게 해서 죄송합니다.
A: Sir, I'm sorry for making you wait.
나: 괜찮아요. 별로 오래 안 기다렸어요.
B: No problem. I haven't been waiting that long.

가: 우리 아이가 게을러서 걱정이에요.
A: I'm worried because my child is so lazy.
나: 아이가 스스로 방을 청소하게 하세요. 그럼 부지런해 질 거예요.
B: Make him clean his own room. Then, he will become more industrious.

· Note

It can also be used with some descriptive verbs that express emotions, such as '번거롭다'(troublesome) and '기쁘다'(happy)

▶ 읽어 봅시다

1 돈이라면 남기시겠습니까?
음식도 결국 돈입니다.
먹는 거 반, 남기는 거 반,
그렇게 남아서 버리는 음식물 쓰레기가 한 해에 5조 원
음식물 쓰레기를 줄이는 일
나 한 사람의 실천에서 시작됩니다.

1 Would you leave it if it were money?
Food, after all, is money.
Half of the portion is eaten, the other half is left over.
The leftover food waste amounts to 5 trillion won per year.
Reducing food waste
It starts with the actions of one person, me.

2 나무를 죽이는 컵? 나무를 살리는 컵!
오늘 아침 커피 한 잔, 어느 컵에 드셨어요?
이제 책상 위에 머그 컵 하나 가져다 놓으세요.
일회용 종이컵으로 수많은 나무들이 잘리니까요.
머그 컵을 쓰는 당신이 자연을 사랑하는 사람입니다.

2 Cups that kill trees? Cups that save trees?
Which cup did you use for your morning coffee today?
Now, take a mug and place it on your desk.
Countless trees are cut down for disposable paper cups.
You who uses a mug is someone who loves nature.

3 밥 한 번, 스마트폰 한 번
가족과의 식사 시간, 친구와의 대화 시간
사랑하는 사람을 앞에 두고
스마트폰에 시선을 빼앗긴 사람들
당신도 스마트폰을 보고 있지는 않나요?
스마트폰 사용량 전 세계 1위 대한민국
스마트폰 사용만큼은 구두쇠가 되어도 좋습니다.

3 One bite, one scroll, repeat.
During family meals, or conversations with friends.

People who, with their loved ones right in front of them,
are distracted by their smartphones
Aren't you looking at your smartphone, too?
Korea: the country with the highest smartphone usage time in the world
It's okay to be a cheapskate when it comes to smartphone usage.

▶들어 봅시다

1-2

남자: 나 부탁이 있는데⋯.
여자: 무슨 부탁인데?
남자: 주말에 노트북 컴퓨터를 빌릴 수 있을까?
여자: 노트북? 너도 노트북 있잖아.
남자: 고장 나서 수리를 맡겼는데 월요일까지 발표 준비를 해야 돼. 도서관 컴퓨터로 하기는 좀 힘들어서 그래.
여자: 미안하지만 나도 요즘 보고서를 쓰느라고 노트북이 필요해서 못 빌려줄 것 같아.
남자: 그렇구나. 알겠어. 신경 쓰게 해서 미안해.

1-2

Man: I have a favor to ask...
Woman: What is it?
Man: Can I borrow your laptop over the weekend?
Woman: Laptop? But you have a one too.
Man: It broke, so I sent it to repairs, but I need to prepare for a presentation by Monday. I'm asking because it's a bit difficult to do on the library computers.
Woman: I'm sorry, but I need my laptop these days as well to work on a report, so I don't think I can lend it to you.
Man: I see. I understand. Sorry for bothering you.

3-4

여자: 저⋯. 실례합니다만 어느 역까지 가세요?
남자: 부산 역까지 가는데요.
여자: 그럼 죄송하지만 혹시 좌석 좀 바꿔 주실 수 있을까요?
남자: 좌석이요?
여자: 네, 친구하고 같이 부산까지 가는데 자리가 떨어져 있어서요.
남자: 친구분 자리가 어디인데요?
여자: 바로 뒤 창가 좌석이에요.
남자: 네, 그럼 바꿔 드릴게요.
여자: 감사합니다. 번거롭게 해 드려서 죄송합니다.

3-4

Woman: Um⋯. Excuse me, but which station are you going to?
Man: All the way to Busan Station.
Woman: Well, I'm sorry, but could you please change seats?
Man: Seats?
Woman: Yes, I'm going to Busan with my friend, but we are seated apart.
Man: Where is your friend's seat?
Woman: It's the window seat right behind you.
Man: Okay, then I'll switch with you.
Woman: Thank you. I apologize for bothering you.

1과

정월 대보름

정월 대보름은 음력 1월 15일로 일 년 중 처음 맞는 대보름날입니다. 예로부터 이날은 일 년 중 첫 보름이어서 중요하게 생각하고 그해 농사와 그해 운수의 좋고 나쁨을 알 수 있다고 믿었습니다. 사람들은 아침이 되면 일찍 일어나서 동네 사람들을 만나자마자 "내 더위 사 가라."고 말하면서 더위를 팔았는데요. 이렇게 하면 그해 일 년 동안 더위로 고생하지 않을 거라고 믿었습니다. 이날은 오곡밥과 약식을 먹고 달맞이 같은 여러 가지 민속놀이를 했습니다. 또 정월 대보름에 보름달이 동쪽에서 크게 뜰 때면 산에 가서 소원을 빌면서 달맞이를 했습니다. 이런 전통 중 일부는 현대에까지 이어지고 있기도 합니다. 여러분도 이번 정월 대보름 아침에 친구를 만나면 친구보다 먼저 "내 더위 사 가라."라고 말해 보세요.

Jung-wol Daebo-reum (the first Full Moon of the lunar year)

Jung-wol Daebo-reum, the first full moon of the year, falls on January 15th of the lunar calendar. Since ancient times, this day has been considered important as it marks the first full moon of the year, which was believed to reveal if the year's farming and fortunes (luck) will be either good or bad. People used to wake up early in the morning and greet their neighbors by saying, "take away my heat," and by doing so, "sold" the heat. Through this, they believed that they could avoid suffering from excessive heat throughout the year. On this day, people would eat five-grain rice and flavored glutinous rice (a sweet rice dish), and played various folk games like "dalmaji" (viewing the first full moon). Furthermore, when the full moon rose prominently in the east during Jung-wol Daebo-reum, people would go to the mountains to make wishes and welcome the moon. Some of these traditions have continued into the modern day. You can also try saying "take away my heat" to you friends before they do on this year's Jung-wol Daebo-reum morning.

1. 한국에서는 정월 대보름에 무엇을 합니까?
2. 여러분 나라에도 달을 보면서 소원을 비는 명절이 있습니까?
1. What do Koreans do on the full moon of the first lunar month?
2. Is there a holiday in your country where you make a wish while looking at the moon?

2과

한복

한복은 한국의 전통 의상입니다. 한복은 남녀, 사회적 지위, 계절 등에 따라 모양이 다릅니다. 남자 한복의 기본은 바지와 저고리이고 여자 한복의 기본은 치마와 저고리입니다. 외출할 때는 계절에 관계없이 두루마기를 입었습니다. 한복은 선이 아름답고 자연 재료로 염색을 해서 색의 조화도 뛰어납니다. 또한 바닥에 앉을 때에도 불편하지 않도록 만들어졌습니다. 한복은 시대에 따라 모양이 조금씩 바뀌고 종류도 다양해졌지만 기본적인 모양은 지금까지 계속 이어지고 있습니다.

Hanbok

Hanbok is the traditional Korean attire. The design of hanbok varies depending on gender, social status, and season. The basic components of a man's hanbok are pants and a "jeogori" (jacket), while a woman's habok consists of a skirt and a "jeogori." Regardless of the season, a "durumagi" (overcoat) is worn when going outside. Hanbok is known for its beautiful lines and harmonious colors, which are dyed using natural materials. It is also designed to be comfortable even when sitting on the floor. Although the style and variety of hanbok has evolved over time, the fundamental shape has been preserved to this day.

1. 한복의 특징은 무엇입니까?
2. 여러분 나라의 전통 의상에 대해서 소개해 보세요.
1. What are the characteristics of Hanbok?
2. Introduce the traditional attire of your home country.

3과

서울도서관

서울특별시 중구에 위치한 공공도서관으로 옛날 서울시 청사 건물을 개조하여 2012년에 새로 문을 연 서울의 대표적인 도서관입니다. '서울도서관'에는 1층부터 2층의 벽면에 조성한 5미터 높이의 벽면 서가를 비롯해 일반 자료실, 디지털 자료실, 장애인 자료실 등 여러 자료실이 마련되어 있습니다. 특히 '서울도서관'의 역사적 가치를 보존하고자 서울에 관련된 정보를 보관하고 있는 '서울 기록 문화관'이 있어서 서울의 역사를 알고 싶은 외국인에게 추천할 만한 도서관입니다.

'서울도서관'은 누구나 출입할 수 있지만 서울 시민이나 서울 소재의 학교나 직장에 다니는 사람만 자료 대출이 가능합니다. 서울 시에 거주하면서 외국인 등록증을 가지고 있는 외국인도 자료를 대출할 수 있습니다.

The Seoul Library

It is a prominent public library located in Jung-gu, Seoul, that re-opened its doors in 2012 after renovating the old Seoul Metropolitan Government building. The library features a 5-meter-high bookshelf built on the walls of the first and second floors, as well as various resource rooms such as general archives, digital archives, and a room for people with disabilities. In particular, in order to preserve the historical value of the "Seoul Library," there is a "Seoul Archives and Culture Center," which stores information related to Seoul, making it a recommended library for foreigners interested in learning about the history of Seoul.
While anyone can access the "Seoul Library," borrowing materials is limited to Seoul citizens or to people who attend schools or have workplaces that are located in Seoul. Foreigners residing in Seoul with a foreign registration card are also eligible to borrow materials.

1. '서울도서관'은 어떤 도서관입니까?
2. 여러분 나라의 특색 있는 도서관을 소개해 보세요.
1. What kind of library is the "Seoul Library"?
2. Introduce a unique library in your country.

4과

편의점에서 살 수 있는 약

약은 약국에서만 살 수 있을까요? 요즘에는 편의점에서도 약을 살 수 있습니다. 늦은 밤이나 주말에 약국이 문을 닫았을 때도 편의점에 가면 진통제, 소화제, 소독약, 파스, 해열제, 감기약 등 생활에 필요한 약들을 살 수 있습니다. 그러나 약을 너무 많이 먹으면 문제가 생길 수 있기 때문에 똑같은 약을 한 번에 여러 개 사면 안 됩니다. 급하게 약이 필요할 때만 편의점을 이용해 보세요.

Medicine You Can Buy at the Convenience Store

Can medicine only be purchased at pharmacies? Nowadays, you can also buy medicine at convenience stores. Late at night, or on weekends when pharmacies are closed, you can find painkillers, digestive aids, disinfectants, pain relief patches, antipyretics (to reduce fevers), cold medicine, and other essential medication at convenience stores. However, you shouldn't buy multiple packs of the same medicine all at once, because taking too much medicine can cause problems. Only use convenience stores when you need medicine urgently.

1. 편의점에서는 무슨 약을 살 수 있습니까?
2. 여러분 고향에서도 편의점에서 약을 살 수 있습니까?
1. What kind of medicine can you buy at convenience stores?
2. Can you also buy medicine at convenience stores in your hometown?

5과

서울로 떠나는 여행

서울에서 어디에 가 봤습니까? 서울에는 여러분의 한국 생활을 더욱 즐겁게 만들어 줄 특별한 곳들이 많이 있습니다. 경복궁과 창덕궁에 가면 한국의 역사와 함께 옛 모습을 알 수 있는데 한복 대여점에서 한복을 빌려 입고 구경을 하면 무료로 관람할 수도 있습니다. 그리고 한강에 가면 시원한 강바람과 함께 자전거나 배를 탈 수 있고 한강에 있는 공원에서 음식을 사 먹을 수도 있습니다. 10월에는 한강에서 세계불꽃축제도 열려서 서울의 밤을 더 멋지게 즐길 수 있습니다. 쇼핑을 좋아하면 명동, 동대문, 남대문, 신사동, 강남에 가 보십시오. 모두 교통이 편리한 곳에 있어서 쉽게 갈 수가 있습니다. 다양한 종류의 물건을 구경하고 살 수 있을 뿐만 아니라 근처에 커피숍과 맛집도 많아서 내외국인이 모두 즐겨 찾는 명소입니다.

A Trip to Seoul

Where have you been in Seoul? There are many special places in Seoul that will make your life in Korea more enjoyable. If you visit Gyeongbokgung Palace and Changdeokgung Palace, you can immerse yourself in Korea's history and it's former appearance. You can even rent a hanbok from a rental shop and wear it while exploring the palaces, which may grant you free admission. Additionally, you can visit the Han River, where you ride a bike or boat with the cool breeze, and buy food in a park along the river. In October, the World Fireworks Festival is also held at the Han River, so you can enjoy a more spectacular night in Seoul. If you like shopping, make sure to visit Myeongdong, Dongdaemun, Namdaemun, Sinsadong, and Gangdam. These areas are all conveniently located with easy access to transportation, so you can get there easily. Not only can you explore and shop for various things, but you can also find many coffee shops and restaurants nearby, making them popular attractions for locals and foreigners alike.

1. 서울에서 어디에 가면 좋습니까?
2. 여러분 고향에 추천하고 싶은 여행지가 있습니까? 그 이유는 무엇입니까?
1. Where should you go in Seoul?
2. Do you have any travel destinations in your hometown that you'd like to recommend? What are your reasons?

6과

집들이 선물

한국 사람들은 보통 집들이 선물로 휴지나 비누, 세제 등 생활용품을 많이 선물합니다. 휴지는 나쁜 일을 닦아내고 모든 일이 잘 풀리기를 바란다는 의미로 선물합니다. 비누나 세제는 거품이 이는 것처럼 돈이 많이 들어오고 좋은 일이 많이 생기기를 바란다는 뜻으로 선물합니다. 하지만 선물하면 안 되는 물건도 있습니다. 사람과 사람 사이의 관계를 끊어버린다는 의미가 있어서 칼이나 가위는 다른 사람에게 선물하지 않습니다.

Housewarming Gifts

Koreans usually give household items, such as toilet paper, soap, and detergent as housewarming gifts. Toilet paper is given as a gift as a symbol of wiping away bad things and wishing for everything to go smoothly. Soap and detergent represent the hope for abundant wealth and good fortune to flow in like bubbles. However, there are also items that should not be given as gifts. Knives and scissors are not given as gifts as they mean the severing of relationships between people.

1. 한국에서는 집들이에 초대받아 갈 때 어떤 물건을 많이 선물합니까?
2. 여러분 고향에도 다른 사람 집을 방문할 때 선물하면 안 되는 물건이 있습니까?
1. In Korea, what gifts do people normally give when invited to a housewarming party?
2. Does your country have any items that should not be presented as a gift when visiting someone's home?

7과

옛날 사람들의 여가 생활

옛날 사람들은 무엇을 하면서 여가를 보냈을까요? 옛날에는 사회적 지위와 성별, 나이에 따라서 즐기는 것이 달랐습니다. 지위가 높은 사람들은 바둑, 뱃놀이, 악기 연주, 시 읽기 등을 즐겼고 보통 사람들은 탈춤, 농악, 씨름, 제기차기 등을 즐겼습니다. 그리고 여자들은 널뛰기, 수놓기, 강강술래, 그네 타기와 같은 놀이를 하고 아이들은 제기차기, 투호, 팽이치기, 연날리기 등을 하고 놀았습니다. 사람들은 놀이를 하면서 즐겁게 시간을 보내고 서로 돕는 마음을 길렀습니다. 어떤 놀이에는 가정과 마을의 행복을 바라고 농사가 잘되기를 바라는 마음이 담겨 있기도 했습니다

Recreation for People in the Past

What did people do for leisure back in the old days? In the past, leisure activities varied depending on social status, gender, and age. People of higher status enjoyed playing "baduk" (Korean chess), boat riding, playing instruments, and reading poetry, while ordinary people enjoyed folk dancing (dancing with masks), farm music, wrestling, and "jegichagi" (kicking shuttlecocks). Women engaged in activities like "neolttwigi" (seesaw jumping), embroidery, "ganggangsullae" (circle dance), and riding on swings, while children played "jegichagi," "tuho" (throwing arrows into bottles), "paengi-chigi" (spinning tops), and flew kites. People spent their leisure time having fun playing these games, and developed a spirit of helping each other. Some games also conveyed hopes for happiness in the home and village, and for a successful harvest.

1. 한국의 옛날 사람들은 무슨 놀이를 즐겼습니까? 무슨 의미로 그 놀이를 즐겼습니까?
2. 여러분 나라의 전통 놀이를 소개하십시오.
1. What games did Koreans enjoy in the past? What was the reason for playing such games?
2. Introduce a traditional recreational activity from your country.

8과

건강에 좋은 한방차

여러분, 한방차를 아십니까? 한방차는 한약을 만들 때 쓰는 재료를 넣고 끓인 차입니다. 약이니까 쓸 것 같다고요? 아닙니다. 단맛이 나는 재료를 넣고 끓여서 맛있는 한방차도 많답니다. 여러 가지 증상으로 아플 때 한국 사람들은 약 대신에 한방차를 마시기도 합니다. 그중 몇 가지를 소개하겠습니다.

먼저 감기에 걸려서 열이 날 때는 생강차를 끓여 마시면 좋습니다. 기침이 날 때는 모과차가 좋고 평소에 유자차를 많이 마시면 감기에 걸리지 않는다고 합니다. 소화가 안 될 때는 매실차를 드셔 보십시오. 바로 효과를 볼 수 있을 것입니다. 변비에는 보리차, 손과 발이 찰 때는 계피차가 좋습니다. 몸에도 좋고 맛도 좋은 한방차! 여러분은 무슨 차를 마셔 보고 싶습니까?

Healthy Medicinal Herbal Tea

Everyone, do you know about Korean herbal tea? Korean herbal tea is a type of tea made by boiling the ingredients that are used to make traditional herbal medicine. You might think it tastes bitter because it's medicine, right? Well, not necessarily. There are many herbal teas that are delicious because they are boiled with sweet ingredients. When sick due to various symptoms, Koreans sometimes drink herbal tea instead of taking medicine. Let me introduce a few.

First of all, when you catch a cold and have a fever, it's

good to boil and drink some ginger tea. Quince tea is good when you have a cough, and if you drink citron tea regularly, it's believed that you won't catch a cold. If you have indigestion, try drinking plum tea. You'll feel the effects right away. Barely tea is good for constipation, and cinnamon tea is recommended for when you have cold hands and feet. Herbal tea is good for the body and good for the tastebuds! Which type of tea would you like to try?

1. 한방차는 어떤 차입니까?
2. 여러분 나라에도 건강에 좋은 차가 있습니까? 어떤 효과가 있습니까?
1. What kind of tea is Korean herbal tea?
2. Are there any healthy teas in your country? What kind of effects do they have?

9과

한국의 선물 문화

한국에서는 특별한 선물을 주는 날이 있습니다. 집들이에 갈 때는 집주인에게 부자가 되어 잘 살라는 의미로 비누나 세제, 초 같은 것을 선물합니다. 대학 입학시험을 보는 학생에게는 행운을 비는 마음이 담긴 선물을 준비합니다. 시험에 합격한다는 말을 시험에 붙는다고도 하기 때문에 시험에 붙으라는 의미로 떡이나 엿처럼 끈적끈적해서 어디에나 잘 붙는 음식을 선물하는 것입니다. 부모님께 감사하는 마음을 전하는 어버이날에는 빨간 카네이션을 선물하는데 빨간 카네이션의 꽃말이 '어머니의 사랑'이기 때문이라고 합니다. 여러분 나라에도 이렇게 특별한 의미가 있는 선물을 주고받는 날이 있겠지요? 날짜가 다르고 주고받는 물건은 달라도 상대방을 생각하는 마음은 모두 같을 것입니다.

The Culture of Gift-giving in Korea

In Korea, there are special days for giving unique gifts. When you go to a housewarming party, you give the host some soap, detergent, or candles, as a gesture of wishing them to become rich and live well. For students taking the college entrance exams, gifts are prepared with the intention of wishing them luck. It is said that passing the exam is like sticking to it. so sticky food like rice cakes, taffy, and anything that can easily get stuck everywhere, are given as gifts as a symbol of hoping that students will pass their exams. On Parent's Day, which is a day of expressing gratitude to parents, red carnations are given as a gift because the flower language of red carnations is "mother's love." Your countries also have special days when meaningful gifts are exchanged, right? Even though the dates and gifts may differ, we all share the same sentiment of caring about others.

1. 한국에서는 대학 입학시험을 보는 학생에게 무엇을 선물합니까? 무슨 의미가 담겨 있는 선물입니까?
2. 여러분 고향에서는 특별한 날에 무엇을 선물합니까?
1. In Korea, what gift do you give to students taking the college entrance exam? what is the meaning behind this gift?
2. What objects have special meanings when given as gifts in your country?

10과

부탁 예절

선생님께 추천서를 부탁드릴 때 여러분이 알아야 하는 예절을 소개하겠습니다. 먼저 선생님께 정중히 인사를 드리고 자기를 소개합니다. 그 후에 여러분이 부탁할 내용을 말씀드리면 됩니다. "바쁘시겠지만 추천서 좀 부탁을 드려도 될까요?", "번거로우시겠지만 추천서 좀 써 주실 수 있으세요?" 등의 표현을 사용하는 것이 좋습니다. 이때 여러분이 지원하는 학교의 이름과 전공을 자세히 알려 드려야 합니다. 그리고 선생님과 만날 시간과 장소를 정한 후에 선생님을 직접 찾아뵙고 " 감사합니다. 열심히 해서 좋은 결과를 가지고 다시 연락을 드리겠습니다."라고 말하면서 끝까지 예의를 갖추어 감사의 인사를 드려야 합니다.

Etiquette When Asking for Favors.

Let me introduce the rules of etiquette you should know when asking a teacher for a letter of recommendation. First, greet the teacher politely and introduce yourself. Then, you can explain what it is that you're requesting. It's good to use expressions like, "I know you must be busy, but may I ask for recommendation letter?", or "I understand it might be inconvenient, but could you write me a recommendation letter?" Make sure to provide detailed information about the school you are applying to and the major you are pursuing. After arranging a time and place to meet the teacher in person, you must express your gratitude by saying, " Thank you, I will work hard and reach out to you again with good results," and remain courteous until the end.

1. 한국에서 윗사람에게 부탁드릴 때 어떻게 말합니까?
2. 여러분도 윗사람에게 부탁을 드린 적이 있습니까? 어떻게 부탁을 드렸습니까?
1. How do you ask your superior for a favor in Korea?
2. Have you ever requested something of your superiors before? How did you ask them?

어휘 색인

ㄱ			
가구	furniture	9과1항	대화어휘
가까이	nearby	3과2항	주제어휘
가꾸다	to grow/cultivate	7과1항	과제1
가렵다	to be itchy	4과1항	과제1
가정	family	1과1항	과제1
각	each	5과2항	대화어휘
각국	every/each country	1과1항	과제1
감상	appreciation	7과1항	주제어휘
감상하다	to appreciate/enjoy	5과2항	과제2
강	river	5과2항	과제1
개천절	National Foundation Day	1과1항	주제어휘
거실	living room	6과1항	주제어휘
거의	almost	10과2항	대화어휘
거절	to reject	10과2항	주제어휘
건강 보험	health insurance	4과2항	주제어휘
건조하다	to dry	2과2항	과제1
건축물	architecture/building	5과2항	대화어휘
검색하다	to search	3과1항	대화어휘
게다가	besides/further	2과1항	대화어휘
게시판	bulletin board	6과1항	주제어휘
결국	finally/after all	10과2항	과제1
결제	payment	2과1항	과제1
경비	expense/cost	1과1항	과제2
경험	experience	1과2항	과제1
계약	contract	6과1항	주제어휘
계절 학기	winter/summer session	1과2항	주제어휘
공부방	study room	6과1항	주제어휘
공짜	free	2과2항	대화어휘
과식	overeating	8과2항	주제어휘
과제	assignment	3과1항	대화어휘
관광	sightseeing	1과1항	과제2
관람	watching	7과1항	주제어휘
관련되다	to be related to	1과1항	과제1
관심	interest	7과2항	대화어휘
광복절	National Liberation Day	1과1항	주제어휘
교류	exchange	7과2항	주제어휘
구	district	5과2항	주제어휘
구두쇠	cheapskate	10과2항	과제1
구매	purchase	2과1항	주제어휘
구조	structure	6과1항	주제어휘
국경일	National Holiday	1과1항	주제어휘
국악	Korean traditional music	7과2항	주제어휘
국제 특급	international express	3과2항	주제어휘
군대	military	5과1항	과제1
굽히다	to bend	8과1항	과제2
규칙적	regular	8과2항	대화어휘
그대로	as it is	2과2항	대화어휘
근무	work	1과2항	과제1
근육 운동	muscle exercise	8과1항	주제어휘
급식	(supplied) meal	1과2항	대화어휘

도	province	5과2항	주제어휘
독감	flu	4과1항	대화어휘
독일	Germany	5과2항	과제2
동	dong (administrative distinct under '구')	5과2항	주제어휘
동남아	Southeast Asia	5과2항	과제2
동물	animal	5과2항	과제1
동물성	animal-based	8과2항	과제2
동부	the east	5과2항	주제어휘
동양	Eastern	5과2항	과제2
동작	action	8과1항	과제2
동전	coin	2과2항	과제1
동해	East Sea	5과1항	대화어휘
두바이	Dubai	5과2항	과제1
두통	headache	4과1항	주제어휘
드라이클리닝	dry cleaning	2과2항	주제어휘
드물다	to be rare	9과1항	대화어휘
들다	to join (a club)	7과2항	대화어휘
들어주다	to grant/do somebody a favor	10과2항	주제어휘
등산객	hiker	7과1항	대화어휘
따라가다	to follow	2과1항	대화어휘
따라오다	to follow	8과2항	대화어휘
따르다	according to	7과1항	대화어휘
떨리다	to shiver/tremble	4과1항	과제1
떨어지다	to drop	5과1항	과제2
떨어지다	to be apart	10과2항	과제2
뜨다	to rise	5과1항	대화어휘

ㄹ			
로마	Rome	5과2항	대화어휘
리조트	resort	5과2항	과제2
리터	liter	4과1항	과제2

ㅁ			
마당	yard/backyard	6과1항	주제어휘
마을	village	8과2항	대화어휘
마음먹다	to decide	2과1항	과제2
마음속으로	mentally/inwardly	8과1항	과제2
마치	as if	5과1항	대화어휘
마침	just in time	6과2항	과제2
만지다	to touch	4과2항	과제1
만큼	as much as/as...as	1과1항	과제2
맛보다	to taste/try	6과1항	주제어휘
맞다	to fit	2과1항	대화어휘
맞다	to get (an injection/acupuncture)	4과2항	과제1
맡다	to take on	7과2항	과제2
매력	charm	5과2항	대화어휘
매주	every week	7과2항	과제1
머리가 깨질 것 같다	to have a splitting headache	4과1항	대화어휘
멀티미디어	multimedia	3과1항	과제1
메다	to carry (over one's shoulder)	5과1항	과제1
명절	Holiday	1과1항	주제어휘
모든	all	3과1항	과제2
모래	sand	5과2항	과제1
모자라다	to be short of	6과2항	대화어휘

볼거리	things to see/attractions	1과1항	대화어휘
봉사	service/volunteering	1과2항	대화어휘
봉지	bag/pack (of)	9과1항	과제2
부동산 소개소	real estate agency/property dealer	6과1항	주제어휘
부족하다	to be insufficient	1과2항	대화어휘
북부	the north	5과2항	주제어휘
북촌 마을	Bukchon Village	3과1항	과제2
분위기	atmosphere	9과1항	대화어휘
불규칙하다	to be irregular	8과2항	대화어휘
붉다	to be red	5과1항	대화어휘
붓다	to become swollen	4과2항	과제1
붙다	to pass	9과2항	대화어휘
브라질	Brazil	5과2항	과제1
비결	secret	8과2항	대화어휘
비교적	relatively	2과2항	대화어휘
비비다	to rub	8과1항	과제2
비용	cost	6과2항	주제어휘
비타민	vitamin	4과1항	주제어휘
빈대떡	mung bean pancake	2과1항	과제2
빠지다	to come out (of something)	2과2항	대화어휘
빼놓다	to leave out	5과2항	대화어휘
빼앗기다	to lose	10과2항	과제1
삐다	to sprain	4과2항	과제1

ㅅ			
사다리차	ladder truck	6과2항	주제어휘
사실	actually/in fact	2과1항	대화어휘
사이판	Saipan	5과2항	과제2
사찰	Buddhist temple	5과1항	과제2
사투리	(regional) dialect	5과1항	과제1
사흘	three days	1과1항	대화어휘
살이 찌다	to gain weight	8과1항	대화어휘
삼일절	Independence Movement Day	1과1항	주제어휘
상관없이	regardless	7과1항	대화어휘
상영하다	to show/screen	3과1항	과제1
상자	box	3과2항	대화어휘
상처	wound/injury	4과1항	과제1
상쾌하다	to be refreshing	8과1항	대화어휘
생각나다	to come to mind	5과1항	대화어휘
서부	the west	5과2항	주제어휘
서양	Western	5과2항	과제2
설날	Lunar New Year	1과1항	대화어휘
설날	New Year's Day	1과1항	주제어휘
설사	diarrhea	4과1항	과제2
섬	island	5과2항	과제2
섭취하다	to consume/to ingest	8과2항	대화어휘
세다	to count	8과1항	과제2
세대	generation	7과1항	대화어휘
세우다	to build/establish	3과1항	과제2
세탁	wash/laundry	2과2항	대화어휘
세탁기	washing machine	2과2항	대화어휘
세탁물	laundry	2과2항	과제2
세탁소	laundry/dry cleaner's	2과2항	대화어휘
소개비	brokerage fee	6과1항	주제어휘
소극적이다	to be passive	9과1항	주제어휘

안방	master bedroom	6과1항	주제어휘
안약	eye drops	4과1항	주제어휘
야경	night view	5과2항	과제2
야외	outdoors	7과1항	과제1
약	medicine	4과1항	대화어휘
약간	a little	8과1항	대화어휘
약사	pharmacist	4과1항	대화어휘
약자	a weak person	9과2항	과제1
어긋나다	to go against	9과2항	주제어휘
어둡다	to be dark	6과2항	과제2
어르신	elder(s)	1과2항	과제2
어린이날	Children's Day	1과1항	과제1
어버이날	Parent's Day	1과1항	과제1
어지럽다	to be dizzy	4과2항	대화어휘
어쨌든	anyway	7과2항	과제2
어학연수	language study abroad	1과2항	주제어휘
얼룩	stain	2과2항	대화어휘
여가	free time/leisure	7과1항	대화어휘
여겨지다	to be considered as	7과1항	대화어휘
여유롭다	to be relaxed/leisurely	7과1항	과제1
여태	still	10과2항	대화어휘
여행자 보험	traveler's insurance	1과1항	과제2
여행지	travel destination	1과1항	과제2
역세권	an area near a subway or railroad station	6과1항	대화어휘
연고	ointment	4과1항	주제어휘
연체료	late fee	3과1항	주제어휘
연휴	Holiday	1과1항	대화어휘
열	fever	4과1항	대화어휘
열람실	reading room	3과1항	주제어휘
영수증	receipt	2과1항	과제1
영양	nutrition	8과2항	대화어휘
영양제	nutritional supplements	4과1항	주제어휘
영하	below zero	5과1항	과제2
예를 들다	for example	3과2항	대화어휘
예의	manners	9과1항	과제2
예전	the past	7과1항	대화어휘
오르다	to rise	6과2항	과제1
오르다	to climb	7과1항	주제어휘
오피스텔	officetel (multi-purpose building)	6과1항	주제어휘
오히려	rather/if anything	7과2항	대화어휘
온천	hot spring	5과1항	과제2
올려놓다	to put (on)	3과2항	대화어휘
옮기다	to move	6과2항	주제어휘
옷걸이	hanger	2과2항	주제어휘
왕복	round-trip	5과1항	주제어휘
우연히	by chance	9과2항	대화어휘
우편물	mail/postal matter	3과2항	대화어휘
운	luck	9과1항	대화어휘
원래	originally /always	6과2항	대화어휘
원룸	studio/one-room apartment	6과1항	대화어휘
원피스	dress	2과2항	대화어휘
월급	monthly salary	9과2항	대화어휘
월세	monthly rent	6과1항	대화어휘
유난히	particularly/exceptionally	5과1항	대화어휘

유럽	Europe	5과2항	대화어휘
유산소 운동	aerobic/cardio exercise	8과1항	주제어휘
유적지	historical site	7과1항	주제어휘
유지하다	to maintain	8과2항	대화어휘
유행하다	to spread/be prevalent	4과1항	대화어휘
은혜	kindness	1과1항	과제1
음력	Lunar Calendar	1과1항	주제어휘
음식물 쓰레기	food waste	10과2항	과제1
응급실	emergency room	4과2항	과제2
의논	discussion	10과1항	주제어휘
의미	meaning	1과2항	대화어휘
이르다	to be early	8과1항	대화어휘
이삿짐센터	moving company	6과2항	대화어휘
이상	over	7과1항	과제2
이웃	neighbor	7과2항	과제2
이유	reason	4과2항	대화어휘
이탈리아	Italy	5과2항	대화어휘
이해하다	to understand	10과1항	대화어휘
인도	India	5과2항	과제1
인생	life	5과2항	대화어휘
인턴십	internship	1과2항	주제어휘
일손	working hand/worker	1과2항	대화어휘
일어서다	to get up	7과2항	대화어휘
일회용	disposable	10과2항	과제1
임산부	pregnant woman	9과2항	과제1
입력하다	to enter	3과2항	과제2
입원하다	to be hospitalized	4과2항	주제어휘
잇다	to follow	10과1항	과제2
잊다	to forget	5과1항	대화어휘

ㅈ			
자	so, now	1과1항	과제2
자격증	certificate/license	1과2항	주제어휘
자극적이다	to be stimulating/have a strong flavor	8과1항	대화어휘
자녀	children	9과2항	과제2
자료	material/data	3과1항	대화어휘
자료실	data/reference room	3과1항	대화어휘
자연	nature	5과1항	대화어휘
자원봉사	volunteer work	1과2항	주제어휘
자유롭다	to be free	5과1항	과제1
자취	living alone	9과1항	대화어휘
잘리다	to be cut	10과2항	과제1
잠이 들다	to fall asleep	8과1항	대화어휘
잡다	to hold	8과1항	과제2
장마철	rainy season	2과2항	과제1
장바구니	shopping basket	2과1항	주제어휘
장수하다	to live long	8과2항	대화어휘
장애인	a disabled person	9과2항	과제1
장점	advantage	2과2항	과제1
재다	to measure	3과2항	대화어휘
재킷	jacket	2과2항	대화어휘
저울	scale	3과2항	대화어휘
저절로	naturally	8과2항	대화어휘
적극적이다	to be active	9과1항	주제어휘

적다	to write	3과2항	대화어휘
전망	view	6과1항	대화어휘
전세	lump-sum deposit	6과1항	대화어휘
전신 운동	whole body exercise	8과1항	주제어휘
전통 놀이	traditional game	7과2항	과제1
절반	half	10과1항	과제2
젊다	to be young	7과1항	대화어휘
접수하다	to receive (request/report)	3과2항	과제2
정	affection/care	9과1항	대화어휘
정가	fixed/regular price	2과1항	대화어휘
정리하다	to organize/sort out	6과2항	대화어휘
정신없다	to be overwhelmed/not clear-headed	9과2항	대화어휘
정원	garden	6과1항	주제어휘
정장	suit/formal dress	2과1항	대화어휘
제거	removal	2과2항	대화어휘
제목	title	3과1항	대화어휘
제주도	Jeju Island	7과1항	주제어휘
제출하다	to submit	3과1항	대화어휘
조	trillion	10과2항	과제1
조사	investigation/survey	7과1항	대화어휘
조언	advice/counsel	10과1항	주제어휘
존경하다	to respect/admire	1과1항	과제1
종교	religion	3과1항	대화어휘
종류	type	8과1항	주제어휘
종합	comprehensive/general	4과1항	대화어휘
주거 형태	residence type	6과1항	주제어휘
주로	mostly	5과1항	과제1
주제	theme	1과1항	과제1
줄다	to decrease	8과1항	주제어휘
줄을 서다	to queue/line up	9과1항	과제1
줄임말	abbreviation	7과2항	과제2
중부	the central/middle part	5과2항	주제어휘
즉	in other words	9과2항	과제2
즐기다	to enjoy	7과1항	과제1
지급	payment	1과2항	과제1
지나가다	to pass	6과1항	대화어휘
지방	region	5과2항	대화어휘
지속적	continuous	8과1항	대화어휘
지워지다	to be removed/erased	2과2항	대화어휘
지원하다	to apply	1과2항	과제1
직장	workplace	6과1항	대화어휘
진단서	medical certificate/a written diagnosis	4과2항	주제어휘
진료	medical examination and treatment	4과2항	주제어휘
진찰	examination/checkup	4과2항	대화어휘
진통제	painkiller	4과1항	주제어휘
짐을 싸다	to pack	1과1항	과제2
집밥	home-cooked meal	6과1항	주제어휘
짓다	to make/fill (a prescription)	4과1항	대화어휘
짜다	to make (a plan)	1과1항	과제2
짜다	to squeeze	2과2항	주제어휘
쭉 뻗다	to stretch out	8과1항	과제2
찜질	to apply/use a hot(or ice) pack	4과2항	과제1
찜질방	Jjimjilbang (Korean sauna/spa)	5과1항	과제1

ㅍ			
파도	waves	5과1항	과제1
판매하다	to sell	7과2항	과제1
페루	Peru	5과2항	과제1
펜션	pension	5과1항	주제어휘
편도	one-way	5과1항	주제어휘
편식	picky eating/imbalanced diet	8과2항	주제어휘
편의 시설	(convenient) facilities	3과2항	주제어휘
편찮다	to be unwell/sick	4과2항	대화어휘
포기하다	to give up	8과1항	과제1
포장 이사	moving and packing service	6과2항	대화어휘
폭식	binge	8과2항	주제어휘
표백하다	to bleach	2과2항	주제어휘
표정	expression (on one's face)	10과1항	대화어휘
피	blood	4과1항	주제어휘
피로	fatigue	8과1항	과제2

ㅎ			
하루빨리	as soon as possible	2과2항	과제1
하숙생	boarder/lodger	6과1항	주제어휘
하숙집	boarding house	6과1항	주제어휘
학술정보관	Academic Information Center	3과1항	과제1
한글날	Hangul Proclamation Day	1과1항	주제어휘
한라산	Hallasan Mountain	7과1항	대화어휘
한약	herbal/oriental medicine	4과2항	과제1
한의원	Korean/oriental medical clinic	4과2항	과제1
한잔하다	to have a drink	10과1항	대화어휘
한턱내다	to treat someone to a meal	9과2항	대화어휘
한참	for a while	2과1항	과제2
합계	total	2과1항	과제1
합창	choir	7과2항	대화어휘
항공편	flight	3과2항	주제어휘
해	sun	5과1항	대화어휘
해결하다	to resolve	10과1항	주제어휘
해돋이	sunrise	5과1항	대화어휘
해외여행	overseas travel	5과1항	대화어휘
햇볕	sunlight	7과1항	과제1
햇빛	sunlight	6과2항	과제2
행동하다	to act/behave	9과1항	과제2
허리	back/waist	8과1항	과제2
험하다	to be rough/dangerous	7과1항	대화어휘
현관	entrance hall	6과1항	주제어휘
호텔	hotel	5과1항	주제어휘
홍보하다	to promote	7과2항	과제2
화면	screen	2과1항	대화어휘
환불	refund	2과1항	과제1
환자	patient	4과2항	대화어휘
환절기	in-between seasons	4과2항	대화어휘
활기차다	to be vibrant/active	7과1항	과제1
활발하다	to be lively	9과1항	대화어휘
회	raw fish	4과1항	과제2
회식	gathering/get-together	9과2항	대화어휘
회의	meeting	9과2항	대화어휘
회장	president	7과2항	과제2

문법 색인

memo 메모

memo 메모

memo 메모